《中国道路的深圳样本》系列丛书

深圳
文化创新之路

李小甘　主编

Shenzhen Wenhua Chuangxin Zhilu

中国社会科学出版社

图书在版编目（CIP）数据

深圳文化创新之路/李小甘主编. —北京：中国社会科学出版社，2018.11（2019.11 重印）

ISBN 978-7-5203-3130-2

Ⅰ.①深… Ⅱ.①李… Ⅲ.①地方文化—文化发展—研究—深圳 Ⅳ.①G127.653

中国版本图书馆 CIP 数据核字（2018）第 208640 号

出 版 人	赵剑英
责任编辑	王 茵　马 明
责任校对	李 剑
责任印制	王 超

出　　版	中国社会科学出版社
社　　址	北京鼓楼西大街甲 158 号
邮　　编	100720
网　　址	http://www.csspw.cn
发 行 部	010-84083685
门 市 部	010-84029450
经　　销	新华书店及其他书店
印　　刷	北京君升印刷有限公司
装　　订	廊坊市广阳区广增装订厂
版　　次	2018 年 11 月第 1 版
印　　次	2019 年 11 月第 2 次印刷
开　　本	710×1000　1/16
印　　张	18
字　　数	281 千字
定　　价	69.00 元

凡购买中国社会科学出版社图书，如有质量问题请与本社营销中心联系调换

电话：010-84083683

版权所有　侵权必究

《中国道路的深圳样本》系列丛书编委会

主　　任　李小甘

副 主 任　吴定海

编　　委（以姓氏笔画数为序）

　　　　　　王为理　王苏生　车秀珍　陈少兵
　　　　　　吴　忠　杨　建　张骁儒　陶一桃
　　　　　　莫大喜　路云辉　魏达志

《中国道路的深圳样本》
系列丛书序言

编委会

  今年是中国改革开放 40 周年。前不久，习近平总书记视察广东时强调，改革开放是党和人民大踏步赶上时代的重要法宝，是坚持和发展中国特色社会主义的必由之路，是决定当代中国命运的关键一招，也是决定实现"两个一百年"奋斗目标、实现中华民族伟大复兴的关键一招。[①] 40 年前，我们党团结带领人民进行改革开放新的伟大革命，坚持解放思想、实事求是、与时俱进、求真务实，不断革除阻碍发展的各方面体制机制弊端，开辟了中国特色社会主义道路，取得世人瞩目的历史性成就。40 年来，中国发生了翻天覆地的变化，GDP 年均增长约 9.5%，对外贸易额年均增长 14.5%，成为世界第二大经济体、第一大工业国、第一大货物贸易国、第一大外汇储备国，在经济、政治、文化、社会、生态文明、党的建设等各个领域取得了长足进步。实践证明，改革开放是推进社会主义制度自我完善与发展的另一场革命，是当代中国发展进步的活力之源，为实现中华民族伟大复兴提供了强大的历史动力，成为中国当代波澜壮阔历史的精彩华章。

[①] 参见《习近平在广东考察时强调：高举新时代改革开放旗帜　把改革开放不断推向深入》，2018 年 10 月 25 日，中华人民共和国中央人民政府网（http://www.gov.cn/xinwen/2018-10/25/content_5334458.htm）。

谈及改革开放，就不能不提到深圳。因为深圳经济特区本身就是改革开放的历史产物，也是改革开放的伟大创举和标志性成果。短短40年，深圳从落后的边陲农业县迅速发展成为一座充满魅力和活力的现代化国际化创新型大都市，GDP年均增速达22.2%，2017年为2.24万亿元，居国内城市第三位、全球城市三十强；地方财政收入年均增长29.7%，2017年为3332.13亿元，居国内城市第三位；2017年外贸出口总额达1.65万亿元，连续25年位居国内城市首位；人口规模从30多万人迅速扩容为实际管理人口超过2000万人。可以说，深圳经济特区创造了世界工业化、城市化、现代化的奇迹，也印证了中国改革开放伟大国策的无比正确性。在深圳身上，蕴含了解读中国、广东改革开放之所以成功的密码。就此而言，对深圳的研究与对中国、广东改革开放的研究，形成了一种历史的同构关系。作为一座年轻城市，深圳在近40年来的快速发展中，一直致力于对中国现代化道路的探索，这既包括率先建立和发展社会主义市场经济体制，从而对全国的经济改革和经济发展发挥"试验田"的先锋作用；也包括其本身的经济、政治、文化、社会、生态文明、党的建设等各个方面所取得的长足进展，从而积累了相当丰富的城市发展和社会治理经验。

在改革开放40周年之际，全面总结深圳改革开放以来的发展道路及其经验模式，既有相当重要的当下价值，对中国未来改革开放的进一步深化也具有非常深远的重要意义。2018年10月，习近平总书记在视察广东时专门强调："党的十八大后我考察调研的第一站就是深圳，改革开放40周年之际再来这里，就是要向世界宣示中国改革不停顿、开放不止步，中国一定会有让世界刮目相看的新的更大奇迹。"① 总结好改革开放经验和启示，不仅是对40年艰辛探索和实践的最好庆祝，而且能为新时代推进中国特色社会主义伟大事业提供强大动力。要不忘改革开放初心，认真总结改革开放40年成功经验，立足自身优势、创造更多经验，在更高起点、更高层次、更高目标上推进改革开放，提升改革开放质量和水平，把改革

---

① 《习近平在广东考察时强调：高举新时代改革开放旗帜　把改革开放不断推向深入》，2018年10月25日，中华人民共和国中央人民政府网（http://www.gov.cn/xinwen/2018-10/25/content_5334458.htm）。

开放的旗帜举得更高更稳。

为深入贯彻习近平新时代中国特色社会主义思想和党的十九大精神，贯彻落实习近平总书记重要讲话精神，庆祝改革开放40周年，总结深圳改革开放以来先行先试、开拓创新的经验和做法，系统概括深圳发展道路、发展模式及其对全国的示范意义，在深圳市委常委、宣传部部长李小甘同志的亲自部署和直接推动下，市委宣传部与市社科联联合编纂了《中国道路的深圳样本》丛书。这套丛书由《深圳改革创新之路（1978—2018）》《深圳党建创新之路》《深圳科技创新之路》《深圳生态文明建设之路》《深圳社会建设之路》《深圳文化创新之路》《未来之路——粤港澳大湾区发展研究》7本综合性、理论性著作构成，涵盖了经济建设、科技创新、文化发展、社会建设、生态文明建设、党的建设、粤港澳大湾区建设等众多领域，具有较高的学术性、宏观性、战略性、前沿性和原创性，特别是突出了深圳特色，不仅对于讲好改革开放的深圳故事、全方位宣传深圳有相当重要的作用，而且对于丰富整个中国改革开放历史经验无疑也具有非常重要的价值。

深圳改革开放的道路是中国改革开放道路的精彩缩影，深圳改革开放取得的成功也是中国成功推进改革开放伟大事业的突出样本。深圳的发展之路及其经验表明，坚持中国特色社会主义道路，不断深化改革开放，既是广东、深圳继续走在全国前列的重要保障，也是党和国家在新形势下不断取得一个又一个成果，实现中华民族伟大复兴的根本保证。而深圳作为践行中国特色社会主义"四个自信"的城市样本，它在改革开放40年所走的历程和取得的成果，是一个古老民族和国家在历经百年磨难之后，凤凰涅槃般重新焕发青春活力的一种确证，是一个走向复兴的民族国家从站起来到富起来、强起来伟大飞跃的生动实践。

站在改革开放40周年的历史节点，重温深圳改革开放的发展道路与国家转型的当代历史，在新的形势下，不忘初心、牢记使命，以新担当新作为不断开创深圳改革开放事业新局面，正是深圳未来继续坚持中国特色社会主义道路、继续为国家改革开放探路的历史使命之所系。正如广东省委常委、深圳市委书记王伟中同志所提出的，要高举新时代改革开放旗帜，大力弘扬敢闯敢试、敢为人先、埋头苦干的特区精神，把走在最前列、勇当尖兵作为不懈追求，推动思想再解放、改革再深入、工作再落实，打造新时代全面深化改革开放的新标杆，把经济特区这块"金字招牌"擦得更亮，朝着建设中国特色社会主义先行示范区的方向前行，努力创建社会主义现代化强国的城市范例。这一新目标也是深圳在新时代、新征程中肩负的重大历史使命，因此，应勇于担当、凝心聚力，奋发有为、开拓创新，继续深化改革、扩大开放，努力为实现中华民族伟大复兴中国梦作出新的更大贡献。

是为序。

2018年10月

目　录

绪　论 ……………………………………………………………（1）
　一　文化自信与文化创新 ……………………………………（1）
　二　新时代与深圳新使命 ……………………………………（3）
　三　"文化创新发展2020"的提出 …………………………（4）

第一章　打造国际文化创意先锋城市 …………………………（7）
　第一节　国际文化创意先锋城市内涵界定 ……………………（7）
　　一　国际文化创意先锋城市的概念 …………………………（7）
　　二　创意城市理论基础 ………………………………………（12）
　　三　国际文化创意先锋城市的特征 …………………………（15）
　　四　国际文化创意先锋城市的发展历程 ……………………（18）
　第二节　国际文化创意先锋城市主要经验 ……………………（20）
　　一　注重历史传承保护 ………………………………………（21）
　　二　注意保护知识产权 ………………………………………（22）
　　三　注重产业转型升级 ………………………………………（23）
　　四　注重技术创新发展 ………………………………………（23）
　　五　注重文化交流体验 ………………………………………（24）
　第三节　深圳与国际文化创意先锋城市分析比较 ……………（25）
　　一　深圳文化发展的总体情况 ………………………………（25）
　　二　不足分析 …………………………………………………（29）
　　三　提升策略 …………………………………………………（31）

第四节　案例 …………………………………………………… (32)
　　一　国际文化创意典范城市 ………………………………… (32)
　　二　亚洲文化创意典范城市 ………………………………… (35)
　　三　中国内地文化创意典范城市 …………………………… (37)

第二章　塑造独特的城市精神气质 ……………………………… (40)
第一节　城市精神是城市的灵魂 ……………………………… (40)
　　一　城市精神的内涵 ………………………………………… (43)
　　二　城市精神的特点 ………………………………………… (44)
　　三　城市精神的功能 ………………………………………… (46)
第二节　深圳塑造城市精神气质的经验与不足 ……………… (47)
　　一　深圳塑造城市精神气质的经验 ………………………… (47)
　　二　深圳塑造城市精神气质的不足 ………………………… (53)
第三节　塑造与城市定位相匹配的独特精神气质 …………… (54)
　　一　丰富新时代"深圳精神"的内涵 ……………………… (55)
　　二　加强城市精神的思想性建设 …………………………… (55)
　　三　增强深圳城市精神的传播力和影响力 ………………… (57)
　　四　推动深圳城市精神的融入和渗透 ……………………… (58)
第四节　案例 …………………………………………………… (61)
　　一　市民文明素养提升"六大行动" ……………………… (61)
　　二　新入户市民培训 ………………………………………… (62)
　　三　"关爱行动" …………………………………………… (65)
　　四　深圳义工 ………………………………………………… (68)

第三章　创新城市文化品牌体系 ………………………………… (71)
第一节　城市文化品牌与国际化城市形象 …………………… (72)
　　一　文化品牌是世界城市的鲜明特质 ……………………… (72)
　　二　城市文化品牌的特征 …………………………………… (73)
　　三　城市文化品牌代表着城市竞争软实力 ………………… (77)
第二节　深圳文化品牌体系发展现状与存在问题 …………… (78)

一　深圳文艺品牌旗帜飘扬 …………………………………… (78)
　　二　深圳体育品牌赛事提升城市形象 ……………………… (81)
　　三　深圳设计品牌促进产业转型发展 ……………………… (84)
　　四　深圳文化品牌建设存在的问题 ………………………… (88)
第三节　深圳文化品牌体系建构策略 ………………………… (96)
　　一　深圳打造城市文化品牌的新方向 …………………… (96)
　　二　深圳推动体育产业发展的路径 ……………………… (98)
　　三　深圳设计提升的思路 ………………………………… (101)

第四节　案例 …………………………………………………… (104)
　　一　城市文化菜单 ………………………………………… (104)
　　二　"一带一路"国际音乐季 …………………………… (110)
　　三　深圳设计周 …………………………………………… (114)
　　四　深圳国际马拉松 ……………………………………… (117)

第四章　构建一流的文化传播力 ……………………………… (120)
第一节　传媒与城市发展 ……………………………………… (120)
　　一　传媒的功能 …………………………………………… (120)
　　二　传媒与城市发展 ……………………………………… (122)
　　三　传媒竞争力 …………………………………………… (126)
第二节　深圳传媒发展的成就与问题 ………………………… (128)
　　一　三大集团概况 ………………………………………… (128)
　　二　成就与经验 …………………………………………… (134)
　　三　问题与挑战 …………………………………………… (139)
第三节　建设文化传播重镇 …………………………………… (142)
　　一　深化改革创新 ………………………………………… (142)
　　二　推动深度融合 ………………………………………… (149)
　　三　加强网络传播 ………………………………………… (150)
　　四　拓展对外传播 ………………………………………… (152)
第四节　案例 …………………………………………………… (156)
　　一　读特 …………………………………………………… (156)

二　深圳卫视《直播港澳台》…………………………………（157）
　　三　深圳新闻网 ………………………………………………（160）
　　四　城市英文门户网站"EYESHENZHEN" …………………（163）

第五章　建设高水平的公共文化服务体系 ………………………（167）
第一节　现代公共文化服务体系与城市发展 ……………………（167）
　　一　现代公共文化服务体系特征及其对城市发展的作用 ……（167）
　　二　新时代推进现代公共文化服务体系建设必须处理好的
　　　　关系 …………………………………………………………（171）
第二节　公共文化服务体系建设的深圳模式与存在问题 ………（175）
　　一　发展经验 …………………………………………………（175）
　　二　存在问题 …………………………………………………（178）
第三节　推进公共文化领域供给侧结构性改革 …………………（185）
　　一　打造城市文化地标，推动文化资源流动 ………………（185）
　　二　提升原特区外文化发展质量，推动公共文化服务均衡
　　　　发展 …………………………………………………………（189）
　　三　创新公共文化服务机制，优化文化供给结构 …………（192）
第四节　案例 ………………………………………………………（195）
　　一　特色文化街区 ……………………………………………（195）
　　二　"一区一书城、一街道一书吧" …………………………（197）
　　三　"全城一个图书馆" ………………………………………（200）

第六章　推动文化创意产业质量型内涵式发展 …………………（204）
第一节　文化创意产业与城市发展 ………………………………（204）
　　一　文化创意产业的概念与特征 ……………………………（204）
　　二　文化创意产业对城市发展的作用 ………………………（207）
第二节　深圳文化创意产业发展特点 ……………………………（209）
　　一　历程回顾 …………………………………………………（209）
　　二　优势特点 …………………………………………………（214）
　　三　横向对比与短板分析 ……………………………………（216）

第三节　走质量型内涵式发展新路 …………………………（219）
　　　　一　"质量型"和"内涵式"发展 ……………………（219）
　　　　二　新路方向 …………………………………………（220）
　　　　三　新路举措 …………………………………………（221）
　　第四节　案例 ……………………………………………（226）
　　　　一　文博会 ……………………………………………（226）
　　　　二　华强方特文化科技集团 …………………………（229）
　　　　三　华侨城集团 ………………………………………（232）

第七章　深圳文化创新的资源支撑 ………………………（236）
　　第一节　深圳文化创新的人才支撑 ……………………（236）
　　　　一　人才资源与文化创新 ……………………………（237）
　　　　二　深圳文化创新人才队伍建设的基本经验 ………（238）
　　　　三　构建新时代深圳文化创新的人才支撑体系 ……（242）
　　第二节　深圳文化创新的科技支撑 ……………………（244）
　　　　一　科技资源与文化创新 ……………………………（244）
　　　　二　文化科技双核驱动创新发展的深圳模式 ………（245）
　　　　三　构建新时代深圳文化创新的科技支撑体系 ……（250）

附件　深圳文化创新发展2020（实施方案） ……………（254）

参考文献 …………………………………………………（267）

后　记 ……………………………………………………（271）

绪　　论

党的十九大报告强调：文化是一个国家、一个民族的灵魂。文化兴国运兴，文化强民族强。当前，我国正日益走近世界舞台中央，加快建设富强民主文明和谐美丽的社会主义现代化强国，奋力向实现中华民族伟大复兴的中国梦的目标迈进。中华民族的伟大复兴，必然伴随着中华文化的繁荣兴盛。中华民族的伟大复兴不仅是经济的腾飞，更重要的是古老文明重新焕发生机，以新的姿态和形式走向世界，为解决人类问题贡献中国智慧和中国方案。

一　文化自信与文化创新

文化自信是继道路自信、理论自信、制度自信后，习近平总书记提出的"第四个自信"。在2014年2月十八届中央政治局第十三次集体学习时，习近平总书记首次提出"文化自信"，强调增强文化自信和价值观自信。在2016年5月哲学社会科学工作座谈会上，再次提道：坚定中国特色社会主义道路自信、理论自信、制度自信，说到底是要坚定文化自信。在2016年7月庆祝中国共产党成立95周年大会上，首次将道路自信、理论自信、制度自信、文化自信并列，强调：文化自信，是更基础、更广泛、更深厚的自信；在5000多年文明发展中孕育的中华优秀传统文化，在党和人民伟大斗争中孕育的革命文化和社会主义先进文化，积淀着中华民族最深层的精神追求，代表着中华民族独特的精神标识。在2016年11月中国文联十大、中国作协九大开幕式上，进一步强调：坚定文化自信，是事关国运兴衰、事关文化安全、事关民族精神独立性的大问题。党的十九大报告第七部分专门部署"坚定文化自信,推动社会主义文化繁荣兴盛",强调:文化自信是一个国家、一个民族发展中更基本、更深沉、更持久的力量;没有高度的文化自信,没有文化的繁荣兴盛,就没有中华民族伟大复兴;并把"文化自信"写进《中国共产党章程》。在2018年8月全国宣传思想工作会议上,习近平总书记再次强调要坚持文化自信是更基础、更广泛、更深厚的自信,是更基本、更深沉、更持久的力量,自觉承担起举旗帜、聚民心、育新人、兴文化、展形象的使命任务,提高国家文化软实力和中华文化影响力。

文化自信是一个民族、一个国家以及一个政党对自身文化价值的充分肯定和积极践行,并对其文化的生命力持有的坚定信心。可以说,文化自信不仅是道路自信、理论自信、制度自信的源头,也是政党自信、国家自信、民族自信的源头。文化是民族的血脉,是人民的精神家园。中华民族从5000年绵延不断的悠久历史中走来,创造出博大精深的中华文化,孕育出世界上唯一没有断流的中华文明。中华文明具有独特的包容性和顽强的生命力,古往今来,任何外来文化进入中国最终都会中国化。中国共产党继承了中华民族的文化根脉和精神追求,中国特色社会主义道路是中华民族悠久历史的延续。马克思主义中国化的过程,就是同中华传统文化精华相融合、与中国具体实践相结合的过程,文化自信是对"中国特色"的最好诠释。中国的未来绝不是西化,而是中国特色社会主义现代化,这不是发展阶段的差异,其重要原因在于文化基因的不同。因此,坚定文化自信,是事关国运兴衰、事关文化安全、事关民族精神独立性的大问题。

提高文化自信必须增强文化实力,通过文化的大发展大繁荣,筑牢文化自信的基石。而增强文化实力必须依靠文化创新,文化引领时代风气之先,是最需要创新的领域。通过文化创新的内在驱动,形成自己的文化优势和文化强势,增强文化的吸引力和竞争力,进而提振整个民族的文化自信,实现文化自强。党的十九大报告中"创新"一词出现59次,充分体现了创新作为引领发展的第一动力的突出作用,渗透经济社会发展各方面。创新引领的根本是在全社会培育创新文化,促进和推动文化创新,为改革创新营造良好的社会氛围。党的十九大报告还强调要坚持创造性转化、创新性发展,不断铸就中华文化新辉煌。这"两创"是在"二为"

（为人民服务、为社会主义服务）、"双百"（百花齐放、百家争鸣）的基础上提出的新内容，构成新时代文化发展的新原则要求，凸显了推进文化创新、激发文化活力的极端重要性。创新、创造是文化的生命所在，是文化的本质特征，任何一个国家和民族文化的发展，都离不开创造性转化和创新型发展。创新是解放和发展文化生产力的必由之路，是文化持续发展的制胜之道。要提高文化自信、实现文化繁荣兴盛，必须在创新中发展、在发展中创新，激发全社会文化创新创造活力，建设社会主义文化强国。

二 新时代与深圳新使命

中国特色社会主义进入了新时代，这是我国发展新的历史方位。党的十九大报告提出：要担负起新的文化使命，在实践创造中进行文化创造，在历史进步中实现文化进步；创新引领率先实现东部地区优化发展；要以"一带一路"建设为重点，加强创新能力开放合作；赋予自由贸易试验区更大改革自主权，探索建设自由贸易港；以粤港澳大湾区建设、粤港澳合作、泛珠三角区域合作等为重点，全面推进内地同香港、澳门互利合作等。2018年3月，习近平总书记在参加十三届全国人大一次会议广东代表团审议时强调，广东是改革开放的排头兵、先行地、试验区，既是展示我国改革开放成就的重要窗口，也是国际社会观察我国改革开放的重要窗口，要在构建推动经济高质量发展体制机制、建设现代化经济体系、形成全面开放新格局、营造共建共治共享社会治理格局上走在全国前列。"一带一路"倡议、自贸区、粤港澳大湾区、广深科技创新走廊等重大战略在深圳叠加，为深圳的新一轮改革发展提供了重大机遇和有利条件。

新时代，深圳经济特区要有新使命、新作为、新贡献。2018年1月，深圳市委六届九次全会明确提出，要率先建设社会主义现代化先行区，努力在新时代走在最前列、在新征程勇当尖兵，到2020年基本建成现代化国际化创新型城市，高质量全面建成小康社会；到2035年建成可持续发展的全球创新之都，实现社会主义现代化；到21世纪中叶，建成代表社会主义现代化强国的国家经济特区，成为竞争力影响力卓著的创新引领型全球城市。当前，深圳正以习近平新时代中国特色社会主义思想和党的十九大精神为指导，努力成为"改革开放的重要窗口、改革开放的试验平台、改革开放的开拓者、改革开放的实干家",实现"四个走在全国前列",当好向世界展示中国改革开放成就、国际社会观察中国改革开放的"两个重要窗口"。

在文化发展方面,新时代深圳必须担负起新的文化使命,即坚定走中国特色社会主义文化发展道路,坚持不忘本来、吸收外来、面向未来,做好创造性转化、创新性发展这篇大文章。通过全面推进文化创新发展,在文化强市建设上实现新突破,激发全社会文化创造活力,使城市空间布满创意元素、社会充满人文关怀、市民群众向上向善,人文之光、人性之善、人情之美浸润每个角落,开放包容、兼收并蓄的特区形象更加鲜明,更好地构筑中国精神、中国价值、中国形象,率先形成展现社会主义文化繁荣兴盛的城市文明风尚,成为先进文化的引领者和践行者,为广大市民提供精神指引,为深圳率先高质量全面建成小康社会、加快建设社会主义现代化先行区、奋力向竞争力影响力卓著的创新引领型全球城市迈进,提供强大的精神动力和文化支撑,以特区窗口展现文化自信和中国力量。

三 "文化创新发展2020"的提出

深圳始终坚持文化自觉,不断强化文化担当,通过实施文化创新,夯实基础、补齐短板、谋划长远,提升文化综合实力。在工作实践中,经过半年多的深入调研、论证,市委有关部门全面梳理了深圳文化发展面临的挑战和存在的薄弱环节,有针对性地提出系统性的对策和解决办法,于2015年底制定出台了《深圳文化创新发展2020(实施方案)》(以下简称"文化创新发展2020"),2016年年底对其进行了修订。"文化创新发展2020"的制定并实施,目的就是要以传承和创新的精神,针对城市文化发展面临的挑战和存在的问题,打基础、补短板、强弱项、谋长远,增强深圳文化的综合实力,建设与现代化国际化创新型城市和国际科技、产业创新中心相匹配的文化强市。深圳以"文化创新发展2020"作为推动城市文化繁荣兴盛的总抓手,并确立了"认准一个目标,实施一套方案,构建五大体系,一年干几件实事,坚持数年,必见成效"的工作总思路。

"认准一个目标",就是打造与城市定位相匹配、相适应的文化强市,努力建设国际文化创意先锋城市。"实施一套方案",就是按照"文化创新发展2020"这个"设计图""施工表",全面推进落实153项重点任务。"构建五大体系",包括创新思想理论载体,构建以社会主义核心价值观为引领的城市精神体系;创新城市形象标识,构建以国际先进城市为标杆的文化品牌体系;创新媒体运行机制,构建以媒体融合发展为标志的现代文化传播体系;创新文化服务方式,构建以市民精神文化需求为导向的公共文化服务体系;创新产业发展模式,构建以质量型内涵式发展为特征的现代文化产业体系。"一年干几件实事,坚持数年,必见成效",强调坚持每年抓几件打基础、利长远、得民心的实事,拿出踏石留印、抓铁有痕的韧劲,脚踏实地、兢兢业业,一件一件抓落实、一项一项出成效,久久为功、积小胜为大胜,最终实现国际文化创意先锋城市的建设目标,大幅提升城市的软实力、影响力和核心竞争力。

"文化创新发展2020"完全符合党的十九大精神,"五大体系"与推动社会主义文化繁荣兴盛的五个方面(即牢牢掌握意识形态工作领导权、培育和践行社会主义核心价值观、加强思想道德建设、繁荣发展社会主义文艺、推动文化事业和文化产业发展)也是一致的。"文化创新发展2020"获得了深圳社会各界的认可,深圳市委六届历次全会都予以充分肯定,强调要全面实施"文化创新发展2020",以文化凝聚力量、创造活力、增强软实力,不断提升城市文化的传播力、影响力和竞争力,加快建设与现代化国际化创新型城市定位相匹配的"文化强市",率先形成展现社会主义文化繁荣兴盛的城市文明风尚,进一步增强深圳的综合实力和可持续发展能力,充分彰显中华文化魅力和时代风采。

"文化创新发展2020"最大的特点是实践性,既是"规划图",又是"施工表",方案推出的同时还专门制定了《目标责任书》和《重点任务分工表》,确保每一项任务落到实处、取得实效。"文化创新发展2020"实施两年多,153项重点项目已经全部启动,并完成了70%的重点项目;一些重大创新项目,如:发布"月月有主题,全年都精彩"的"城市文化菜单",举办"一带一路"国际音乐季,设立"深圳环球设计大奖",创办城市英文门户网站"EYESHENZHEN",开展新入户市民培训和激励工作,成立深圳歌剧舞剧院,形成"一区一书城、一街道一书吧"格局……产生了积极而广泛的社会影响。通过回望文化创新的深圳之路,认真总结成功经验，深刻分析仍然存在的问题和不足，对标国际一流城市，进一步谋划建设国际文化创意先锋城市的思路对策，正是本书写作的初衷和愿景，也是深圳文化发展的不倦追求。未来的深圳文化，就是要立足服务国家大局和城市长远发展，以大视野、大气魄、大情怀，加快建设国际文化创意先锋城市，打造全球城市文化版图中的璀璨明珠，走出一条体现伟大民族精神、反映时代发展特征、具有深圳城市特色的文化创新之路！

第一章　打造国际文化创意先锋城市

党的十九大报告提出："要尊重世界文明多样性，以文明交流超越文明隔阂、文明互鉴超越文明冲突、文明共存超越文明优越。"我们应学习借鉴国际文化创意先锋城市的成功经验，以文化创新发展推动深圳建设国际文化创意先锋城市。

第一节　国际文化创意先锋城市内涵界定

每一座城市犹如每一个不同的人，具有自身的品质和品格。过去，城市经济发展依赖于各种企业，并通过刺激措施吸引新企业进入。但是在21世纪之后，这种情况有所改变，全球联系更加紧密，随之而来的是一种全新且更为高效的城市发展模式，即城市应该首要关注如何吸引人才，突出自身优势，建立自己的品格。而文化作为一座城市内在的精神，在城市发展中具有极为重要的作用。深圳的文化建设目标是要打造国际文化创意先锋城市，本节主要围绕国际文化创意先锋城市展开讨论。

一　国际文化创意先锋城市的概念

文化（Culture）是一个人文意味较浓的概念，自有人类以来，文化一直与人类的繁衍、发展息息相关。《易经》贲卦象辞："刚柔交错，天文也；文明以止，人文也。观乎天文，以察时变，观乎人文，以化成天下。"这是我国古代对于文化较为综合的概括和归纳。西方学者从雅典时代开始就一直探索文化的定义，目前较为流行的看法是：文化是人类学中的一个核心概念，包括人类社会中通过社会学习传播的各种现象。通过东西对比、历史回顾我们可以将文化定义为：人类在社会历史发展过程中所创造的物质财富和精神财富的总和。

文化创意又叫文化创意产业（Creative Industries），有时也称为文化产业（Culture Industries）、创意产业（Creative Industries）、内容产业（Content Industries）、版权产业（Copyright Industries）等。联合国教科文组织在蒙特利尔会议上把创意产业定义为："按照工业标准生产、再生产、储存及分配文化产品和服务的一系列活动。"总体而言，基于新经济的时代背景，创意产业主要还是文化创意产业，它能够供应广泛的与文化、艺术、娱乐价值相关的产品或服务，以满足人们的消费需求。而其组成主要聚焦在三个层面：一是文化以及与文化紧密相关产业；二是与通信和网络相关的以电子软件、游戏动漫等形式表现出来的产业；三是在传统产业相关基础上融入创意元素后创新发展的相关产业。但其核心中的核心还是与文化相关的各类产业。文化创意产业在将近一个多世纪的发展中，分别在理论研究和实践探索方面都得到了十分重要的成果。

理论研究方面，理查德·凯夫斯（Richard E. Caves，2002）在《创意产业经济学》中指出"创意产业是提供具有广义文化、艺术或仅仅是娱乐价值的产品和服务的产业"。罗默（1986，1990）提出"新创意会衍生出无穷的新产品、新市场、新财富和新机会，创意是推动一个国家经济增长的原动力"。查理斯·兰德利（Charles Landry）在《创意城市：都市创新的工具书》（*The Creative City：A Toolkit for Urban Innovators*）中阐述了各式"创意思考""创意规划""创意行动"的策略与方法，精选了来自世界各地、各个城市的创新与重生的案例，示范"如何在城市议题上思考、筹划与执行富有创意的行动，并且将这些方法运用于任何的城市"。它启发城市找到自身的发展潜能，然后结合当地文化资产及地方特色，借以提高城市的竞争力，打造创意经济。厉无畏（2006）认为，创意产业大致包含三个部分的内容，一是通常所指的文化及相关产业；二是与通信和网络相关的软件、游戏、动漫等内容产业；三是与传统产业相关的各类设计、咨询策划等产业，包括工业设计、建筑设计和会展策划等内容。①

实践发展方面，20世纪90年代，英国最早将"创造性"概念引入文化政策文件，并且在1997年出台的《英国创意产业路径文件》中明确提出"创意产业"这一概念。1994年，澳大利亚就已提出了建立"创意之国"（Creative Nation），并制定了相关的发展政策，"创意产业"（Creative Industries）概念开始在澳大利亚被使用。美国目前关于创意产业的比较权威的定义产生于2004年联合国贸易和发展会议（UNCATAD），认为创意产业是"以创意与智力资本为初始投入，形成产品与服务创作、制造和销售的循环过程；它以一系列知识为基础，侧重艺术，从商品贸易与知识产权中创造潜在收入；包括有形产品和无形的拥有创意内容、经济价值和市场目标的智力与艺术服务；处于手工艺、服务和产业部门之间的交界处"；联合国教科文组织（2006）认为"文化创意产业是运用创意和无形的文化内涵，创造出受著作权保护的内容密集型的产业活动，它们表现为物质的商品或非物质的服务"。

创意城市的出现，是为了解决城市发展过程中面临的各方面的问题而制定的改进方案，希望以此带来城市复兴。传统的以投资驱动为引领的城市发展模式已经受到越来越多的限制，城市的再次发展必须以创新作为主要驱动力，通过与各种知识的深度结合进行综合发展。那么如何定义创意城市，使之能够成为引领城市发展的前瞻性导向，则是一个十分重要的问题。对此，国内外学者具有不同的认识。②

彼得·霍尔爵士（Sir Peter Hall）认为创意城市保持着一定的动态性，没有稳定的形态，它不会按照固定的轨道和模式进行发展，而是不断因为新事物的出现而做出改变。在《城市的文明》（Cities in Civilization）中他列举了公元前5世纪的雅典、14世纪的佛罗伦萨、莎士比亚时期的英国以及18世纪晚期到19世纪的维也纳等6个城市的案例，指出这些城市在一

---

① 王伟伟：《加快中国文化创意产业发展研究》，博士学位论文，辽宁大学，2012年；张学春：《中国创意城市发展问题研究》，博士学位论文，东北师范大学，2012年；孙洁：《文化创意产业集聚动力机制研究》，博士学位论文，上海科学研究院，2012年。

② 黄阳：《创意城市评价研究》，博士学位论文，华侨大学，2012年。

定程度上都体现了技术与艺术的完美结合，是不同历史时期的创意城市。[①] 只具备创意产业、文化精神、个人创造力以及财富资本等要素中的一个或者几个都不可能形成创意城市，创意城市在某些方面是处于动态变化中的，它拥有能容纳外来移民的氛围，在此能够找到志同道合之人，认同他们的创意想法，并且其产品具有稳定的顾客群，在高度保守或者固化的环境不会形成创意城市，而极度混乱和无序的社会也不会诞生创意城市。

简·雅各布斯（J. Jacobs，1916—2006）对于创意城市的理解主要集中在城市应当灵活、富于创造性，拥有能够根据自身发展状况进行"自由修正"的经济体系。《城市与国民财富》（*Cities and the Wealth of Nations*）系统研究集聚了拥有众多富于创造性、技巧和高质量劳动者的专业化中小企业群的城市，发现这些中小企业在某种程度上是创新的来源，与工业化大生产模式不同，它们灵活、高效、适应性强，并相互结成网络，依靠劳动者高度熟练技术与灵敏感性生产出具国际竞争力的个性商品，这种生产模式是继工业化大生产体系之后出现的又一种新的生产体系。[②] 建设创意城市，发挥城市灵活、富于创造性的特质，鼓励社会各领域发挥创造力，解决城市经济发展所面临的问题。"自由修正"的经济体系可以使城市充分考虑自身实际和要素禀赋，实现发展的连续性。

查尔斯·兰德利（Charles Landry）将创意城市定位为能够借助艺术或者文化的创造性力量，调动潜在社会动力以解决衰败，复兴经济。欧洲制造业衰退导致城市产业空洞化，大量人口失业，使西欧传统福利国家面临严峻财政危机，20世纪末创意产业兴起，"创意"和"可持续发展"的城市成为打破这种困境的亮点。欧洲创意城市研究小组从正在进行的城市比较研究中得出，创意城市最重要的问题是在经济、文化、组织和金融领域解决创意问题，并且能够根据实际情况随时改变现存制度。传统发展模式已经不能适应城市经济发展，城市面临的结构问题需要创意的方法才能解决，建设创意城市必须学会创造性思考，增进人与人之间的交流，培育创

---

① Peter Hall, *Cities in Civilization*, New York: Fromm Intl, 1998, pp. 13-20.

② J. Jacobs, *Cities and the Wealth of Nations: Principles of Economic Life*, New York: Random House, 1984, pp. 8-53.

意氛围，其中的关键在于城市的创意基础、创意环境和文化因素。

日本学者佐佐木认为创意城市是通过艺术家、创造者和普通市民充满活力的创意活动去培育艺术文化新趋势，并推动创新和创意产业发展的城市。创意和可持续发展的城市应具备6个要素：第一，不仅是艺术家和科学家能自由进行创意活动，一般工人也能从事创意工作；第二，对于普通市民而言，保证有充裕的收入和自由的时间来享受艺术文化生活；第三，城市中的大学、文化机构、剧院和图书馆等具备支持创意活动的文化设施；第四，政府必须制定培育市民创意力和感知力的环境政策；第五，政府的经济政策能够兼顾创意和可持续领域；第六，文化创意政策与其他诸如产业、经济政策一样在城市政策中占有一席之地。

我国学者结合自身国情对于创意城市也进行了大量的探索和研究，形成了见解独到的一批研究成果。[①]

许平认为当众多创意亮点集中于城市时，城市就彰显创意。城市中对于创新能力的接纳程度以及"创意能量"促使创意产业聚集，增强了城市活力，提升了城市形象，创意城市也因此产生。

厉无畏认为创意产业与创意城市是一对共同成长的孪生儿，城市因为有创意产业的营养滋润而脱胎重生为"创意城市"。创意城市不是严格的学术概念，而是一种推动城市复兴和重生的模式。它强调消费引导经济、以科技创新和文化创意双轮驱动经济发展。

徐彦武、胡俊成将创意城市表述为通过创意产业的兴起赋予城市以新的生命力和竞争力，以创意方法解决城市经济社会发展的实质问题的城市。实现依靠文化经济、知识经济来推动发展的重要经济发展模式。

综合国内外研究成果，本书认为在对创意城市进行定义时需要重点把握品格、氛围、人才和产业四大要素。围绕上述四方面要素，创意城市是指在具有城市内在品格，拥有包容且创新性的软环境，能够广泛吸引和培养人才，具有城市自身特色创意产业，推动区域或国家发展的城市。作为创意城市应当具有以下三方面特点：第一，经济上的发展性。创意城市的设立其根本上还是为了解决城市面临的困境，促进城市经济更好更快发

---

① 黄阳：《创意城市评价研究》，博士学位论文，华侨大学，2012年。

展，实现城市复兴，因此，经济发展是创意城市立市之本，是摆在首位的。第二，人才上的延续性。具备创新精神的人才是保障创意城市能够持续的核心要素，因此，完备的人才制度、良好设施条件是十分必要的。第三，氛围上的开放性。创意城市是在动态发展过程中的，创意的过程难免会出现这样那样的问题，因此开放包容、和善容错的社会环境是不可或缺的。

国际文化创意先锋城市，起源于创意城市，聚焦于文化创意，定位于国际领先，因此国际文化创意先锋城市的定义为：立足国际视野，依托于文化产业和文化服务，具有创新型城市品格，拥有开放包容的软环境，能够广泛吸引和培养人才，具有城市自身文化特色，引领世界发展的国际化城市。

二　创意城市理论基础

城市的发展符合人类社会发展的普遍规律，即波浪式前进，曲折式上升，创意城市的发展同样符合上述规律。因此在建设国际文化创意先锋城市过程中，需要对城市发展的基础理论深入了解，只有这样才能目标明确、路径清晰地进行城市建设。

（一）城市更新理论

城市更新起源于人们对居住问题的思考，较为著名的有维克托·胡贝尔于1857年首次就中下阶层在大城市中的住房危机这一居住问题提出批评；1874年多纳伯爵夫人针对城市应当如何解决日益严重的住房危机问题提出了建议。① 随着城市的发展，知识经济投入的要素逐渐增多，城市的公共基础设施和城市规划与新的需求之间匹配程度越来越差，可利用的自然资源也逐步减少甚至出现衰退现象。破解这一困局需要新的理论作为支持。传统的对城市改建的规划方法并不能满足现代经济发展对城市规划的要求，在此背景之下城市更新理论破茧而出。国际著名学者简·雅各布斯、E.F.舒马赫等作为城市更新理论重要专家，推动该学科理论逐渐成熟完善。该理论在微观层面上，要求城市规划布局要满足城市居民的生理

---

① ［德］阿尔伯斯·G.：《城市规划理论与实践概论》，科学出版社2000年版，第25—52页。

和心理需求；在中观层面上，社区的规划应当给社区居民带来荣耀感，并提供和谐的环境；在宏观层面上，该理论认为城市规划应该着眼于未来的发展。因此城市更新的过程整体而言应该是有机、多样、丰富、和谐，这样的集合与经济单元集聚在一起，使得城市多元，充满活力。城市更新客观上造成了一个城市内人口、文化、资本的流动，通过这种流动使得各方面资源达到一种新的平衡，城市会因新企业的引入、文化创意者的参与而增加，重新焕发活力。著名学者 Lin J. 认为，城市更新中的这种流动，能够使工业发展较快地达到一种新的均衡状态，聚居区的价值会因新企业的引入、文化创意者的参与而增加，重新焕发活力。[①] 但是城市更新并不总是能够带来正向的结果，如果在对要素的组织上没有规划好，可能会带来负面效果，Thomas H. O. Connor 在对波士顿西区的移民社区和南区的黑人社区的更新调查中发现，更新改造所带来的资本企业的流入、人口的变动并没有使社区价值得到提升，相反，这种变动对社区原有的多样性文化产生了巨大冲击，使其不复存在。[②]

（二）城市转型理论

如果一个城市赖以发展的最为基础的环境或者资源发生重大变化，则原有城市运行体系也会一并改变，使得城市的发展适合最新的发展目标，这个过程则称为城市转型。西班牙学者曼纽尔·卡斯特尔（Manuel Castells）在《信息时代：经济、社会和文化》《网络社会：一个跨文化视野》等著作中，对于城市转型进行了深入研究。城市转型是为了解决在传统城市发展模式下出现的人口的过度集中、资源能源短缺、自然环境恶化等系列问题。产业（Industry），最早由英国经济学家马歇尔（A. Marshall）提出，指某一代表性和典型性的生产性行业，主要用于分析微观经济活动中的企业最优经济运作。产业结构（Industrial Structure）是指产业与产业之间形成的经济技术关系和数量比例关系。由英国经济学家和统计学家克拉克（Colin Clark）创建，并经美国经济学家西蒙·库兹涅茨（Simon

---

① Lin J. , "Globalization and the Revalorizing of Ethnic Places in Immigration Gateway Cities", *Urban Affairs Review*, Vol. 34, No. 2, 1998, pp. 313 – 339.

② Thomas H. , *Building a New Boston: Politics & Urban Renewal, 1950 – 1970*, Northeastern University Press, 1995.

Kuznets）发展和应用的"克拉克大分类法"，是城市转型研究中最为常用的一套产业分类方法，是城市转型理论的基础。随着经济的发展，第一产业的劳动力比重和产值比重下降，而第二产业和第三产业的劳动力比重和产值比重则持续上升，劳动力在三次产业中转移使得在产业间的分布更均匀。在城市发展过程中，不同的阶段引领城市发展的产业会有所不同。国际上具有重大标志性的城市回顾其发展过程往往也都经历了城市转型这一阶段，如以芝加哥为典型的产业多元化模式、以伦敦为代表的产业升级替代模式、以新加坡为典型的产业高端化模式等。厉无畏、张雪春认为，创意城市中消费者的消费行为和特点对于整个城市的经济发展具有非常重要的导向作用，通过文化、科技、创意作为城市主要的驱动要素，可以有效地解决城市发展过程中能源消耗过大、环境恶化、产业结构单一、生产要素不足等多种问题。同时，创意城市就是要立足于当前限制城市发展的瓶颈，寻求有效突破，推动城市的重生。

（三）城市竞争力理论

随着新一代互联通信技术、信息技术、交通技术的发展，整个世界距离变得越来越小，不同主体在全球范围内的竞争也越发加剧，从传统的经济全球化到生物、科技、文化、医药等多个领域的全球化，每一个国家每一个城市都不能逃避全球化竞争浪潮，而城市作为竞争主体的地位和利益也日渐提升。城市竞争力主要是指在市场化条件下配置资源的能力和永久性发展能力。因而，在判断城市竞争力时可以从资源配置方面和可持续发展方面进行通盘考虑。衡量一个城市竞争力高低的标准也是多元丰富的，但是最为重要的是所在城市居民的生活水平是否提高。如何提升城市自身的竞争力，主要可以从以下六个方面着手：第一，提高居民生活水平；第二，加强城市基础设施建设；第三，优化城市环境；第四，制定合理的税收政策；第五，加强人才培养和知识产权保护；第六，完善城市内在品格。城市竞争力理论较为著名的研究成果之一是迈克尔·波特（Michael E. Porter）的"产业竞争力"理论，通过比较不同区域影响生产率及其增长的因素的表现可以评价某一特定区域是否具有竞争优势，这些因素包括：自然资源、人才、技术、资本等生产要素的可获得性；国内市场在产业最终产品市场份额中所占的比重；与产业具有关联关系的产业竞争优势；产业的组织形式和企业的发展战略；竞争环境的变化带来的新的机遇；政府对市场的干预。道格拉斯·韦伯斯特（Douglas Webster）认为在衡量一个城市的竞争力时可以从以下几个方面来考虑：经济结构尤其是产业结构，区域禀赋包括自然资源以及城市本身的地理位置，人类主体资源的开发和利用，以及制度环境。在明晰了城市竞争理论之后，在进行城市建设时，要整合现有资源并将其有机结合在一起，才能有效地转化为实际产出，发挥城市竞争优势。

三　国际文化创意先锋城市的特征

（一）核心表现

如前所述，国际文化创意先锋城市，起源于创意城市、聚焦于文化创意、定位于国际领先。新时代，城市定位于发展需要更加明确，而国际文化创意先锋城市其主要特征主要集中于以下三个方面。

1. "现代化"的发展过程

现代化有几个显著的特征，包括经济工业化、市场化，政治民主法治化，文化多样化，生活城市化，社会保障化。对于国际文化创意先锋城市而言，其主要是指城市精神得到塑造和弘扬，市民思想道德和文化素质得到提升；文化品牌活动丰富多彩，文艺精品精彩纷呈；公共文化服务不断完善，市民文化生活更加便利。现代化尤其重要的是人的现代化。习近平总书记指出："如果一个民族、一个国家没有共同的核心价值观，莫衷一是，行无依归，那这个民族、这个国家就无法前进。"在文化品牌活动和文艺精品方面，现代化主要是指品牌的独立性和作品的繁荣性。文化是一个城市的灵魂，文化活动就是一个城市的活力，城市节庆活动的文化融合和经济拉动效应越来越突出。国内各种城市文化活动已呈现百花齐放的态势，如上海国际艺术节、北京国际音乐节、哈尔滨国际冰雪节、昆明国际文化旅游节、青岛国际啤酒节等，这些节庆活动不仅给市民提供了丰盛的文化大餐，也塑造了城市文化形象，拉动了城市经济。在文艺精品创作上，以前英国人讲，"宁愿要一个莎士比亚，也不要一个印度"。文艺是时代前进的号角，能够代表时代风貌，引领时代风气，文艺工作者也可以称作"灵魂的工程师"。现代化在公共文化服务方面，主要表现在有一批代表国际化城市形象的文化地标,同时公共文化设施分布更加均衡,能够均衡地照顾城市内的不同区域、不同阶层、不同人群的文化服务需求。

2. "国际化"的视野定位

国际化城市通常是指一个城市按照国际通行惯例,在全球范围配置和利用各种资源,广泛参与国际经济循环和社会文化交流。集中在城市文化上,"国际化"主要反映在三个方面:一是城市国际影响。作为国际化的城市在全球范围内要有广泛的城市影响,类似于伦敦、纽约、巴黎、新加坡、香港等城市,无论在哪个国家一提起这些城市都能够让人联想起其城市的文化地位和城市形象,这就是有国际影响。二是对外文化传播。一个城市自身的文化如果能够对外进行有效的传播是"国际化"定位的一个非常重要的表现,文化传播的方式有很多种,类似于不同语言的城市官方网站、大型文化品牌活动、电影电视纪录片等,总之通过上述不同的方式,能够将城市固有的文化进行有效的对外输出和传播也是"国际化"的重要标志之一。三是国际文化交流。一个城市的"国际化"水平,在其组织或者承办的文化活动中能够得到全面的反映,以"国际化"的大型品牌活动为依托,大量的人员、技术、资金、装备可以进行充分的交流和传递,例如巴黎国际时装节、威尼斯国际艺术双年展、马德里斗牛节、洛杉矶的奥斯卡金像奖颁奖典礼等世界节庆活动,可以全面展示一个城市的国际形象,进而能够更好地让城市融入全球产业链,参与全球的合作与竞争。

3. "创新型"的内在驱动

创新型通常是指以科技进步为动力、以自主创新为主导、以创新文化为基础,依靠科技、知识、体制等创新要素驱动经济发展的模式。创新在文化发展领域,主要可以概括为理论和学术创新、主流媒体转型发展以及文化创意产业优化升级。

在理论和学术创新方面,学术文化是城市文化的重要组成部分,许多著名的城市都有与其相称的发达的学术文化。如伦敦、巴黎、纽约等,不仅云集大师级的学术人才,还有极为活跃的学术机构和浓厚的学术文化氛围。通过聚集一批学术专家、打造一批领先地位的学科、建设一批重点的科研院所,可以营造良好的理论学术氛围,进而推动学术创新。

在主流媒体转型发展方面,随着新媒体的崛起,媒体格局和舆论生态发生深刻变化，各地都在提传统媒体转型问题，但转型不只是建微博、微信和客户端那么简单，主流媒体要用创新思维推进转型发展，真正达到线上线下同步、网上网下同步，不同的媒体之间实现跨界融合，能够推出符合城市发展定位的相关作品，引领整个新闻舆论的发展。

在文化创意产业优化升级方面，"创新型"的内在提升动力则显得更为明显，创意产业之魂就是要不断地推陈出新、探索迈进。文化创意产业是一种持续的、健康的、稳定的、绿色的产业，无论是在过去还是在未来，由于其能够满足人们精神方面的内在需求，因此能够长期繁荣发展。一座城市如果能够拥有自己的文化创意产业，则可以将其作为引导城市发展的核心产业，在发展该产业的同时，城市的创新型的品格也将逐渐被植入和加强。

（二）发展特点

国际文化创意先锋城市其立市之本就是优先考虑文化因素，高度重视文化在城市发展中的地位和作用，具有一流的文化发展水平，具体而言其发展特点集中于以下三个方面。

1. 坚定确立文化创新发展战略

党的十九大报告明确指出，文化是一个国家、一个民族的灵魂，要坚持中国特色社会主义文化发展道路，激发全民族文化创新创造活力，建设社会主义文化强国。文化已成为当代社会生产力的重要因素，文化对于增强城市竞争力的推动作用已得到高度重视和统一认识。美国学者迈克尔·波特在《什么是战略?》一书中对"战略"做了新的阐释：一是"创造一种独特、有利的定位"；二是"在竞争中做出取舍"；三是在"各项运营活动之间建立一种组合"。据此分析，国际文化创意先锋城市有这样几个特点：首先，十分注重发现城市的创新空间和创新方向，并在周边城市圈、城市群和城市带的范围内，使之获得新的核心定位，成为一个全球文化生产网络中的重要节点。其次，在区域文化上既能继承传统，做自我肯定及独特性表达，又能在全球开放格局中进行自我超越并努力创新。最后，将文化创新作为融汇区域创新战略中各类要素的连接点，为培育文化创新提供重要的社会氛围和人文导向。文化创新已经成为世界城市大竞争中最具竞争意义、发展潜力和时效性的要素，是建设国际文化创新先锋城市的必然。

2. 高强度建设核心文化城区

文化核心区是指城市最具代表性的文化艺术集聚区域,是国际文化创意先锋城市打造的标志性文化战略中心。一个城市如果文化创新活力不强,需要从它的文化基础设施和交流能力上寻找其改进的突破口。一流城市高度重视文化核心区建设,看重文化核心区承载的文化生产力及文化影响力。文化核心区集中展示了一座城市的文化多元及文化包容,或是本地文化的繁衍不息,或是外来文化的扎根生长,成为一座城市的独有特征及魅力所在。文化核心区往往借助标志性文化设施及文化艺术节庆活动,汇聚创意人才,辐射创新观念,成为国际创意先锋城市的人文精神所在。

3. 保持强大的文化供给能力和极高的文化消费水平

美国纽约大学教授佐京(Zukin)在其《城市文化》一书中指出:一个文化中心不能仅仅是艺术的集散地,它必须是艺术的生产、交流和消费的地方。国际文化创意先锋城市的文化供给能力背后是具备商业功能的现代文化生产,它也是一流城市经济再生的主要资产。对现代文化生产逐渐成长的消费及伴随发展的文化产业,则强化了城市的象征经济,对游客、创意阶层及投资者构成了很强的吸引力。具体而言,从城市文化设施、所举办文化活动、文化消费人群数量、文化多样性指数以及自发组织的文化活动等指标可以对城市的文化消费能力进行综合衡量。同时作为国际文化创意先锋城市其在国际组织、科研与文化设施、历史遗产与宗教、创意产业和文化旅游等方面的地位,也能够使城市一直保持强大的文化供给能力和极高的文化消费水平。

四 国际文化创意先锋城市的发展历程

人类的活动与城市的产生和发展息息相关,城市的诞生实际上就是人类活动的最终结果,而创意城市的诞生与发展实际上就是人类文明进化过程中的一个必然阶段。创意城市的提出实际上是为解决传统工业城市发展难题的现实需要,国际文化创意先锋城市又是创意城市发展到的最新阶段,从某种意义上说国际文化创意先锋城市的发展过程实际上是人类社会发展过程的一个真实写照。

（一）18 世纪以前文化创意城市阶段

物质的交换极大地促进了人们思维方式的转变，农业和战争是 18 世纪以前的城市发展的主要动力。当农业成为可靠的生活来源之后，人们选择了定居生活，进而演变出了实体房屋，确保能够安居乐业，房屋越来越多地聚集则诞生了城市的雏形。而自然、社会、政治资源的分配不均造成了城市之间的战争，在这样的大背景下城市从诞生到毁灭再到诞生，如此的循环伴随着人类的历史发展。在此背景下，一个城市里的手工业者逐渐聚集，慢慢的工匠诞生，结合一个城市的自然社会资源产生具有城市特点的工艺产品，形成自己的特色。然后随着商业的发展，使得具有特色的产品能够进行有效输出，逐渐为城市打下文化标签。

（二）18—20 世纪文化创意城市阶段

伴随着第一、第二、第三次工业革命，人类社会的生产力大幅提升，传统的以定居生活为主的城市空间布局，逐渐转变为以生产为主、生活配套的城市格局。城市也不仅仅是人类生活的地方，而是逐渐成为拉动经济增长、推进社会进步的重要的社会单元。但是三次工业革命其发展都是以资源消耗、城市扩张、人口膨胀、环境污染作为代价。伴随外部环境不断恶化，城市发展空间渐趋饱和，"格栅式"城市空间模式迅速蔓延，简单机械重复的街道系统，剥夺了城市复杂的社会角色。在此背景之下，如何激发城市活力，实现城市复兴和可持续发展，引起世界范围的普遍关注与思考。创意城市概念与构想应运而生，拉开了近代文化创意城市的发展序幕。在这一阶段，世界上著名的文化城市如纽约、伦敦、巴黎、东京等逐步浮现，并最终使得文化创意拉动城市经济的稳定发展。

（三）21 世纪以来文化创意城市阶段

人类社会进入 21 世纪，资源节约、环境友好的发展理念越来越深入人心。同时，信息技术的发展使得全球不同城市之间的联系更加紧密，如何能够在竞争日趋激烈的环境中，保持自己城市的特色，增强城市竞争力，是每一位城市管理者和参与者需要面对的重要问题。而文化创意产业的发展正是解决上述问题的良策。通过文化产业的发展能够吸引大量的人才，有效地形成人才集聚，为城市的发展储备最为重要的人才资源。同时，文化的发展是人类社会进步的永恒主题，而且文化在一定程度上又能够引领和促进城市的发展。所以，在21世纪，全球主要城市对自身的发展进行了有效的规划，立足自身的历史沉淀与特色，加大对历史的有序传承，拓展文化创意产业的发展，使文化创意产业成为引领城市发展的核心支柱产业。

通过对文化创意城市发展的回顾，作为国际创意先锋城市主要需要在以下几个方面有突出的表现。

第一，城市经济发展核心要素实现由物质、生态、环境等不可再生性资源向知识、技术、智力等可再生性资源转变。国际文化创意先锋城市，其主要聚焦于文化创意产业对于城市经济的引领，而文化创意产业有别于其他产业，是无形的文化创意引领，因此在产业发展过程中，相较于其他行业资源消耗强度更小，依靠知识、技术、智力等非资源消耗性因素特点更为突出。

第二，城市经济发展增长方式实现从资源浪费、环境污染向资源节约、环境友好型转变。传统城市的发展主要依靠制造业，而制造业又是依托于各种资源的消耗，由于大多数传统资源的不可再生性，如果按照既有的模式进行发展，那么留给子孙后代的自然资产越来越少，因此人类迫切需要转变经济增长方式。在此基础之上发展出了文化创意城市来解决上述问题，国际文化创意先锋城市则是在一般创意城市的基础之上，更加突出文化创意的引领作用，并且能够在全球范围之内对于其他城市产生更加直接的引导作用，充分体现文化产业的核心价值作用，参与全球国际分工。

第三，城市经济发展最终形态由工业经济向信息经济、创意经济等知识经济形态转变。国际文化创意先锋城市立市之本由传统的工业经济迈向了创意知识经济，通过充分挖掘和开发智力财富，以创造更多的就业和财富。文化创意渗透于日常社会的各个行业、不同环节，创造出巨大的价值财富，表现出强大的经济活力。

第二节 国际文化创意先锋城市主要经验

全球文化创意先锋城市基本上有自身的特色，通过对全球文化创意先锋城市进行较为系统的调查，可以明晰相关城市成功的经验，进而为深圳打造全球文化创意先锋城市明确发展方向，促进深圳文化创意产业进一步发展，提升深圳在全球创意网络中的战略地位。本书采用成功经验加案例的形式，力求能够更加科学真实地介绍全球文化创意先锋城市。总体而言，全球成功的文化创意城市主要有以下五个方面的经验。[①]

一　注重历史传承保护

世界范围内文化创新与经济发展的融合已逐步走向深入，文化创新在世界范围内成为带动城市经济复兴和转型升级的重要力量。环顾世界较为成功的文化创业城市，政府的有力引导和科学的产业规划，是其成功的重要原因之一。英国是最早提出"创意产业"理念和用政策激励创意产业发展的国家之一。1997年，时任首相布莱尔在其上任之际就成立了"创意产业特别工作组"，并亲任主席，提出将英国传统的"世界工厂"变成现代的"世界创意中心"。英国对文化创意产业采取分权式的管理方法。政府委托非政府公共文化机构实现对文化事业的财政支持，一般只占这些机构收入的30%左右，最多不超过50%，其余靠自创收入和社会赞助。法国的文化创意产业是典型的国家主导型产业，采取"公共投入为主、国家扶持、多方合作"的政策。其最显著特点是政策支持和立法保护，这也为文化创意产业的发展创造了良好的环境。法国历届政府都非常重视文化创意产业的科技发展路径，为文化科技融合、发展现代创意产业制定了一系列优惠政策和资助措施。在金融领域，法国文化部对文化事务资助达40亿欧元，同时法国政府通过降低文化产品的增值税来间接鼓励文化的发展。加拿大对文化创意产业高度重视，制定了一套完整的文化市场运作方式和文化管理分权制，设立各种文化基金作为资助的经费来源，在实行税收减免优惠方面，享受政府税务部门免税待遇。日本，在20世纪末明确提出"文化立国"发展战略，目前文化创意产业产值就已经超过汽车产业。2007年，日本出台了《文化创意产业战略》，2009年日本提出了《日

[①] 深圳大学文化产业研究院：《文化创意产业创新资源全球分布调查研究报告》，深圳市人民政府发展研究中心2014年度重大研究课题；深圳市社会科学院、深圳大学：《2016年文化创新发展与深圳现代化国际化创新型城市建设研究报告》。

本品牌战略》，加大力度将"酷日本"国家品牌推广和植入日本文化创意产业的各个领域；2010 年，日本经济产业省发布了《面向文化创意产业立国》白皮书，进一步提出将文化创意产业作为 21 世纪的主打产业。韩国新兴文化创意产业迅速崛起，文化创意产业各部门的平均增长率为 10.5%，远高于韩国经济的平均增长率。韩国政府加强和完善了文化创意产业的相关法律、法规，形成比较完整有效的法律体系，使得文化创意产业能够在法律充分保障的基础上健康发展。通过《文化信息产业人才培养综合计划》和《人才培养成果分析以及改善方案》，对人才的培养和成果的确认进行了较为系统的规划。同时，韩国政府通过各种渠道，设立多种专项基金，加大文化创意产业预算，完善有关文化经济政策，支持文化创意产业发展。

二 注意保护知识产权

文化创意产业有别于其他行业，其主要集中体现在很多智力成果、创意灵感、文化产品都不是实际物品而是一种抽象的、富有人文特色的成果表达，因此相较于其他产品更需要知识产权进行保护。美国打造以版权产业为核心的文化创意产业帝国，作为世界头号文化创意产业大国，在全球文化市场中居于主导地位。在美国，文化创意产业又称版权产业，主要由核心版权产业、部分版权产业、边缘版权产业、交叉版权产业构成。从 1996 年开始，版权产品首次超过汽车、农业与航天业等其他传统产业，成为美国最大宗的出口产品，在文化创意产业领域，美国政府制定了一系列文化创意产业相关法律，为文化创意产业的发展奠定重要的法律保障。美国文化创意产业版权保护的趋势是保护范围越来越广，保护程度越来越严，修改频率越来越高。除了法律保护，美国支持民间机构自发保护知识产权。以国际知识产权联盟为例，该组织有 2000 多家会员单位，涵盖文化领域不同行业，在美国文化产权保护方面发挥了重要作用。新加坡全力打造新亚洲创意中心，立足于新加坡蓬勃的媒体发展环境同时又面向世界、具有很强辐射能力的"环球媒体城"。在知识产权保护方面，新加坡政府推出一项融资计划，让企业向银行借贷时能以知识产权当抵押品，而金融机构所面对的贷款风险部分将由政府承担。韩国政府提出并实施了

"国家知识产权基本计划"并将 2012 年定为"知识产权强国元年",投入了约 9.4 兆元韩币(约合 90 亿美元)的预算,创建"海外版权信息库",通过有关海外版权保护以及支援交易的网络系统,提供美国、中国、东南亚国家的版权相关信息以及海外版权法律咨询等服务,通过中英文网站向海外用户介绍韩国的版权制度、主要"韩流"信息,逐渐向"版权强国"发展。

三 注重产业转型升级

文化创意产业是以创造力为核心,强调主体文化或文化因素,依靠个人或团队,通过技术、创意和产业化的方式对知识产权进行开发营销。1998 年,创意产业的概念首次由英国政府作为国家战略提出,引起世界各国的纷纷响应,进而成为全球国际文化创意先锋城市发展的内在动力和核心产业。米兰是世界三大会展中心之一,每年举行 70 多个不同行业、类型的展览,吸引了来自世界各地的数百万企业和行业人士。"意大利风格"和"意大利制造"在西方设计界占据了主导地位,在文化创意界,意大利式创意产品成为世界竞相追逐的时尚精品。东京秋叶原作为全球首屈一指的动漫游戏产业园,成为全球动漫爱好者的天堂。秋叶原作为原创性十足的动漫产业基地,形成了独具特色的动漫产业运作内容和经营模式,大致包括"综合商店、同人专卖店、二手市场交易店、模型、Cosplay 专卖店、女仆咖啡与执事红茶"等类型。秋叶原呈现"动漫—消费—旅游"模式。

四 注重技术创新发展

人类目前处于信息社会,以人工智能、量子通信为代表的新一代信息技术正带领着文化创意产业实现跨界融合、深度发展。其中尤其是以演艺影视、动漫游戏、文化软件等文化创意行业领域最具有代表性。好莱坞因其优越的电影外景拍摄条件,1908 年后美国各地的制片商陆续向此处集中,逐渐成为美国电影制片业的中心。在这里最新的三维拍摄、数字虚拟、信息共享等技术广泛应用,各大公司发行和放映完成了纵向整合,继而又通过跨媒介经营、硬件和软件经营共同开发进行了横向整合,同时通过国际分工灵活而符合成本效益地使用资本、劳动力，进行了全球范围的整合。以迪士尼公司为例，迪士尼乐园在全球市场的布局掀起了并购大战，通过延伸产业链来提高行业核心竞争力和产品附加值。纽约之所以能成为世界艺术中心、娱乐的先锋，百老汇功不可没，百老汇演出已经成为纽约主要舞台表演的代名词。数百万美元的制作费、豪华炫目的舞台、功力非凡的超级明星、通俗易懂的剧情，构筑起了其音乐剧长盛不衰的骨架。观赏百老汇歌剧成为每一个到纽约市参观、访问、旅游的人不可或缺的节目。东京动漫产业在3D、渲染等技术的带动下，动漫影视作品制作愈加精良，视觉效果愈加绚丽夺目。随着近年来移动互联的迅猛发展和全球范围内智能手机用户的迅速激增，动漫游戏产业发展前景十分光明。提到文化软件方面，印度的软件产业取得了举世瞩目的成就，以班加罗尔、辰奈、海德拉巴为中心的软件"金三角"城市群，目前带动了整个印度的文化软件的发展。文化软件业的发展实际上是以文化、科技、创意、资本、市场、人才、品牌、渠道等为代表的产业要素通过集聚创新，集中体现在文化创意的软件支撑上，软件业在技术上的革新正在广泛地应用到新媒体产业中，实现跨界的交流融合，为新媒体的多种功能实现提供了技术支撑。

五 注重文化交流体验

文化创意产业随着信息技术和移动终端的发展，生产方式、产品内容、传播手段和消费形式很大程度上虚拟化了。在这方面杭州可以作为国内甚至全球的文化虚拟、经济虚拟的代表。总部坐落在杭州的阿里巴巴目前是全球最大的网上虚拟零售商，其通过互联网创造公平的竞争环境，让小企业通过创新与科技扩展业务，经过20年的努力，阿里巴巴集团2017财年，总营业收入1582.73亿元人民币，净利润578.71亿元人民币，2017年10月10日市值升破4700亿美元，超过亚马逊成为全球第一。正是在以阿里巴巴为龙头的企业带领下，杭州成功实现了经济文化的虚拟化，同时以印象西湖为代表的集科技、梦幻、历史、人文于一体的文化创意节目，正引领全国文化创意产业的健康发展。

体验化趋势下文化创意产业发展呈现一些新的特征，农业经济、工业经济、服务经济时代都已经过去了，今天我们迎来了体验经济的时代。受众的参与性、消费的娱乐性、观感的刺激性、科技的拟人性都成为文化创意产业发展的最前沿。在这方面，巴黎作为全球注重文化创意体验化的城市，非常具有代表性。艺术和文化是巴黎在世界城市中最重要的标签。遍布巴黎城区的博物馆和画廊，让巴黎拥有强烈的吸引力。城市里的各类人群均可以找到与自己的知识背景、生活经历、文化爱好相近的博物馆或纪念馆，在这些博物馆当中，可以进行沉浸式的体验。有部分博物馆引入了动作跟踪技术，可以将参观者的动作与墙上的艺术品进行互动，改变了传统受众单一接受的模式，取得了非常好的效果。

文化贸易是衡量一个国家文化实力的重要指标，美国前总统奥巴马对此也直言不讳：文化创意产业发展是国家外交战略的重要组成部分，文化产品出口是美国对外贸易中最大的一部分，也是美国价值观念的延伸。文化"走出去"也是城市国际化的一部分。

第三节　深圳与国际文化创意先锋城市分析比较

深圳市高度重视发展文化创意产业，2003年就在全国较早实施"文化立市"战略，将文化产业列为与高新技术产业、现代金融业、现代物流业并立的四大支柱产业之一。2011年，将文化创意产业定位为优先和重点发展的战略性产业，推动其实现跨越式发展。

一　深圳文化发展的总体情况

深圳是一座具有人文情怀的城市。1983年，全市财政收入约2亿元，市委市政府决定兴建科学馆、博物馆、图书馆、大剧院、电视台、深圳大学、体育馆、新闻中心"八大文化设施"。当时深圳人把经济建设和文化建设比喻为"鸟之双翼，车之两轮"。进入20世纪90年代，深圳充分认识到文化是城市的神，经济是城市的形，两者只有协调发展，城市才能形神兼备，凸显了文化是城市之魂的文化观。2003年1月，深圳市委三届六次全会明确提出，确立"文化立市"的战略，树立"文化经济"的理念，把深圳建设成为高品位的文化和生态城市。2012年2月，深圳市委市政府召开"深入实施文化立市战略　建设文化强市工作会议",提出全面推进文化强市建设。经过历代深圳人的努力,深圳文化发展呈现蓬勃向上、繁荣兴盛的局面。

(一)深入推进社会主义核心价值观建设,第五次蝉联"全国文明城市"

深圳大力培育和践行社会主义核心价值观,深入开展精神文明创建活动。2017年实现全国文明城市"五连冠",正能量更加强劲,崇德向善、见贤思齐的社会氛围日益浓厚。市民素质逐步提升,市委市政府印发《深圳市民文明素养提升行动纲要(2017—2020年)》,开展修心、养德、守法、尚智、崇文、健体"六大行动",打造"新鹏第一课"活动,使新入户市民培训课程覆盖十个区和多个系统。深化核心价值观建设,"时代工匠"陆建新被评为广东省践行社会主义核心价值观重大典型,同时大力推进深圳改革开放展览馆筹建和莲花山改革开放主题公园建设,弘扬主旋律、传播正能量。

(二)文艺精品创作再创佳绩,公共文化服务均衡发展

深圳歌曲《向往》《爱国之恋》和广播剧《罗湖桥》3部作品获2017年中宣部"五个一工程"奖,占全省获奖数量的3/4;动画电影《熊出没之奇幻空间》等14部作品获全省"五个一工程"奖,获奖数量居全省第一。主旋律更加响亮,为广大市民提供了丰富的精神食粮。公共文化服务均衡化发展。2018年3月27日,深圳召开新一轮重大文体设施规划建设调研汇报会,加快推进大型文体设施建设。深圳当代艺术与城市规划馆、蛇口改革开放博物馆等建成,深圳美术馆新馆、深圳文化馆新馆、深圳图书馆调剂书库等规划建设稳步推进。组织新春艺术关爱系列活动,2017年累计开展400余场,放映公益电影15000余场、观影人次超390万。制定实施《关于进一步加强文物工作的实施意见》,组织"国际博物馆日"、中国博物馆创新论坛等活动,进一步提升了公共文化服务水平,满足人民群众对于文化生活的美好需求。

(三)深化文化体制改革,推动文化产业质量型内涵式发展

深圳加快文化体制改革步伐,大力推动深圳报业、深圳广电、深圳出版发行集团改革,精简机构、重组业务,实现集团业务良性发展。推动全

市文艺院团改革，成立深化国有文艺院团改革领导小组，召开深化国有文艺院团改革动员会，出台《深圳市深化国有文艺院团体制改革实施方案》，激发文化创造活力，成立深圳歌剧舞剧院、深圳市粤剧艺术传承保护中心。做强做大文化创意产业，2017年全市文化创意产业实现增加值2243.95亿元，较2016年的1949.7亿元，增长14.5%，约占全市GDP比重10%。不断增强深圳文化整体实力和竞争力。深圳文博会已经成为深圳的标志性文化活动，第十三届文博会实际成交额2240.84亿元，增长10.28%，设立68个分会场，有99个国家和地区的20016名海外采购商参加，通过文博会活动大大提升了深圳作为文化创意城市的国际地位，也为深圳的经济发展贡献了文化的力量。

（四）推出形成"城市文化菜单"，进一步提升国际形象

深圳2017年成功打造了国内第一份对标国际一流城市的"文化菜单"，组织举办国际化、标志性的品牌文化活动28项。2018年在原有工作基础之上，结合广大市民文化需求，制定新一版城市"文化菜单"，打造重点文化品牌活动32项，涵盖文化艺术、创意设计、科技创新、体育休闲等类别，体现创新创意特色，逐步形成"月月有主题，全年都精彩"的文化生活新局面。2017年举办首届"一带一路"国际音乐季，国务院原副总理刘延东发来贺词、联合国教科文组织总干事博科娃发来贺信。2018年"一带一路"国际音乐季于3月23日拉开帷幕，来自40多个国家和地区的知名艺术家，推出"巅峰之作""丝路之韵""大国之音""青春之歌""世界之声"五大板块的演出，为广大市民带来一场音乐饕餮盛宴。2017年，成功举办首届"深圳设计周"，来自18个国家和地区的2000多件国际优秀设计作品参展，设立"深圳环球设计大奖"。深圳企业在2017年德国iF设计大奖上获奖142项，连续6年居全国城市首位。2017年首届"深圳国际文化周"在加拿大多伦多和美国纽约成功举办，加拿大总理贾斯廷·特鲁多专门致贺信。深圳读书月、创意十二月、深圳（国际）科技影视周、深圳国际钢琴协奏曲比赛、深圳国际摄影大展等重大活动的开展为进一步提升深圳国际形象起到了积极作用。

通过对深圳文化发展现状的总结，可以发现深圳在进行国际文化创意先锋城市建设时具备自身的特点和优势，系统的总结、科学的利用可以使

得深圳文化发展达到事半功倍的效果，具体而言主要集中在以下四个方面。

第一，具备成熟的文化认知。深圳从建市以来，历届党委政府均对文化发展有高度的认识，把发展文化摆到工作的重要位置，推动深圳文化事业蓬勃发展。同时，深圳人具有高度的文化自信和文化自觉，充分认识到文化发展对于城市的极端重要作用。深圳政府和深圳市民在对文化发展上具有统一的认识，为深圳努力建设成为国际文化创意先锋城市奠定了十分重要的思想理论基础。环顾世界文化发展较为成熟的城市，其政府和广大市民均对文化的地位有清晰的认识，发自内心地对于文化发展给予支持。

第二，具备良好的经济基础。正如马克思指出，经济基础决定上层建筑。环视国际重要的文化先锋城市，无不具备良好的经济条件。深圳作为国内一线城市，在经济发展方面具有良好的经济基础。2017年深圳GDP 22438.39亿元，位列全国第三，与香港基本持平。以强大的经济为依托，可以为城市文化创意发展提供更好的物质条件，减少因为经济不发达造成的文化发展掣肘。有一句诙谐的谚语"经济是忙出来的，文化是闲出来的"，准确地说明了如果想要文化跨越式发展，必须要有雄厚的经济实力作为支撑，而深圳在改革开放40年的经济快速发展中，积累了充分的资源，能够对文化发展提供重要的物质保障。

第三，具备技术创新的优势。文化创意的发展往往伴随着技术突破创新，在这方面深圳具备十分优秀的技术创新优势，辖区内华为、腾讯、大疆科技、研祥高科、海能达、华大基因等高科技企业为文化创意发展奠定了大量的科学技术基础，为深圳成为国际文化创意先锋城市积累了十分重要的科学技术元素。技术的创新能够为文化的发展提供更好的创作、展示、消费环境，例如虚拟影像VR技术、AR技术，能够使人们身临其境地感受到艺术品的震撼力量。同时以大数据、云计算、空间数据处理、智慧城市为代表的先进技术为文化的发展提供了新的途径。深圳借助高科技公司的产品、理念、消费趋势能够实现文化发展的弯道超车，大幅提升文化发展的话语权，增强城市的国际地位。

第四，具备产业集聚的优势。通过40年的发展，深圳文化产业形成一定的集聚，在某些方面甚至引领国际发展。例如，艺术品高端印刷打印多次获得国际印刷大奖,田贝珠宝城引领国内珠宝设计走向,大芬油画村在国内油画市场上具有相当的名气。在进行国际文化创意先锋城市建设时需要借助已有的优势产业进行拓展,而深圳在这方面具有一定的自身优势。世界上其他文化发展先进城市大多有自己的产业集群,例如纽约的百老汇戏剧集群、巴黎的奢侈品产业集群、米兰的服装产业集群、东京的动漫产业集群等,都是通过以某一行业集聚发展,进而奠定在世界上的城市地位。深圳可以借鉴世界先进城市的文化发展经验,立足自身现有的优势文化产业,进行集聚发展,在国际上树立深圳文化创意城市的地位。

二 不足分析

虽然深圳在文化创意产业方面具有一定的优势,但是对标国内外先进城市,对标市民日益增长的美好精神文化需求,深圳的文化发展还存在着很多薄弱环节和短板。

(一)精神文明建设存在薄弱环节,市民文明素质需进一步提高

经过全体市民的共同努力,深圳连续五次荣获"全国文明城市"称号,但是城市文明水平与现代化国际化城市相比还有较大差距。如从人口学历结构来看,2016年年底深圳1190.84万常住人口中,大专(不含)以下占75%;而伦敦恰好相反,2016年约有69.7%的人拥有高等学历。从这个角度来看,市民素质直接影响城市文明水平,制约着城市文化发展。

(二)公共文化基础设施分布不均衡,公共文化服务供需不对接

硬件方面,原特区外历史欠账太多,公共文化设施方面差距太大。如2016年南山区公共设施人均面积为0.43平方米,而坪山区仅有0.23平方米。软件方面,公共服务与管理错位、缺位的问题不容忽视,大量的外来劳务工的文化需求无法满足,部分社区文化活动中心存在"衙门化"倾向。

(三)文体人才和队伍整体实力不强,文艺精品创作缺乏厚实基础

深圳虽然有多部文艺作品入选中宣部、广东省"五个一工程"奖,但这并不能掩盖深圳文艺人才缺乏、院团整体实力不强的现状。尤其是在体现一线城市综合文艺实力的舞台艺术方面,存在较大差距。在市属国有院团方面，上海有 18 个，北京有 12 个，广州有 7 个，杭州有 6 个，而深圳仅仅只有 2 个：交响乐团保留差额事业单位体制，粤剧团转企后处境艰难；深圳歌剧舞剧院则刚刚成立。在体育方面，足球国内顶级联赛"中超"，北京有国安；上海有上港、申花；广州有恒大、富力，而且恒大是中超"五连冠"；深圳佳兆业队在 2017 年中甲排名第 6，没有进"中超"。作为影响力最大的体育项目，职业足球是深圳的软肋，与城市地位不相匹配。

（四）国有文化集团面临严峻挑战，体制机制改革必须继续突破

媒体格局和舆论生态发生深刻变化，传统媒体的受众大量流失。2017 年，报业集团四大报累计实现广告收入 4.62 亿元，同比下降 7.6%；广电集团广告收入 15.78 亿元，同比下降 21.75%；出版发行集团出版物零售收入 3.13 亿，同比只增加 0.58%。国有文化集团在资源优化配置、媒体深度融合、机制体制转化等方面仍有许多亟待解决的问题。此外，深圳还没有与北京"今日头条"、上海"澎湃"一样有影响力的客户端。

（五）哲学社会科学研究力量不足，学术领军人物和重大理论创新成果缺乏

一流智库缺乏，仅综合开发研究院（中国·深圳）影响较大，为首批 25 家国家高端智库建设试点单位。社科人才瓶颈突出，深圳社科研究人员仅为 2400 多人，不到全省 1/10；深圳市社科院在副省级城市中规模最小；全市高校只有 13 所，与北京 91 所、广州 84 所、上海 64 所相比差距太大。学术平台缺乏，深圳市社科院长期以来没有综合性的学术期刊；而北京仅社科类核心期刊就高达 220 种，上海有 32 种，广州有 24 种。

（六）文化产业核心层比重偏低，产业转型升级有待加强

2017 年深圳市文化创意产业实现增加值 2243.95 亿元，占 GDP 比重超过 10%。但文化产业结构不尽合理，核心层（新闻出版、广播影视、文化艺术服务等内容产业）比重偏低，仅占 3.4%；创意设计服务只占 15.1%，文化信息传输服务占 35.4%，文化制造业占 37.1%，其他（文化休闲娱乐服务等）占 9.2%。

三 提升策略

发现问题、正视问题、解决问题，2015年12月，基于文化发展的不足，深圳推出了《深圳文化创新发展2020（实施方案）》，以传承和创新的精神，针对深圳文化发展进程中面临的挑战和存在的问题，打基础、补短板、强弱项、谋长远，增强深圳文化的综合实力，着力打造国际文化创意先锋城市。

（一）"文化创新发展2020"是推动深圳文化繁荣兴盛的总抓手

推动"文化创新发展2020"的总体思路是，"认准一个目标，实施一套方案，构建五大体系，一年办几件实事，坚持数年，必见成效"。"认准一个目标"，是打造与城市定位相匹配的文化强市，建设国际文化创意先锋城市。"实施一套方案"，是按照"文化创新发展2020"这个"设计图""施工表"，全面推进153项重点任务，目前已经全部启动。"构建五大体系"，包括创新思想理论载体，构建以社会主义核心价值观为引领的城市精神体系；创新城市形象标识，构建以国际先进城市为标杆的文化品牌体系；创新媒体运行机制，构建以媒体融合发展为标志的现代文化传播体系；创新文化服务方式，构建以市民精神文化需求为导向的公共文化服务体系；创新产业发展模式，构建以质量型内涵式发展为特征的现代文化产业体系。"一年干几件实事，坚持数年，必见成效"，强调坚持每年抓几件打基础、利长远、得民心的实事，久久为功、积小胜为大胜。

（二）"五大体系"是推进深圳文化创新发展的重大举措

习近平总书记在党的十九大报告中强调，要一件事情接着一件事情办，一年接着一年干。要实现深圳文化的繁荣兴盛，必须有正确的理念、合适的路径、切实可行的举措。

第一，构建以社会主义核心价值观为引领的城市精神体系。一个人的价值观，决定了一个人的精气神；一座城市的文化内涵，决定了一座城市的整体形象。社会主义核心价值观是当代中国精神的集中体现，凝结着全体人民共同的价值追求，是构建城市精神体系要抓住的关键环节。在构建城市精神体系时，着重从培育和践行社会主义核心价值观、培育现代文明市民、推动哲学社会科学创新发展等方面入手。

第二，构建以国际先进城市为标杆的文化品牌体系。文化品牌是文化竞争力的核心要素，是城市的重要形象标识。如美国的"奥斯卡"品牌商业价值高达数十亿美元，一年一度的奥斯卡颁奖典礼是全球性娱乐事件，近10亿人观看直播，给洛杉矶带来6亿多美元的经济效益。在构建文化品牌体系过程中，要努力引进培育一批国际化的节庆、赛事、活动、作品、院团、队伍等品牌，打造更多更亮丽的城市文化名片。

第三，构建以媒体融合发展为标志的现代文化传播体系。世界一流城市无一不是信息资源的高地和文化传播的重镇，纽约有美联社、纽约时报，伦敦有路透社、BBC、泰晤士报，巴黎有法新社。深圳要建设国际化城市，必须打造属于深圳的一流文化传媒机构，形成现代文化传播体系，扩大城市的影响力、辐射力。同时，当前媒体格局已发生深刻变化，亟待转型发展、融合发展、创新发展，在构建现代文化传播体系时，同样需要运用新思维、新方式打造符合当前时代发展的全新传播体系。

第四，构建以市民精神文化需求为导向的公共文化服务体系。公共文化服务是现代社会文明的基本标尺，关系和保障着市民的精神需求和幸福指数。2017年3月起正式施行的《中华人民共和国公共文化服务保障法》，表明群众的基本文化权益和文化需求，正在实现从可多可少、可急可缓的随机状态，到标准化、均等化、专业化发展的跨越。深圳作为一个高学历、高收入、高素质人群聚集的一线城市，更要建立以市民精神文化需求为导向的服务体系。

第五，构建以质量型内涵式发展为特征的现代文化产业体系。2016年我国文化产业增加值为30254亿元，占GDP的比重达4.07%，到"十三五"期末文化产业将成为国民经济支柱性产业。推动深圳文化产业质量型内涵式发展，必须聚焦文化核心产业，优化升级产业结构，提高文化产业发展的质量和效益。

第四节　案例

一　国际文化创意典范城市

纽约，作为全球经济发展中心，凭借无可比拟的经济优势，运用外交、政策、技术、文化等各种杠杆因素，在美国形成了成熟的文化产业链、巨大的文化市场和文化消费群体，确立了全美"文化之都"和世界性城市的地位。[①] 纽约在文化创意产业方面走在世界的前列，早在2009年纽约首次定义了"创意核心产业部门"，即创意内容在产业阐述的文化的经济价值中居于中心地位的部门，包括创意过程中各阶段涉及的企业与个人，并且确定了九大产业：广告、电影和电视、广播、出版、建筑、设计、音乐、视觉艺术、表演艺术。纽约市"创意核心产业部门"包括11671家企业和非营利机构，占全市雇主的5.7%；79761个个体业主参与创意产业建设，意味着29%的创意大军是自主创业，全美8.3%的创意产业部门员工在此工作。纽约市的非营利与营利性质创意活动非比寻常地融合，对成就其创意中心地位贡献极大。这一融合营造了良好的环境：个人长期持续享有创意生活方式，提供赚钱发达、接近公众以及实验、创新与失败的机遇。纽约市文化创意产业发展的特点主要集中在：管理上主要采用市场导向模式，投资主体上秉承多元开放，企业孵化上采取企业化运作模式和多元发展模式，发展环境上注重人文环境的积累和自发模式完善，形式上保持灵活多样，品牌塑造上重点打造SOHU、百老汇戏剧产业园等耀眼的经久不衰的创意产业品牌。

伦敦，自罗马人创建伊始就一直是世界级的城市，通过坚船利炮、国际贸易，伦敦承载了英国与其他国家和地区几个世纪的联系。20世纪工业革命结束，伦敦作为世界中心的地位逐渐丧失，通过文化创意引领城市转型升级并最终取得成功是伦敦提供给世界的优秀案例。[②] 2002年，时任伦敦市长肯·利文斯通（Ken Livingstone）发起成立创意产业委员会（Commission on the Creative Industries）。该委员会于2004年促使伦敦发展署达成"创意伦敦"战略，旨在提升伦敦的创意产业，动员城市更新。创意伦敦的核心计划之一是在伦敦建立10个"创意中心"（Creative Hubs）。此后用20年完成了华丽转身，将历史感、前沿创意以及生机勃勃的流行文化

[①] 凯特·D. 莱文：《纽约城市文化建设及其面临的挑战》，《毛泽东邓小平理论研究》2012年第6期，第93—95页。

[②] 深圳市社会科学院、深圳大学：《2016年文化创新发展与深圳现代化国际化创新型城市建设研究报告》。

熔于一炉，成为享誉世界的设计之都和创意中心，凭借每年20亿英镑的产业，创意设计产业已成为仅次于金融服务业的第二大产业。伦敦拥有大量历史悠久的高等学府，伦敦优秀的艺术和设计院校吸引了大批的外国人才，其中很多人选择留在伦敦。① 伦敦目前拥有四大文化节日：伦敦设计节、伦敦时装周、伦敦游戏节和伦敦电影节。伦敦设计节从2003年开始举办，是一个灵感集中、创意活跃的大舞台，已成为全球最具影响力的设计大事件之一，也成为伦敦的一张标签。伦敦时装周虽然晚于巴黎、纽约和米兰，但从1993年开始很快成为世界时装舞台上的新宠，加之伦敦独特的文化创意氛围，这一活动俨然成为时装设计师的孵化器。

巴黎，位于法国北部巴黎盆地的中央，横跨塞纳河，面积105.4平方公里，人口200多万，建都已有1400多年的历史，它不仅是法国，也是西欧的政治、经济和文化中心。② 在知识生产信息流通方面，巴黎拥有17座国际知名大学、350所高等教育机构和全国59%的研究人员，每年出版书籍74700余册。在阅读文化、表演艺术、影视作品的生产和推广以及艺术院校数量等方面巴黎也是遥遥领先。丰富的文化资源带来了高度发达的国际会展与旅游业。国际会议协会统计显示，巴黎以每年174场大型国际会议列全球第2位，年接待3700万人次的游客和8200万人次参观者，是全球最具吸引力的旅游目的地。中世纪、文艺复兴、现代主义等各个时代的艺术家、建筑师和文人都在这座城市留下了大量有形和无形的文化遗产，可以说，拥有两千年城建史的巴黎是一座巨大的、蕴藏丰富艺术价值的人文城市。巴黎文化多样，设施配置丰富，全市有1000多家书店、300多家影剧院，每年有190多个电影节日，还有800多家公共图书馆，以及350多家剧场和剧院。另外还有游客喜欢的娱乐消费场所，比如法国街边咖啡厅以及具有巴黎特色的其他景观。整个巴黎全部就业人口中有9%的人从事创意和与创意有关的行业或产业，占据了全法国创意领域的较大比重。巴黎在文化资源方面的优势得益于中央和地方政府长期推行的文化改

---

① 罗伯特·保罗·欧文斯：《世界城市文化报告2012》，同济大学出版社2013年版，第75页。
② 奥迪勒·苏拉尔、卡里纳·卡莫尔：《巴黎独特的文化韵味及其文化产业布局》，《毛泽东邓小平理论研究》2012年第6期，第96—97页。

策：一方面，政府通过财政、税收产业、教育等方面的制度安排，对法国文化的精华进行有计划的保护和推广；另一方面，政府对文化资源的物质载体制定了保护和开发并重的策略。"二战"后的历届巴黎政府秉承"在城市上建造城市"的原则，对纪念物建筑和历史街区实施严格的保护制度，并积极探索历史建筑的改造和再利用。通过改造，大量老建筑和历史街区继续为现代化的、高品质的商业、办公和居住功能提供空间资源，现代化的建筑巧妙地结合在传统建筑之上，产生别样的美。

二 亚洲文化创意典范城市

东京，成为日本都城已有 400 多年的历史，人口超过 2000 万。作为一座世界创新城市，东京创新产业占据 GDP 比重越来越高，目前东京有超过 72 万人从事创新活动，所生产的展品占整个产值的 44%，也占据了信息产业 63% 的销售额。[①] 东京文化产业的发展得益于市民的教育程度，比如有近 46 万人从事茶道和花道的学习及文化培训项目，全市有超过 83 万余架钢琴。东京目前有超过 240 家米其林餐厅，表明东京餐饮方面的服务是世界顶级的。东京不同的区既有高层建筑摩天大楼，也有传统的寺庙和神社，给人一种别样的宁静、精致的感觉。基于空间和时间上的多样性使得东京具有独特的活力和动力。此外，东京的创意文化融入每一个市民的生活之中，每个人都是老板，每个人都是艺术家，每个人都是艺术消费者。东京拥有强大的文化人力资源网络，通过各种项目培养人才，扩大创意能力加强文化基石。除了专业人士主导文化活动之外，高层艺术家直接参与到日常文化设施的运营过程之中，指导普通市民进行文化创意创作也是东京十分重要的特点，充分体现东京文化创意的平民化结构，凸显市民的力量。

新加坡，文化产业被定义为"创意产业"，新加坡创意产业共分为三个领域：文化艺术（Arts and Culture）、设计（Design）和传媒（Media）。[②]

[①] 今村有策：《东京城市文化的平民化结构与力量》，《毛泽东邓小平理论研究》2012 年第 6 期，第 98—99 页。

[②] 庞英姿：《新加坡文化产业发展的经验及启示》，《东南亚南亚研究》2013 年第 4 期，第 75—79 页。

目前，新加坡文化产业已成为其经济社会发展的重要产业之一。到 2016 年，新加坡创意产业增加值由 2000 年的 29.77 亿新币增长到 118 亿美元，占 GDP 的比例也由 2000 年的 1.9% 增长到 3.8%；从业人员实现大幅增长，由 2000 年的 4.685 万人增长到 14 万多人，占全国总就业人数的 4.8%。其中，文化艺术产业增加值达 12.8 亿美元，就业人员达 24863 人；传媒产业增加值自 2005 年起年均增长 25%，从业人员达 68300 人；设计产业增加值 39.2 亿美元，从业人员达 47300 人。文化产业集群已具备相当规模，全国文化艺术企业共有 856 个，各类文化艺术活动达 31886 场，售票演出达 4630 场，全国广播公司 12 家，提供 400 个电视频道，出版行业产值达 12 亿新币，创造 9300 个就业岗位，拥有 550 家出版机构，数字媒体产业增加值年均增长达 12%，达到 12 亿美元。新加坡文化产业基础设施建设完备，为发展文化产业新加坡积极兴建各种现代化文化艺术场馆。据不完全统计，目前新加坡共有各类博物馆、艺术场馆 56 个。其中：历史博物馆 13 个，文化、军事、科技馆各 10 个，艺术、保健博物馆各 5 个，生活用品博物馆 3 个。正是由于国家对于文化产业的重视，目前新加坡文化产业的国际竞争力不断提升，创意文化产品在世界上具有较好的知名度，广告设计、出版印刷等占据了一定的市场份额，传媒产业已居于世界一流水平。

香港，发挥国际大都市所拥有的优势，推动文化及创意产业快速发展，成为全球知名的"创意之都"。① 据统计，2005—2017 年香港的文化及创意产业增加值平均增速为 9.5%，文化产业支柱地位较为显著。香港的文化及创意产业形成了富有自身特色和竞争力的行业门类，香港"电影及录像和音乐""电视及电台"成为香港文化的名片。此外，香港的设计服务业（含时装设计、珠宝设计、建筑设计等）和广告业在国际上也具有较高的知名度和竞争力。2017 年，香港拥有文化及创意企业约 4 万家，文化及创意产品的整体出口约 5500 亿元，文化贸易繁荣向上。香港特别行政区政府推动文化及创意产业发展主要采取以下几方面措施：一是制定规划策略，康乐及文化事务署、创意香港等部门围绕建设"亚洲创意之都"

---

① 赵自芳：《香港文化及创意产业的发展经验及启示》，《人文天下》2016 年第 6 期。

和"世界级大都会及盛世之都"的目标，制定法规条例，出台政策文件，实施专项计划。二是提供财政资助，香港政府拨付专项资金，通过设立发展基金等形式，以项目运作为抓手，推动文化事业繁荣发展。三是培育人才队伍，通过实施"优秀人才入境计划"和"专项人才培养计划"进行人才队伍建设。四是对外营销推广，通过资助法定机构或社会团体进行海外拓展，同时香港政府积极搭建设计营商周、香港国际影视展等平台促进对外交易与交流合作。五是营造创意氛围，政府加强市民文化消费习惯的培育、城市文化艺术素养的积淀以及社会氛围的营造，通过专业教育、财政补贴等方式注重政府主导和公益性结合等方式，加强市民素质培养。

三 中国内地文化创意典范城市

北京，是我国的文化中心，各类文化设施、高等教育、科研院所资源高度集聚，具有发展文化创意产业的先天优势。北京有着3000多年的建城史和850多年的建都史，积淀了丰富璀璨的城市文化遗产，各个历史朝代的文物古迹达3500多处。[①] 这些资源和空间是文化创意产业发展的重要资源和创意生成空间。对于文化创意产业来说，北京适宜发展文化创意产业的厂区占地约为12平方千米，建筑面积约为400万平方米。北京市文化创意产业固定资产投资自2010年以来保持着高达20%的增速，高于金融业和房地产业，2017年北京市文化创意产业实现增加值3908.8亿元，增长9.2%，占地区生产总值的比重为14.0%。2017年年末全市共有公共图书馆25个，总藏量6409万册；档案馆18个，馆藏案卷829.1万卷；博物馆179个，其中免费开放81个；群众艺术馆、文化馆21个。登记在册的报刊总量3375种；出版社238家；互联网出版服务单位350家；出版物发行单位7598家；全年引进出版物版权9596件，版权（著作权）登记81万件。年末有线电视注册用户为586.2万户，其中高清交互数字电视用户500.7万户。北京地区25条院线209家影院，共放映电影273.7万场，观众7636.3万人次，票房收入34亿元。全年制作电视剧73部3140集，电视动画片22部6321分钟，电影350部。良好的文化环境、特殊的城市

---

① 黄斌：《北京文化创意产业空间演化研究》，博士学位论文，北京大学，2012年。

地位、积极的文化政策，使得北京成为国内文化典范城市。

上海，早在2007年就提出国际文化大都市建设目标。① 历经多年的建设实践，上海目前已拥有一大批在世界上具有领先水平的文化艺术基础设施，通过上海国际电影节、"上海之春"国际音乐节、上海艺术博览会、上海书展等各类节庆、展会和活动构建了具有世界影响力的文化艺术展示平台。此外，上海已基本形成相对完善的市、区、街镇、村（居委会）四级公共文化服务网络体系。全市文化设施总建筑面积约312万平方米，拥有公共图书馆238家，区级文化馆26家，社区文化活动中心203家，东方社区信息苑349家，村（居委）综合文化活动室5245个，农村数字电影放映点1771个，农家书屋1514个，完善了15分钟公共文化服务圈。② 在文化创意产业发展方面，统计数据显示，2017年，上海文化创意产业总产值10433亿元，增加值3395亿元，占全市生产总值的比重已超过12%。优势产业发展态势良好，艺术业、工业设计业、网络信息业、软件与计算机服务业、咨询服务业、休闲娱乐服务业等七类产业在2017年的增长率均超过10%。③ 上海在2016年公布的《上海市城市总体规划（2016—2040）》中重新描述了上海城市文化的发展方向和策略，进一步强调了文化是上海城市发展的引擎。

杭州，自2002年第一个文化创意群落LOFT49社区建立后，在政府的大力支持和市场需求带动下，文化创意产业具备了较为深厚的产业基础，区域特色愈发明显。④ 近年来杭州积极打造"全国文化创意产业中心"，大力发展文化创意产业。2017年杭州文化创意产业实现增加值3041亿元，同比增长19.0%，占GDP比重24.2%，产业总实力同比再创新高，软件开发、游戏动漫、工艺美术、服装设计等部分文化创意行业的发展在全国

---

① 杨剑龙：《白玉兰与大苹果：上海纽约都市文化之比较》，《上海师范大学学报》（哲学社会科学版）2008年第37期，第14—21页。
② 荣跃明：《全球文明城市：未来上海城市发展的文化愿景》，《上海文化发展报告（2016）》，社会科学文献出版社2016年版。
③ 《"十三五"上海文化创意产业发展战略研究》课题组：《"十三五"上海文化创意产业发展战略思路研究》，《上海文化创意产业发展报告（2015—2016）》，社会科学文献出版社2016年版。
④ 杨毛毛、朱洪兴：《杭州市文化创意产业发展现状及对策研究》，《科技和产业》2017年第8期第17卷，第21—25页。

已经处于领先地位。在发展文化创意产业时，杭州以知识产权的形成与应用为载体，以创造财富与增加就业机会为目标发展产业集群。结合城市历史背景及市民素质，杭州将文化创意产业划分为三个层次：文化艺术类、影视传媒类、信息服务类等为核心层；时尚消费类为外围层；文化产品的生产销售、文化产业教育体育卫生为相关层。围绕上述三个层次，杭州创建了一批较为成熟的文化创意产业园区，其中之江文化创意园等国家级文化产业园区 8 家，西湖创意谷、运河天地文创园等市级文创产业园 20 家，国家级文化产业示范基地 7 家，以 LOMO 创意谷、杭州时尚创意园为代表的文创产业特色楼宇 35 个，市级文创小镇培养对象 10 个，发展文创产业的龙头企业 25 家。未来，杭州将打造"两圈""两带"格局，"两圈"指环西湖文化创意产业圈和环西溪湿地文化创意产业圈，依托西湖和西溪湿地的自然和历史条件，将其作为杭州市文化创意产业的核心区进行打造；"两带"指沿运河文化创意产业带和沿钱塘江文化创意产业带，形成产业群，发挥引导示范作用。

第二章　塑造独特的城市精神气质

党的十九大报告提出："更好构筑中国精神、中国价值、中国力量，为人民提供精神指引"，"要以培养担当民族复兴大任的时代新人为着眼点，强化教育引导、实践养成、制度保障，发挥社会主义核心价值观对国民教育、精神文明创建、精神文化产品创作生产传播的引领作用，把社会主义核心价值观融入社会发展各方面，转化为人们的情感认同和行为习惯"。一个国家需要拥有伟大的民族精神，一个城市同样需要有自己的城市精神。城市精神是一座城市的灵魂，是城市的历史积淀、价值立场、人文品质、文明素养的综合反映和高度凝练。深圳的城市精神随着时代变化不断丰富和拓展，但与国际比较，在时代感、独特性、凝聚力以及对市民的塑造力上仍有待进一步提升，要通过心灵化、制度化、生活化和典型化，积极打造独具特色的城市精神。

第一节　城市精神是城市的灵魂

城市是人类的聚居地，它集中承载了人类的繁衍生息、劳作起居、集体情感与思想智慧，是人类文明的空间载体。随着时间的推移，人类群体的行为不仅给城市留下了物质的印记，更赋予了它精神的内涵、文化的底蕴，使它具备了像人一样鲜活的品格与灵动的形象。

城市历史源远流长，城市精神与城市发展相伴始终。城市最早产生于公元前3500年左右，即人类社会从野蛮向文明的过渡时期，距今有5000多年的历史，最早的城市出现在古埃及尼罗河流域，如孟菲斯、卡洪城、底比斯等。其后,两河流域、印度河流域和古代中国也出现了城市。据不完全统计,春秋战国时期,中国已经有 100 多座城市,以黄河两岸为中心向南北扩展。① 早期城市表现出显著的神圣性,无论是西方的城市之神,还是东方的祭祀仪典,都可以看出古代城市的精神气质表现为对神圣事物的敬畏之心。到唐宋时期已形成较为繁荣的市镇经济。例如,唐朝的长安是当时世界著名的大都市,已经显示出国际大都市的开放精神和包容精神。古希腊的城邦则是善与正义的象征。欧洲中世纪的城市虽然衰落,但依然保留着教会和集市的功能,② 具有很强的宗教精神气质。到欧洲中世纪末期,城市成为反对封建贵族和封建庄园经济之变革力量的主要来源,③ 充斥着革命的精神气质。近代城市文明的发展来源于工业革命,近代早期的城市充满了工业化的现代气息,洋溢着朝气蓬勃的发展氛围。这首先体现在 19 世纪的英国。当时英国的工业化和城市化进展迅猛,格拉斯哥、曼彻斯特、伯明翰、利兹、伦敦等城市迅速成长。到 1900 年,英国城镇人口比重上升到 75%。④ 此后美国、德国、法国、俄国、日本等崛起了一批世界著名的城市,例如纽约、芝加哥、柏林、慕尼黑、巴黎、莫斯科、东京等。西方学者斯宾格勒甚至骄傲地宣称:"人类所有的伟大文化都是由城市产生的,世界史就是人类的城市时代史。"⑤ "二战"以后,现代城市朝着国际化、集群化的趋势发展。可以说,自工业革命以来,城市文明引领着世界潮流的发展。自城市诞生之日起,城市精神便成为城市发展密不可分的重要组成部分。

城市已有数千年的历史,人类对城市的知识积累和理论自觉自"轴心时代"便已开始,并有一些著述保留至今。例如西方哲学家亚里士多德的著作《政治学》中有大量关于城邦的研究,中国古代春秋时期的《周礼·考工记》《管子》等书亦有不少关于城市规划的学说。近代城市是工业文明的产物,对近代城市的系统研究,始自伴随工业革命应运而生的现

---

① 向德平:《城市社会学》,高等教育出版社 2011 年版,第 27—28 页。
② 郑也夫:《城市社会学》,中国城市出版社 2002 年版,第 18 页。
③ [德] 韦伯:《经济与社会》,阎克文译,上海世纪出版集团 2010 年版,第 1403 页。
④ 向德平:《城市社会学》,高等教育出版社 2011 年版,第 36 页。
⑤ 转引自向德平《城市社会学》,高等教育出版社 2011 年版,第 29 页。

代社会科学，尤以社会学为要，其中，关于城市文化和城市精神的研究是一个重要的理论传统。

德国社会学家滕尼斯将人类社会大致区分为农村共同体和城市社会，其中农村共同体以礼俗为社会团结的主要维持力量，而城市社会则以法理为社会团结的主要维持力量。① 法国社会学家涂尔干认为，农村社会是机械团结的社会，城市社会是有机团结的社会。机械团结是社会分工程度较低，社会成员的共同经验比较多，同质性比较强的社会联结纽带；而有机团结是社会分工程度比较高，社会成员的共同经验比较少，以异质性和互赖性为基础的社会联结纽带。② 滕尼斯和涂尔干的类型学对后来的社会学研究产生了很大的影响，此后的学者对城市特征的感知基本上以此为理论标准型，认为城市是一个社会分工明显，异质性极强，依靠法理契约而非礼俗习惯，依靠相互依赖而非血缘情感来维持群体生活的"陌生人社会"。德国社会学家齐美尔侧重研究城市的社会心理和社会风气。他认为，城市的制度和过程改变了人的心理、性情与行为，形成了具有鲜明特性的城市生活方式。城市人的精神特点包括陌生、守时、理性、精打细算、货币化、去个性化、主观精神发展不完善等。③ 在德国社会学家韦伯的论述中，城市共同体除了具备城市硬件形态之外，还要有市民信守的法律，以及作为自治力量重要来源的市民联合体。市民的精神信仰和价值观是城市共同体的重要组成部分。城市社会学的开创者罗伯特·帕克关注都市环境中的人类行为，尤其是影响城市人口行为的城市文化，其中包括城市人口的习惯和信念等精神要素。④

从滕尼斯、涂尔干、齐美尔、韦伯等经典社会学家的理论到帕克及以后的城市社会学研究中可以看出，这些学者都力图破解城市研究的一个关键难题，即试图理解城市环境中的人类行为及其影响因素。应该说，每一代学者所认识的城市各有其时代问题及挑战，其市民行为和精神亦各有其

---

① ［德］滕尼斯：《共同体与社会》，林荣远译，商务印书馆1999年版。
② ［法］涂尔干：《社会分工论》，渠敬东译，生活·读书·新知三联书店2000年版。
③ ［德］齐美尔：《桥与门——齐美尔随笔集》，涯鸿译，上海三联书店1991年版，第258—279页。
④ ［美］罗伯特·帕克：《城市》，杭苏红译，商务印书馆2016年版。

时代风貌及表现。城市研究的关注重心正在逐渐发生迁移,从关注城市结构到关注市民心态,从关注城市经济到关注城市文化,从关注城市环境到关注市民行为,从关注城市看得见的"形态"到关注城市看不见的"神态"。这种变化实质上反映出城市文明的演进以及人类对城市文明的反思。城市文明的演进表明,城市人已经不再满足于原来的物质文明而逐渐关注精神文明。城市人在享受物质生活舒适的同时,希望得到精神的陶冶,他们从关注城市高楼大厦等"硬件"问题逐渐过渡到了关注市民精神风貌和生活感受等"软件"问题。如果说理解人类行为的一个关键之处在于理解人的心态、风气和精神世界;那么,城市精神的研究,即理解城市的整体精神气质。

一 城市精神的内涵

城市精神是城市文化的重要构成。有国内学者认为:"城市精神更多地表现为城市民众的精神,是城市民众共同拥有的气质和禀赋,它在久远的历史演进中逐渐形成,烙印着清晰的地域特点,真实地反映地区的社会发展水平和文明程度,对社会未来发展具有某种牵引、推动甚或阻滞的作用。"[①] 应该说,城市精神属于城市文化的核心层,是城市文化中最稳定的部分,代表着广大城市社会成员的精神认同。放眼全球,那些著名的大城市都有着独特的城市精神,比如巴黎的浪漫气度,罗马的历史厚重,维也纳的音乐气息,伦敦的绅士之风,纽约的公共精神。城市精神的背后,代表着城市居民的主流精神风貌。

一座城市的特色可以通过城市精神折射出来。城市精神的内涵超越了城市"硬件"和"形态",进入了城市"软件"和"神态"的层次。具体来说,第一,城市精神反映城市的历史积淀。重要的历史经历构成一座城市独特而持久的记忆,影响一代又一代的城市居民,形成稳定的城市精神。武昌起义的首义精神,是"敢为人先、追求卓越"的武汉精神的重要来源。北京有着深厚的文化底蕴和融合的古典气息,北京市民也形成了强

[①] 姜辉:《寻找失落的灵魂——浅论城市精神的文化意义》,《昆明理工大学学报》2009 年第 4 期。

烈的民族国家意识，重视正义，政治观念强，敢于发表意见，因此才有了"爱国、创新、包容、厚德"的北京精神。没有伴随着新大陆开发而涌进纽约的世界各种族人民，就不会形成纽约的契约精神和公共精神，纽约也难以成为世界城市。第二，城市精神反映城市的人文品质。一座城市不能简单视为人的生存空间，还应照顾到更高层次的精神需求，成为以人为本的生活乐园。一座城市的人文品质主要表现在其人文关怀，强调人的价值和尊严，关注人与环境的和谐发展，这些都凝结在城市精神之中。巴塞罗那注重对老建筑的保护，才能保留较多的哥特式建筑，营造出人与环境的协调，方能成为颇具中世纪风格的欧洲名城。新加坡政府 1991 年发布《共同价值观白皮书》，提出五项共同价值观：国家至上，社会为先；家庭为根，社会为本；关怀扶持，尊重个人；协商共识，避免冲突；种族和谐，宗教宽容。这五项共同价值观成为新加坡精神的象征，充满了新加坡的人文关怀。第三，城市精神反映城市的价值追求。一座城市的价值追求反映其自我定位和发展目标，具有鲜明的城市个性，影响城市的发展方向和发展路径，是城市精神的重要内容。巴黎一直以来被称为浪漫之都，其城市精神来源于其对时尚的追求。近年来，巴黎城市规划思想的主要内容，都包括将巴黎建成世界的时尚之都、欧洲的经济之都、欧洲大陆向世界开放的门户。第四，城市精神反映城市的文明素养。城市居民的文明素养，是一座城市文化水平的重要体现，是城市精神的重要内涵。提起伦敦，人们首先想到的是彬彬有礼的英国绅士。总之，城市精神是影响一座城市发展的内在基因，它接续传统、呼应时代、指向未来。

二 城市精神的特点

（一）城市精神具有持久性

城市精神是城市历史文化积淀下来的无形财富，一经形成就有相对稳定性。自古以来，人类城市在历史的演进过程中，人口有增减、城池有建毁、经济有兴衰，但城市的精神却能相对稳定地积淀留存下来。雅典历经希波战争与伯罗奔尼撒战争的胜与败、奴隶制城邦的鼎盛与中世纪的一度衰微，其智慧与民主之精神依然不倒；北京历经金元明清的政权更迭，内忧外患的几度侵扰，八百余年，其雍容庄重的气质依然不改；柏林历经普鲁士王国和德意志帝国的发展兴盛、"二战"的武力摧毁、冷战的东西分裂以及最后的统一，其严谨肃穆的风格仍旧突出。这些在岁月冲刷、文化浸染中形成的城市精神气质，曾经让无数"城里人"引以为荣、身心归附，也让无数"城外人"肃然起敬、心向往之。

（二）城市精神具有渗透性

城市精神体现在城市的每一寸肌理，渗透于社会生活的方方面面，润泽着每一个市民。城市精神是无形之物，但是精神可以附着在物质和制度之上，可以体现在政策和行为之中，因此，城市精神无影无形却又随处可见，体现出极强的渗透性。打铁还需自身硬，城市精神的渗透性必须建立在城市精神自身的特质上，这种特质主要体现在能不能让城市更美好，能不能让市民生活更美好。从市民的角度来说，城市精神的渗透性越强，市民认可接受城市精神的程度也越高，践行城市精神的力度也越大。城市精神一经形成，便意味着城市居民对该精神气质、风貌的高度认可，便具有很强的感染力。耶路撒冷的宗教精神不仅浸润着每一个市民，连去朝圣旅游的游客也无不被其宗教氛围所打动；纽约的公共精神，从其公共空间的广布即可管窥一二；牛津城四处弥漫着对知识和学问的尊重。城市精神的渗透性就像无处不在的空气，影响着城市的政策精神、制度设计和个体行为。

（三）城市精神具有开放性和包容性

城市精神的开放性和包容性体现为一座城市吸纳不同文化的能力。不论是本土文化与外来文化，还是传统文化与现代文化，都应该在城市里有其生长空间，有机会相互影响相互交流，这样才能融合成多样化、复合型、开放型的城市文化和城市精神。《伦敦精神》一书指出："伦敦是一座古老传统与创新文化高度融合的城市，其总体风格相对保守和绅士化，但也不排斥前卫和现代。古老而不古板，恪守典雅的传统而不失现代的奔放，构成了伦敦城市风格的适度张力。"[①] 再看上海，有国内学者认为："若无率先开埠的条件和勇气，怎能兼容并包形成其独具特色的海派文化；海派文化集中体现在富于创新和竞争的进取精神，善于吸取和求同存异的

---

① ［英］鲍里斯·约翰逊：《伦敦精神》，何虑译，重庆出版社2014年版。

宽容合作精神，以及贴近实际讲求功效的务实精神。"① 天津也是吸收了海河文化和中原文化，才能在"京味儿"旁保留独具特色的"津味儿"。

三　城市精神的功能

（一）外树形象

城市精神是一座城市与众不同的身份标识，是其对外展示的一张名片。一座城市的精神，其背后是城市的历史底蕴和时代气息，代表着一个城市的"气象"。物质文明可以使城市强大，但精神文明才能使城市伟大。人们可以短期内建造许多高楼大厦，但是伟大的城市精神却需要极长的历史积淀，需要世世代代的人持续努力践行方能固守和培护。塑造城市精神就是在树立城市形象，二者是一体两面的关系。当一个城市的居民具有良好的精神风貌，具有向上、向善的正能量，拥有饱满的精、气、神，这座城市也一定能绽放异彩。

（二）内聚人心

城市精神凝聚了城市的价值认同，是全体市民共有的精神家园。它能激发出市民的责任感、荣誉感和使命感，形成巨大的向心力和凝聚力。市民认同城市精神的内在价值，则会把自己当作这个城市的主人去践行这种价值，分享城市精神的积极效应，又因践行城市精神而更加认同这座城市。唯其如此，城市才能成为市民的精神家园。新加坡每隔几年都会开展国家政策与共同价值观大讨论，进而增强全社会的价值共识，起到了良好的凝聚人心作用。

（三）引领发展

城市精神统摄政府决策、社会秩序、市民行为，对城市发展具有支柱和引领作用，是引导城市发展的内在动力。城市在发展过程中，如果只注重物质文明建设，而忽视了城市精神品质的塑造，必然影响城市的发展和命运。美国都市学家乔尔·科特金在《全球城市史》一书中指出，古代腓尼基地区的城市就是城市发展史上的"前车之鉴"。这个地区的一些大城市，如毕布勒斯、推罗、西顿，在公元前9世纪至公元前8世纪就依靠自

---

①　鲍宗豪：《城市的素质、风骨与灵魂》，上海人民出版社2007年版，第67页。

身实力富强起来。腓尼基人加工的玻璃、珠宝、服装和其他装饰品远销至西班牙、苏美尔古城的广大地区。腓尼基人是周围古代世界精美城市建筑、宫殿和神庙的设计者，并且发明了一种比古代象形符号更加简单和易于掌握的文字系统：字母。然而，商人阶层狭隘的本土观念未能使腓尼基人成为帝国的缔造者。[1] 有国内学者认为："就是这么一群富有创造热情的商人，始终未能摆脱商业利润的狭隘视野，更不能形成促进城市长远发展的精神力量。他们热衷于商贸，却严重忽视基本精神气质的培养，城市政治制度偏重于鼓励牟利，漠视公民参与公共事务的重要性。"[2] 由此造成的结果可想而知，腓尼基的"黄金时代"迅速地衰败下去了。

第二节　深圳塑造城市精神气质的经验与不足

深圳的城市发展虽然只有不到 40 年，却形成和塑造了具有鲜明特点、引领全国、呼应时代的城市精神气质。无论是在总结、提炼、概括城市精神，还是在深化、固化和升华城市精神中，都有很多自己的特色做法和成功经验；但同时，也呈现一些不足和问题。

一　深圳塑造城市精神气质的经验

深圳的城市精神即"深圳精神"，与国内其他城市相比，最显著的差异在于，"深圳精神"是一座只有近 40 年建市史的年轻城市的精神，它形成于城市建立的早期阶段，因此它较早地介入了城市发展、引领了城市发展，在推动城市发展中发挥了更加自觉、更加主动、更为显著的作用。深圳在总结提炼城市精神、塑造城市精神气质方面，呈现以下几个特点。

（一）坚持在与时俱进的概括中体现时代要求

"深圳精神"是在深圳的建设和发展过程中被提炼和概括出来的，并且随着时代的发展、形势的变化，在不断与时俱进，不断丰富和拓展。20

---

[1] ［美］乔尔·科特金：《全球城市史》，王旭等译，社会科学文献出版社 2014 年版，第 22—27 页。
[2] 舒扬、莫吉武：《现代城市精神与法治》，中国社会科学出版社 2007 年版，第 240—241 页。

世纪80年代,"深圳精神"被概括为6个字,就是"开拓、创新、献身"。1990年,形成了8个字的"深圳精神",即"开拓、创新、团结、奉献"。2002年,全市上下开展了"深圳精神如何与时俱进"大讨论,提炼出新的16个字的"深圳精神",即"开拓创新、诚信守法、务实高效、团结奉献"。2010年深圳经济特区建立30周年之际,深圳市第五次党代会总结了七个方面的"特区精神",分别是:敢闯敢试、敢为天下先的改革精神;海纳百川、兼容并蓄的开放精神;追求卓越、崇尚成功、宽容失败的创新精神;"时间就是金钱、效率就是生命","空谈误国、实干兴邦"的创业精神;不畏艰险、勇于牺牲的拼搏精神;团结互助、扶贫济困的关爱精神;顾全大局、对国家和人民高度负责的奉献精神。这七个方面的"特区精神",是对"深圳精神"的具体阐释。当年还评选出了引起全国反响的"深圳十大观念",包括:时间就是金钱,效率就是生命;空谈误国,实干兴邦;敢为天下先;改革创新是深圳的根、深圳的魂;让城市因热爱读书而受人尊重;鼓励创新,宽容失败;实现市民文化权利;送人玫瑰,手有余香;深圳,与世界没有距离;来了就是深圳人。同时,还评选出了"深圳人的十大特征",包括:敬业专业、公民责任、冒险敢闯、快速高效、创新创意、拼搏实干、公益关怀、开放包容、自我激励、忧患意识。这些"深圳观念",是对"深圳精神"的形象化解读、语句化呈现;这些"深圳人的特征",是"深圳精神"在市民身上的外化和彰显。近40年来,深圳这片改革开放的热土不仅矗立起一幢幢高楼大厦,还孕育形成了一批推动中国改革开放进程、引领社会思想变革的"深圳观念",锤炼了与时俱进的"深圳精神"。

(二)坚持在立足国家大局中寻求深圳表达

"深圳精神"不仅是一座城市的精神,还维系着一种民族基因、一段时代脉搏、一份国家情怀。第一,"深圳精神"是对中华民族精神的继承和弘扬,它承接了中华民族勤劳勇敢、团结统一、自强不息的优秀品质,发扬了我们党艰苦奋斗、实事求是等优良传统和作风。第二,"深圳精神"是对改革开放时代精神的生动演绎,作为改革开放的"排头兵"和"试验场",深圳的建设和发展是中国改革开放宏伟大业的生动缩影,在这当中产生的"深圳精神",是改革开放时代精神的鲜活体现。第三,"深圳精神"与社会主义核心价值观相衔接,是社会主义核心价值观的深圳表达。20世纪八九十年代,深圳提出了"时间就是金钱,效率就是生命""空谈误国、实干兴邦""敢为天下先"等观念。这些观念作为"爱国""敬业""富强"等社会主义核心价值观的生动体现,激励深圳人以"杀出一条血路"的气魄,冲破计划经济体制藩篱,建立市场经济秩序,大力发展生产力,打牢了城市发展的物质基础。它们催生了新中国第一张股票,敲响了新中国土地拍卖的"第一槌",成就了三天一层楼的"深圳速度",并持续推动深圳从一个边陲小镇迅速发展成为一座经济繁荣、社会和谐、功能完备、环境优美的现代化都市,创造了世界工业化、城市化、现代化的奇迹。21世纪初,当快速的发展让深圳面临土地、能源、环境、人口四个"难以为继"、传统的经济发展模式遭遇瓶颈的问题愈发凸显时,深圳提出"改革创新是深圳的根,深圳的魂""鼓励创新,宽容失败"等观念。这些观念激发了深圳人创新创业的热情与干劲,催生、助长了华为、腾讯等大批富有创新精神的龙头企业,引领深圳在转型发展上"走出一条新路"。至今,它们仍在感召着深圳落实以"创新"为首的新发展理念,实施创新驱动发展战略,扎实推进以科技创新为核心的全面创新,奋力向竞争力影响力卓著的创新引领型全球城市迈进。在深圳这样一个由天南海北的人汇聚而成的移民城市里,人们更知道相互温暖的意义,更能深刻理解城市的发展不仅需要速度、高度,还要有温度、气度。于是,深圳提出了"爱在深圳,情暖鹏城""送人玫瑰,手有余香""来了,就是深圳人"等理念,带动千千万万深圳人积极践行"友善""平等""文明""和谐"等社会主义核心价值观,热情投身志愿服务和公益慈善事业,追求平等、崇尚包容,把深圳建设成为名副其实的"志愿者之城""关爱之城"。这些直指人心的"深圳精神""深圳观念",不仅激发了广大深圳人的思想共鸣,凝聚了广泛的社会共识,也在全国范围内引起了强烈反响和热情共振;不仅铸造了深圳这座城市的品格,也镌刻了中国全面实行改革开放、奋力实现中华民族伟大复兴中国梦的时代印记。它们是深圳精神文明建设的"皇冠明珠",也是深圳贡献给全国的宝贵精神财富。这些精神观念激励深圳人创造了特区建设与发展的伟大奇迹,凝聚了全体中国人民激情燃烧投身改革开放和社会主义现代化建设的共同记忆,成为民族精神、时代精神的具体体现，中国梦和社会主义核心价值观的生动诠释。

（三）坚持在自下而上的提炼中凝聚社会共识

近年来，深圳对城市精神的总结提炼大多采用自下而上的方式。2002年开展的"深圳精神如何与时俱进"大讨论历时8个月，经过"回顾深圳精神""对照先进找差距""重新提炼、大力弘扬深圳精神"三个阶段，从市领导到普通市民，从外来工到企业老总，从"海归"留学生到深圳"土著"村民……纷纷加入这场重塑深圳精神的大讨论中。在广大干部群众和社会各界人士反复讨论、论证，充分发表意见的基础上，深圳市委常委会对深圳精神做出了重新概括。2010年开展的"深圳十大观念"评选活动，缘起于深圳网友在"深圳论坛"发表的一篇题为《来深十八年，再回忆那些曾令我热血沸腾的口号》的帖子。该帖子引发了众多网友的共鸣，许多网友呼吁将30多年来根植于深圳土壤的口号收集、总结起来，让每一个深圳人都能重温那些曾经激动人心的"深圳观念"。遵循网友的呼声，深圳报业集团举办了"深圳最有影响力十大观念"评选活动，受到了广大市民的积极响应，保持了很高的热度。"深圳十大观念"肇始于网友建议，最终汇集民间智慧而生，具有浓郁的民间色彩。2016年，深圳市开展了"深圳十大文化名片"评选，首次在全市范围广泛征集包括旅游资源类、地域地标类、英模贤达类、经济产业类、事迹事件类、遗迹遗产类、文化艺术类七类"深圳文化名片"。评选经历了征集、初评、路演PK、网络投票和专家论证等阶段，并一直受到广泛关注。市民参与十分踊跃，在网络投票期间，活动页面的PV浏览量高达1000万人次，网络投票数也接近3300万票。最终评选出"深圳十大文化名片"，包括：莲花山邓小平塑像、深圳义工、深圳十大观念、深圳读书月、中国（深圳）国际文化产业博览交易会（文博会）、设计之都、华侨城、大鹏所城、华为、腾讯。

（四）坚持在思想道德建设实践中深化城市精神

深圳注重通过开展一系列特色鲜明、效果显著的道德实践活动，不断深化和丰富城市精神的内涵。一是持续开展关爱行动，积极塑造城市的精神品格。作为全国最早开始市场经济探索的城市，深圳在物质财富迅速积累的同时，也一度背负着"人情冷漠""一切向钱看"的功利标签。面对这种情况，市委市政府决定在城市精神培育的关键阶段，在市场经济建设的历史情境中，通过关爱行动，为这座城市注入"关爱"的品性，消除人与人之间的冷漠，提升城市的暖度。肇始于2003年的关爱行动，16年来组织开展了2.6万余项形式多样、内容丰富的关爱活动，累计1000万余人次参与，打造了"步步行善——新年公益网络活动""燃料行动""募师支教""城市关爱空间"等众多品牌项目，树立了"爱心人物""爱心家庭""爱心企业""爱心社区"等一大批不同类别的爱心典型，培育了热心公益慈善和志愿服务活动的社会风尚，塑造了深圳"关爱之城"的城市精神气质。二是深入开展市民文明素养提升行动，增强市民对城市精神的认同感。城市精神的主体是人，"筑城"的核心要义在于"立人"。塑造城市精神就是培育市民的精神文明。深圳市委市政府出台了《深圳市民文明素养提升行动纲要（2017—2020年）》，在全市开展"修心""养德""守法""尚智""崇文""健体"六大行动，把"城市精神"贯穿各大行动之中，深化市民对城市精神的认同感。在推进过程中，把新入户市民教育培训作为一项重点工作，加强谋划、扎实推进。每年向30万左右的新入户市民发放温馨的《深圳家书》、实用的《深圳市民生活指南》《市民礼仪知识简明读本》，让市民通过图文资料领略深圳的独特精神气质；组织新市民走读深圳精神，参观莲花山、博物馆等，了解深圳历史，感受深圳城市精神的独特魅力。三是持续开展典型宣传工作，推动城市精神家喻户晓、深入人心。在弘扬"创新"精神上，树立了"时代工匠"、中建钢构华南大区总工程师陆建新等重大典型，宣传陆建新先后参建了中国第一幢超高层大厦深圳国贸大厦、时年亚洲第一高楼深圳地王大厦、上海环球金融中心、深圳"京基100"、深圳平安金融中心等30多项地标建筑，不仅创造了世界高层建筑施工的最快纪录，而且实现了许多重大建筑技术创新，创造了巨大的经济和社会效益。在弘扬"关爱"精神上，树立了"挺起英雄脊梁的至美双亲"陈如豪、吴清琴夫妇等重大典型，宣传陈如豪、吴清琴夫妇20多年如一日精心照料因公负伤的英雄儿子陈文亮，从来没有要求任何特殊照顾，甚至拒绝了儿子单位所分配的福利房，还积极为家乡修路、助学、办养老院，向汶川地震、华南冰灾、舟曲泥石流等灾区人民捐款捐物。在弘扬"诚信"精神上，树立了全国道德模范孙影、"最美爱心艺术大使"李亚威等先进典型,宣传孙影信守对大山孩子的承诺,放弃优越工作,几度赴贵州山区支教,同时当好"爱心中介",诚信监管每一笔爱心善款;宣传李亚威信守保护民族文化的诺言,坚持10多年扎根云南楚雄,用文字和镜头记录濒临消失的彝族文化。四是积极打造"成人礼"等活动品牌,扩大城市精神的影响力和辐射力。每年在五四青年节期间策划举办深圳市"成人礼",邀请践行城市精神的社会各界杰出人物代表进行"长者开礼",将深圳城市精神传递给广大青少年学生,勉励他们为城市发展、国家进步贡献青春力量。持续开展"我的价值我的城"系列主题教育实践活动,打造形式新颖、内涵丰富的平台和载体,推动社会主义核心价值观和城市精神根植广大市民群众的心田。

(五)坚持在发展城市学术文化中升华城市精神

学术文化体现一座城市的精神追求、价值取向和思想高度。深圳高度重视发展城市学术文化,繁荣发展哲学社会科学,积极构建"深圳学派"。一是着力加强新型智库建设。综合开发研究院(中国·深圳)成为首批25家国家高端智库建设试点单位,也是仅有的两家社会智库之一。起草制定《关于加强深圳新型智库建设的实施意见》,以创新方式构建深圳智库发展新格局。二是加快推进"深圳学派"建设。连续编纂出版《深圳学派建设丛书》《深圳改革创新丛书》5批59部著作。深圳大学国家社科基金重大项目立项数名列广东省第三。在改革开放研究、经济特区研究、粤港澳合作研究、文化创新研究、城市文化形态研究等方面形成了鲜明特色,产生了一定影响。三是创办发展一系列学术活动和平台。"儒学国际学术研讨会""深圳学术年会""马克思主义哲学中国化"深圳论坛等影响扩大,"深圳学术沙龙""深大讲坛""深圳学人·南书房夜话"等持续开展。创办和巩固《特区实践与理论》《深圳特区报·理论周刊》《特区经济》《文化深圳》等学术刊物,以及全市综合性理论网站"深思网"。四是提升社科普及影响力。"深圳读书月"引领国家全民阅读,"市民文化大讲堂"获得"全国终身学习活动品牌"称号,市图书馆被评为"全国优秀人文社科普及基地","社科普及周""社科知识大闯关"影响广泛,深圳被联合国教科文组织授予"全球全民阅读典范城市"。

二 深圳塑造城市精神气质的不足

（一）城市精神的凝聚力有待进一步增强

深圳是一个新兴的移民城市。设立经济特区之前，深圳就是原宝安县，县城人口不足3万，全县人口也才30万。近40年来，来自五湖四海的历代移民不断涌入、层累叠加，最终形成了现在常住人口逾千万、实际管理人口达2000多万的格局。截至2017年年底，深圳常住人口1252.83万，其中非户籍人口818.11万，占65.3%；户籍人口434.72万，占34.7%，大多也是更早期来自各地的移民。在这样一个移民城市里，人们的文化背景不同、社会经历各异、生活习俗有别，奔向特区的动机不一，且每代移民都有不同的特质，这一方面提升了深圳整座城市的包容度和开放度，不同地域思想文化的交流激荡，促使深圳人的思想非常活跃，观念容易更新；但另一方面，人们的思想观念多元多样多变，移民的家园感和归属感较弱、城市精神认同感不够、主人翁意识不强，这些也使得深圳在凝聚人心、汇聚合力上的任务更加艰巨。

（二）城市精神的独特性有待进一步彰显

城市的精神，是一座城市与众不同的身份标识。与国际大都市相比，国内城市精神趋同化，城市形象"千城一面"，存在"同质化"问题。全球化的开放性和包容性极大地促进了世界范围内的经济文化交流发展，但也造成了文化趋同的同质化倾向。在全球化与城市化的双重影响下，中国城市的同质化现象更加突出。据统计，早在2005年，中国的661个大中小城市就有183个城市宣布要建立"现代化国际大都市"，宽马路、大广场、大草坪、中心商务区和标志性建筑成为城市硬件建设的"标配"，某些地区的旧城改造使彰显城市特色的传统建筑被拆除，代之以千篇一律的建筑。这种同质化也影响对城市精神的提炼。[①] 据媒体报道，2010年前后，27个省市发布的"城市精神"中，有多个词语高频率重复出现，表达空洞泛化现象严重。深圳城市精神的培育和提炼，同样也要避免"同质化"问题，要进一步彰显城市精神气质的独特性，凸显作为改革开放前沿

---

① 范明英、蔡宁：《快速城市化中的文化缺失与理性再生》，《上海城市管理》2012年第2期。

的经济特区特色。

（三）城市精神对市民的塑造力有待进一步提升

城市精神本质上是人的精神，通过市民的精神气质表现出来。同时，城市精神也在感召、引领着市民的意识和行为，塑造着市民形象。2005年至今，深圳虽然连续五次获得"全国文明城市"荣誉称号，但历年的全国文明城市测评和深圳市组织的公共文明指数测评结果显示，深圳市民在公共环境、公共秩序等方面，还存在不同程度的不文明行为，"行人闯红灯""乱扔垃圾""车辆乱停放"等现象还时有发生，这些都与内外兼修的城市精神气质不符。放眼全球，当前深圳很多"硬件"设施已经赶上甚至超过了国际发达城市和地区，主要的差距在于"软件"，尤其是深圳市民的文明素养、气质风貌与国际先进城市相比还有不足，需要城市精神的进一步润泽、塑造。

（四）城市的学术文化底蕴有待进一步厚植

当前，深圳的学术文化发展，还存在发展时间短、人才和基础条件缺乏等不足。一是研究机构还有待进一步完善。全市高校只有13所，与北京91所、广州84所、上海64所相比差距大，缺乏研究型大学；深圳社科院在全国副省级城市中规模最小，缺乏足够数量、有深远影响力辐射力的一流智库。二是学术人才队伍有待进一步充实。哲学社会科学研究力量不足，学术领军人物和重大理论创新成果缺乏；社科人才瓶颈突出，全市社科研究人员仅为2400多人，不到全省1/10。三是学术平台、学术阵地有待进一步夯实。论坛、讲座、学术沙龙等平台的数量和质量还需进一步提升；核心刊物数量少，目前还缺少在全国具有重大影响的学术刊物。四是学科体系不健全，优长学科不够突出，新兴学科和交叉学科发展不充分，特别是重应用、轻基础理论研究，哲学等人文学科还比较薄弱。

第三节　塑造与城市定位相匹配的独特精神气质

新时代，深圳必须与时俱进地拓展和深化城市精神的内涵，更加彰显"创新、开放、多元、关爱"的独特气质和文化品格，进一步加强城市精神的思想性建设，不断提升学术文化水平，扩大城市精神的传播力和影响力，推动城市精神融入和渗透到每一个角落、每一位市民。

一 丰富新时代"深圳精神"的内涵

城市精神既要体现历史传统，更要跟上时代的律动，顺应和促进时代的发展。当前中国特色社会主义进入了新时代，深圳立志率先建设社会主义现代化先行区，奋力向竞争力影响力卓著的创新引领型全球城市迈进，打造彰显习近平新时代中国特色社会主义思想磅礴力量的"最佳示范"，勇当冲向"两个一百年"奋斗目标的"尖兵"，争做驶向中华民族伟大复兴光辉彼岸的"第一艘冲锋舟"。实现这一目标，需要更加强大的精神指引。要根据时代发展、履行特区使命、城市定位的需要，进一步丰富"深圳精神"的思想内涵，增强其时代感，刷新其价值理念，放大其精神主张，为深圳"新时代走在最前列、新征程勇当尖兵"提供更坚定的思想保证、更明确的价值引领、更强大的精神动力。要把握好以下几个原则。

一是继承与创新并举。新时代"深圳精神"应继承和弘扬中华优秀传统文化，接续"深圳精神"原有的内涵，同时充分体现时代发展潮流、未来形势要求，在继承中求新求变，谋求新的创意、新的表达。

二是普适与特色兼顾。新时代"深圳精神"既要遵循和体现社会主义核心价值观的总体要求，也要体现深圳的地域特征、城市特色，在众多省市精神当中具有清晰的"身份标识"。

三是文气与地气相偕。新时代"深圳精神"既要体现深厚的文化底蕴，具有思想深度和前瞻意义，又要接地气，朗朗上口，易读、易懂、易记，为广大市民群众所普遍接受。要把握好体现深圳精神特质的几个关键词，即创新、开放、多元、关爱。

二 加强城市精神的思想性建设

繁荣发展学术文化，增强城市文化积淀的厚度和高度，是打造城市精神体系的内在要求。作为改革开放的前沿，深圳的学术文化底蕴还比较薄弱。要积极构建中国特色哲学社会科学，打造新型特色智库，实现问题先遇、发展先行、理论先出，建设强大的话语体系。

一是大力推动新型智库和学术人才建设。构建多层次智库体系，发挥综合开发研究院首批国家高端智库试点单位引领作用,加大政府购买社会智库服务力度。大力推动实施"学术名家计划",打造高质量的《学术名家策论》;整合全市各专业领域一流专家学者和业界精英组建高端人才库,会聚领军人物和杰出人才,用"天下之才"弥补学术短板。加强与国外智库交流互访,学习借鉴国外一流智库先进经验,培养一批具有国际视野的学科带头人。建立柔性学术人才引进使用机制,鼓励设立社科人才工作室,以项目聘任、客座邀请、定期服务、项目合作等多种形式引进和使用社科人才及其团队。

二是不断壮大理论阵地和学术平台。强化学术机构和学科建设,适度扩大深圳市社科院规模,重点支持建设一批"深圳市哲学社会科学重点研究基地"。依托深圳大学、南方科技大学、香港中文大学(深圳)等高校,建设一批在全省、全国具有领先地位的优长学科,深化经济特区、粤港澳大湾区、创新发展、文化创新、基层治理等特色研究,推动形成富有特色、结构合理、充满活力的学科集群。加强学术刊物和《深圳学派建设丛书》《深圳改革创新丛书》建设。

三是打造更多哲学社会科学精品。挖掘本土资源培育学术精品,每年组织开展一批重大理论课题,支持开展具有地方特色的文化活动和研究,重点扶持深圳市社科院马克思主义理论创新、深圳大学中国经济特区研究中心和文化产业研究院、深圳市委党校党建研究、深职院职业教育研究、综合开发研究院深港研究等现有重点研究基地,争取知名高校和研究院所在深圳设立学术研究基地。营造良好环境催生学术精品,建立科学公正的学术评审、评估和成果转化机制,形成有利于产出学术精品的内在机制。

四是积极促进研究成果转化。把深圳经济社会发展中的重点、难点、热点问题作为研究主攻方向,为深圳市委市政府提供重大决策服务,充分考虑成果的经济效益、社会效益、生态效益等,确保研究成果的实践性、效益性。加强成果转化的激励和传播,制定符合成果转化特点和规律的政策法规,建立重大研究成果发布制度,搭建市场化的社科研究成果转化平台,建立社会科学成果转化的中介机构,如专业成果转化机构、智库、高校的文化科技园等,确保研究成果能够及时被关注和了解,促进成果社会价值的实现。

五是深入推动社科普及。制定出台《深圳经济特区社会科学普及条例》以及长期、中期和短期规划，确保社科普及事业健康发展。以市民需求为导向，创新推进"市民文化大讲堂""社科普及周""社科知识大闯关""百课下基层"等品牌项目，进一步扩大社会覆盖面和影响力。大力推动各区、高校成立社科联，推进社科普及进学校、进企业、进社区、进军营，在各基层社区设立市民书屋、市民讲堂等课堂型基地，推动社科普及由点向面深入开展。

三 增强深圳城市精神的传播力和影响力

一是积极培育和宣传城市精神"代言人"。各类先进典型是城市精神的"形象代言"，是引领城市精神的风向标。通过培育和宣传典型来弘扬城市精神，是一种直观、亲民的方式。要围绕城市精神的内核，精心培育和宣传更多符合时代特征、体现城市特点的先进典型，使深圳城市精神的弘扬变得有血有肉、立体丰满，使深圳的城市精神得到更加丰厚的滋养。要借助传统媒体和新媒体，通过基层宣讲、事迹展览、公益广告、文艺汇演等多种形式，把先进典型的事迹宣讲好，把他们的精神阐释好、宣传好，激发更多正能量，提升整个社会的精神风貌。要大力实施《深圳市道德模范礼遇和帮扶制度》，在入户办理、住房保障、文化服务、志愿服务、基金帮扶等方面，给予各类先进典型崇高的礼遇，使先进典型蕴含的精神力量得到尽情的释放，进而持续引领城市精神的方向，构筑城市精神的内核。

二是充分利用举办大型活动的契机。各类大型活动是具有深远影响的"城市广告"，它们能够向国内外参与者宣传展示一个城市的经济社会发展成就，向人们展现一个城市的精神风貌和特质。深圳是中国放眼看世界的桥头堡，中外文化的频繁交流，让深圳树立了全球视野和国际眼光，一批批具有国际水准、国际体量的文化品牌、大型活动在这里应运而生，对这些国际文化品牌及活动的精心打造，又进一步拓宽了深圳的格局，培养了它参与世界文明交流互鉴的抱负和胸襟。"深圳城市文化菜单"收录了"'一带一路'国际音乐季""深圳设计周""文博会""深圳国际创客周"等30多项国际化、标志性的大型活动，这些活动充分彰显了创新、多元、开放等深圳独特的城市气质，是展示深圳城市精神的"绝佳窗口"。要继续精心办好各类大型活动，使之成为弘扬城市精神的重要平台和载体。与此同时，要大力推行《深圳市大型活动文明提升工作指引》，从营造文明环境、引导文明秩序、加强文明管理等方面着手，进一步增强大型活动的文明水平，推广和传播深圳的文明风尚，提升深圳城市精神的美誉度。

三是不断创新宣传方式方法。截至2017年年底，中国网民规模突破7.7亿人。作为中国"最互联网城市"，深圳市网民和手机网民规模均超过1000万人，网民渗透率达87%，高出全国平均水平32%以上。要适应"人们的工作生活越来越网络化"这一变化和特点，注重运用"两微一端"和移动多媒体等新技术新手段，策划推出更多网民喜闻乐见的新媒体产品，运用网言网语生动地宣传和弘扬城市精神，展示深圳包容、温暖等令人动容的城市底蕴，提升深圳城市精神的影响力和感召力。

四　推动深圳城市精神的融入和渗透

根据城市发展的经验，一种城市的精神、价值和理念，要真正完全地融入城市，在城市发展中发挥出最大的引领和推动作用，必须落地转化成这个城市的治理者以及每一个市民的共同追求、共有品质，潜化成一种集体无意识，外化成人们行而不觉、习而不察的生活方式。

一是将城市精神上升为城市发展战略，以城市精神引领城市建设发展。就像一盏明灯，只有把它放在更高的位置上，才能照亮更广阔的范围；一种城市精神，只有上升为具有全局意义的战略举措，才能发挥旗帜的作用。深圳提出率先建设社会主义现代化先行区，到2020年，基本建成现代化国际化创新型城市，高质量全面建成小康社会；到2035年，建成可持续发展的全球创新之都，实现社会主义现代化；到21世纪中叶，建成代表社会主义现代化强国的国家经济特区，成为竞争力影响力卓著的创新引领型全球城市。这一系列战略性目标，体现了深圳这座最富有改革开放创新基因的城市，始终旗帜鲜明地弘扬"开拓创新"的深圳精神。通过城市发展战略彰显出来的城市精神，更具有宏观的指导性、稳定的方向性，能产生更加深远的影响。

二是将城市精神融入社会制度安排，以城市精神推进社会管理治理。

制度的安排能使城市精神找到刚性的载体，从"软要求"变成"硬约束"。比如，将深圳精神中的"诚信"融入社会诚信体系建设的一系列制度安排当中，依托"企业信用信息系统""个人信用征信系统"等平台，通过发布"信用动态""诚信公示""曝光台""信用警示"等方式，建立常态化的信用监督工作机制。这些制度安排，使"诚信"精神发挥了更大的约束作用。目前，深圳的"个人信用征信系统"已基本覆盖全市实际管理人口的基本信息及大部分常住人口的信贷、纳税、社保及处罚等信用信息，持续为商业银行、政府机构及其他社会用户提供各类信用报告，在国内一直处于领先地位。要将城市精神融入贯穿于社会制度体系中，充分发挥制度及其建设对于城市精神的强化、支撑作用。

三是将城市精神转化为市民生活方式，以城市精神塑造现代文明市民。市民是城市精神的最终承载者，是城市精神的"末梢""终端"，是城市精神最恒久的"印记"。城市精神在多大程度上得到弘扬和践行，要看市民在多大程度上具备了符合城市精神要求的气质，在多大程度上养成了彰显城市精神的生活方式。因此，弘扬和践行"深圳精神"，最终要着眼于市民、落脚于市民。要持续、深入开展市民文明素养提升行动。

第一，注重教育培训，以完善的文明教育体系培育文明市民。深入开展新市民教育培训，开办"新鹏主体班"，开发"文明第一课"，建设"深圳云课堂"。探索编制深圳市民文明素养提升指引，探索建立文明素养教育"教育券"制度和"学分"管理制度，鼓励市民自觉参加文明教育。

第二，注重实践养成，以长效化的创建活动培育文明市民。大力推进"全国文明城市"创建工作，深入实施"里子工程"，集中整治城中村等薄弱环节，及时排查整治"负面清单"，夯实创建工作基础，让广大市民在文明创建的火热实践中自我教育、自我提升。深化"文明单位""文明家庭""文明校园"等系列创建活动，开展深圳市精神文明创建成果评选表彰，激发社会各界参与文明创建的热情。

第三，注重法治保障，以健全的文明法规培育文明市民。开展文明立法现状调研，推动各职能部门深入实施有关志愿服务、公益慈善、全民阅读、公共场所控烟、文明养犬、垃圾分类等现有文明法规规章，逐步将共享单车、公益广告、公共文明管理等新问题纳入法治轨道，提炼推广社会各界广泛认可的"深圳规矩",促进市民文明守法。

第四,注重管理约束,以精细化的文明管理培育文明市民。以公共环境、公共秩序等领域为重点,加强市民公共行为管理,促进市民养成垃圾不落地、文明出行等良好习惯。实施《深圳市文明过节工作暂行办法》,加强重要时间节点公共文明管理。推动大型展会、赛事、演出等群众活动落实文明提升工作任务,集中展现城市文明形象。

第五,注重利益引导,以科学的公共政策培育文明市民。不断完善志愿服务、慈善捐赠、无偿献血、器官捐献、见义勇为、文明交通、诚实守信等文明行为的激励制度,鼓励市民善行义举。成立关爱好人救助基金,为道德模范提供多方面的礼遇和帮扶。探索推行市民"文明积分",使市民因文明而享受礼遇和便利。

第六,注重环境友好,以人性便利的硬件环境培育文明市民。完善环卫指数测评工作,加强市容环境卫生管理,积极打造"全国最干净城市",以优美的城市环境和秩序,潜移默化中提升市民文明行为的自觉性。以公共交通设施为重点,研究编制相关规划设计指引,提升公共设施文明友好度,改善城市公共空间,方便市民遵守文明规则。研究编制和推行公共场所文明导向标识管理规范、公共场所文明行为劝导人员管理规范,引导市民文明言行。

第七,注重文化熏陶,以入脑入心的宣传引导培育文明市民。加强文明主题宣传报道,搭建"深圳文明传播联盟""文明传播工作室",拓展文明主题宣传渠道和阵地。积极推选道德模范、文明市民、最美人物、身边好人,引导市民见贤思齐、崇德向善。探索建立公共文明舆情危机应对处置机制,加强对社会普遍关注的文明热点问题的引导,弘扬主旋律,传播正能量。

第八,注重成风化俗,以良好的文明风尚培育文明市民。开展弘扬时代新风行动,持续组织文明交通、文明旅游、文明上网、文明餐桌、垃圾分类等文明主题活动,倡导全民健身、全民阅读、低碳节俭、诚实守信等文明风尚。深化"志愿者之城""全国社会信用体系建设示范城市"建设,推进志愿服务和诚信建设制度化。精心组织新春关爱行动,引导市民奉献爱心、传递温暖。推进工作创新,举办"互联网+文明"推动者大会并成立促进联盟,营造自觉践行文明的浓厚氛围。

第四节　案例

一　市民文明素养提升"六大行动"

深圳经过30多年的飞速发展，已经拥有良好的物质基础和硬件环境，未来城市发展的后劲，关键在于"软件"，在于市民文明素养。深圳市委、市政府把提升市民文明素养作为城市文明建设的基础工程，出台《深圳市民文明素养提升行动纲要（2017—2020年）》，持续开展修心、养德、守法、尚智、崇文、健体六大行动，着力培养现代文明市民，取得了显著成效。市民自觉践行社会主义核心价值观，崇德向善、守法明礼，全市公共文明指数逐年攀升。

一是开展"修心"行动，凝聚市民思想共识。充分利用改革开放40年来特区孕育的精神财富，生动诠释、大力弘扬中国梦和社会主义核心价值观，力求在多元移民文化和中西文化交汇中凝聚思想共识。大力宣传"空谈误国，实干兴邦""来了，就是深圳人"等深圳观念和新时期深圳精神，用"深圳表达"激发市民思想共鸣。举办"中国梦：中国故事2012—2017"首届中国图片大赛及典藏作品展，坚定人们对中国特色社会主义的"四个自信"。开展新入户市民培训工作，强化市民家园感和责任意识。持续推进核心价值观示范点与主题公园建设，开展"我的价值我的城"活动，推动核心价值观落地转化为市民日用常行的行为准则。

二是开展"养德"行动，提高市民道德水准。在全国率先对志愿服务、无偿献血、见义勇为等善行义举推出招生、就业、医疗等方面的激励措施。出台《深圳市道德模范礼遇和帮扶制度（试行）》，明确为道德模范提供办理入户、文化服务、基金救助等优待，有效地激励催生了良好的道德风尚，深圳陆续涌现出全国道德模范丛飞、孙影，以及陈如豪、吴清琴夫妇等大批先进典型，全市注册志愿者已达158万人，占常住人口13%，关爱行动已连续开展16年，深圳成为名副其实的"志愿者之城""关爱之城"。

三是开展"守法"行动，筑守市民行为底线。积极加强文明立法执法，以法治的刚性力量规范市民行为。出台全国首部文明行为促进条例，积极将诚信建设、垃圾分类、共享单车等问题纳入法治框架。大力实施

"七五"普法规划，打造中国法治论坛、深圳法治地图等普法品牌，深化文明守法实践。不断强化"垃圾不落地"等专项执法，打造"全国最干净城市"。在全国率先开展"斑马线礼让行人""拉链式交替通行"等执法，深圳交通文明指数持续走高。

四是开展"尚智"行动，培育市民科学精神。全面实施包括布局十大重大科技基础设施、组建十大诺贝尔奖科学家实验室等在内的"十大行动计划"，强化城市创新基因。兴建深圳北理莫斯科大学、中山大学深圳校区等一批高校和特色学院。加快筹建深圳市科技馆新馆，举办深圳国际创客周、深圳（国际）科技影视周等活动，推动大众创业、万众创新。2016年，深圳每万人有效发明专利拥有量达80.1件，居国内大中城市首位。

五是开展"崇文"行动，涵养市民文化气质。积极打造"一带一路"国际音乐季、深圳设计周等城市文化品牌，为市民提供丰富的"城市文化菜单"。建设深圳当代艺术与城市规划馆等一批重大文化设施以及基层综合性文化服务中心，打造"十分钟文化服务圈"。繁荣文艺精品创作，深圳歌曲《向往》等3件作品获第十四届精神文明建设"五个一工程"奖，占全省3/4。广泛开展群众文化活动，深圳读书月已连续开展至第十八届，2016年深圳居民日均读书41.48分钟，年均读书19.41本，均明显高于全国平均值。

六是开展"健体"行动，促进市民身心健康。大力实施健康深圳行动计划，深化全国健康促进区等创建，举办"健康素养促进月"系列活动，加强市民健康宣传教育。全市335所公办中小学体育场馆向社会开放，举办中国杯帆船赛、深圳国际马拉松赛等高端体育赛事和全民健身月、外来青工文体节等群众性体育活动，鼓励市民强身健体。推进首批"全国精神卫生综合管理试点城市"试点工作，促进市民身心健康。2016年，深圳居民平均预期寿命达80.86岁，位居全省前列。

二 新入户市民培训

深圳市围绕文化强市战略目标，组织动员各方力量，为新市民提供形式多样的文明素养培训服务，大力弘扬深圳精神，强化新市民对深圳的认同感、归属感和自豪感，引导新市民树立家园意识、法治意识、诚信意识，增强社会责任感，努力培育与现代化国际化创新型城市相适应的现代文明市民。

第一，发放"深圳福袋"。"深圳福袋"是深圳市向新入户市民提供的一项福利，在新市民赴派出所办理入户时现场发放，让新市民第一时间感受到这座城市的"温度"，增强新市民的家园意识和归属感。"深圳福袋"内装《深圳家书——致新市民朋友的一封信》邮资封和《深圳市民生活指南》《市民礼仪知识简明读本》，既表达对新市民的欢迎之意，同时也引导新市民深度认识深圳，第一时间融入城市，培养文明行为习惯。

第二，举办市级示范课。市级示范课以"深圳精神"为重要载体，以"培训、参观、拓展"为主要形式，以"入市第一课——深圳博物馆参观——莲花山公园拓展"为主要内容。通过入市第一课，了解深圳市情、特区精神、市民福利、深圳法规等；通过参观深圳博物馆，了解深圳改革发展的光辉历程；通过在莲花山瞻仰邓小平铜像、敬献花篮，充分感受作为一名深圳人的荣耀和责任。

第三，组织"文明第一课"。面向新进公务员、教师、医务工作者、军转干部、高校毕业生、企业员工以及新车主、新驾驶员等各类人员，组织举办"文明第一课"，帮助他们更好地融入城市生活，引导其树立家园意识、法治意识、社会责任意识和诚信意识。同时，根据各部门的培训计划和需求，选拔综合素质高、培训经验丰富的骨干教师，组建讲师团队，为"文明第一课"深入开展提供师资保障。

第四，建设"深圳云课堂"。开发了新市民培训微信公众号"深圳云课堂"，设置"云课堂""新鹏之窗""我的课堂"等功能板块，着力打造成广大市民24小时贴身的"掌上课堂"。"云课堂"围绕市民文明素养，定期发布各类资讯信息、精品课程，同时为市民自测、报名、选课及学习交流提供便利。

第五，举办"区级主体班"。深圳市10个区（新区）围绕新入户市民文明素养培训工作要求，从辖区实际出发，着力构建"区、街道、社区"培训工作体系，建立起多层次新市民文明培训基地，定期举办新市民培训班。培训班通过专题讲座、影视教学、互动交流等形式，为新市民提供文明素养和城市融入培训服务，让新市民更好地了解深圳市情、深圳精神、文明礼仪、特区法规以及公共服务等信息。各区针对市民需求，不断创新方式方法，有效地调动了新市民的参与热情，扩大了培训覆盖面。

图 2-1　市民文明素养培训（参观深圳博物馆）

资料来源：深圳出版发行集团供图。

图 2-2　新入户市民代表在邓小平铜像广场合影（2018年1月）

资料来源：深圳市关爱办供图。

三 "关爱行动"

深圳关爱行动是一项由党委政府发起，全民共同参与，以各种形式奉献爱心，践行"友善"社会主义核心价值观和"共享"发展理念，塑造和弘扬城市精神的群众性精神文明创建活动。关爱行动由深圳市文明委主办，从2003年起，每年开展一届，现已连续举办15年，组织了2万余项关爱活动，打造了"步步行善""中国公益慈善项目交流展示会""中国公益映像节""募师支教""幸福促进中心"等众多品牌项目，树立了丛飞、郭春园、孙影、李亚威，以及陈如豪、吴清琴夫妇等大批爱心典型，弘扬了"爱在深圳，情暖鹏城""送人玫瑰，手有余香""来了，就是深圳人""助人者最乐，行善者最美"等诸多精神理念，培育了热心公益慈善和志愿服务活动的社会风尚，塑造了深圳"关爱之城"的城市特质。

深圳关爱行动诞生和发展，既源于对现实问题的关照，也源于对城市长远发展的深刻思考。首先，开展关爱行动，是推动发展成果由全民共享，增进民生幸福的需要。其次，开展关爱行动，是凝聚社会互助互爱的共识、促进社会和谐的需要。最后，开展关爱行动，是塑造年轻深圳的精神品格、提升城市温度的需要。

关爱行动的关爱对象和关爱内容随着活动的不断深入，在不断延伸和拓展。包括关爱家庭：关爱自己的家人，关爱困难家庭以及单亲、失独、空巢、留守等特殊家庭。关爱他人：关爱生活困难群体、因遭遇重大疾病和意外事故而陷入困境的市民、残障人士、来深建设者、特殊职业群体（医生、警察、环卫工人等）、为城市发展做出突出贡献的英模人物及其家属、老少边穷地区群众等。关爱心灵：关注人的心灵需求，为人们提供精神关爱、文化关爱以及心理健康教育和辅导、社会关系调解等服务。关爱自然：关注环境保护、动物保护，倡导和推广绿色低碳生活方式。

在关爱行动当中，党委政府、新闻媒体、爱心企业、公益组织和市民群众共同参与，其广博之爱如若不绝之水，浸润各界，惠泽八方。党委政府"建库蓄水"。关爱行动由深圳市委市政府领导，市文明委主办，各区（新区）以及教育、卫生、民政、文体、交通、住建等50多个单位承办或协办，基本涵盖了全市所有涉及民生福利的党政机关，如同为这座城市积蓄了大量爱的水源。新闻媒体"施雨降水"。新闻媒体既是爱心活动的宣传者、报道者，也是活动的策划者、组织者。它们唤起了社会各界对爱的强烈关注，为需要帮助者带来爱之"甘霖"。爱心企业"掘井取水"。众多爱心企业热心投身公益慈善事业，资助关爱行动重点项目，有的还直接发起了一批有创意、有影响的爱心活动，如同一口口爱心之井，为关爱行动提供了重要的资金保障和物质支持。公益组织"修渠引水"。2010—2015年，深圳的公益慈善类社会组织从796家迅速增长到2035家，年均增长率达21%。各类公益组织如同修筑了一道道明渠，把社会的爱心引流到有需要的群体中。广大市民"润心掬水"。热心的深圳人积极投身于各类公益慈善和志愿服务活动，为"爱"贡献着点滴力量。截至2017年8月，深圳共有注册志愿者154万人，占常住人口总数比例13%；从1993年启动无偿献血工作到2017年8月，深圳无偿献血人次达345.9万，献血量达692吨，均居全国城市前列。

关爱行动为广大市民、整个社会和整座城市带来了福祉，在全国产生了深远影响。

一是让市民更加幸福。关爱行动期间，深圳市慈善会、深圳市红十字会、深圳市关爱行动公益基金会三大爱心账户，先后募集善款超过28亿元。一批具体的关爱项目助推了政府公共政策和长效救助机制的完善，深圳也因此获得了"中国最受农民工欢迎的城市""全国最慷慨的城市"等赞誉。

二是让社会更加和谐。关爱行动通过推动对社会财富的第三次分配来促进社会公平正义，强化了党委政府为民众谋福利的责任担当，也强化了社会各界在公共服务领域的角色意识，是探求"政社合作，共同治理"、推动社会治理创新的一个成功案例。2014年，关爱行动被评为"中国社会治理创新十佳经验"。

三是让城市更加温暖。关爱行动培育了"爱在深圳，情暖鹏城""关爱·感恩·回报"等理念，唱响了"友善"价值观的深圳表达。它树立了"全国道德模范"丛飞、孙影、陈如豪夫妇等大批爱心典型，助推深圳建成闻名遐迩的"志愿者之城"，连续三次获得最高级别的七星级"慈善城市"称号，连续四次获得中国年度"慈善推动者"称号。

四是关爱行动在政界、学界、公益界、新闻界等领域产生了强烈的反响。中央文明办评价深圳关爱行动是"开展群众性精神文明创建活动的又一创举,已成为深圳精神文明建设的亮点和有效载体,也将对全国的精神文明创建工作产生积极影响"。广东省委宣传部、省文明办参照关爱行动模式,在全省开展"南粤关爱行动"。北京、上海、成都、青岛、大连、厦门等兄弟省市纷纷前来学习考察关爱行动的经验做法。中国社科院、中国社会学学会、清华大学、香港理工大学等社科理论界,对关爱行动进行了深入的理论研讨,专家学者认为关爱行动"探索了一种新型的社会救助NGO模式","深圳在经济领域领全国风气之先之后,在'幸福中国''美丽中国'建设中再一次领全国风气之先"。壹基金、腾讯公益基金会、万科公益基金会、上海真爱梦想公益基金会等公益组织,以及白岩松、李云迪等公益人士均深度参与关爱行动。各级各类媒体对关爱行动给予了大量宣传报道。

图 2-3　2018 年深圳关爱行动表彰晚会获奖者大合影
(2018 年 3 月 28 日,深圳广电大厦)

资料来源:深圳特区报记者何龙摄。

四 深圳义工

1989 年深圳率先在全国探索志愿服务工作，一直以来致力于打造"志愿者之城"，并成功走出了一条独特的社会化发展道路。自 2017 年以来，深圳提出要全面推进志愿服务社会化、制度化、专业化、生活化，推动志愿服务从提供社会服务向参与社会治理、凝聚社会共识、培育生活方式跨越，助力营造"来了就是深圳人，来了就做志愿者"的城市文明新风尚，积累了一些成功经验。

第一，建立项目化、分层次的招募机制，大力提升志愿服务供需匹配度。志愿服务供需匹配度越高，市民参与志愿服务的积极性就越高。多年来，深圳探索推行项目化招募方式，统筹考虑志愿者的可服务时间、特长、兴趣爱好等，不断提升志愿服务供需匹配度。深圳在医疗救护、护河治水、垃圾分类、海洋保护、法律援助、科普教育等 19 个领域组建 1022 支专业志愿服务队，推动志愿服务项目化。探索分层次承接和推进志愿服务项目：服务全市党政中心工作，或者特大型赛会展会，如深圳高交会、文博会、慈展会等，由深圳市义工联牵头承接；规模较大或专项性的志愿服务项目，由各团体志愿者承接；规模较小、特色类的志愿服务项目，由各相关的公益性组织承接。在深圳，距离不再是问题，抬起腿走出家门，就可以参与志愿服务。

第二，建立线上线下参与平台，实现志愿服务就在身边。多年来，深圳搭建 O2O 线上线下志愿服务平台，实现线上线下志愿服务参与的互联互通，使志愿者就近就便找到适合自己的志愿服务项目，极大地提升了志愿服务参与的便利性。线下志愿服务队伍横向覆盖卫生、教育等 13 个系统，纵向延伸至市、区、街道、社区四级，线下志愿服务 U 站实现"连锁"品牌推广，城市 U 站、社区 U 站、绿道 U 站、医疗健康 U 站、文明旅游 U 站等规范化服务点达 340 个。同时，大力推进"互联网 + 志愿服务"线上发展战略，在全国率先同时在"腾讯微信""阿里支付宝"两大平台开通线上志愿服务，每天在线可供市民参与的志愿服务项目达 500 多个。自主开发建设志愿者大数据库和信息化平台，发布电子义工证，构建综合信息服务体系，实现"查组织、易注册、发项目、找活动、记考勤、微捐赠"六大功能。以"志愿深圳""深圳义工"两个微信公众号为核心，联合120个志愿服务公众号，建立志愿服务新媒体集群，拼接形成宣传矩阵，形成强大宣传平台。在深圳，距离不再是问题，抬起腿走出家门，就可以参与志愿服务。

第三，建立"社工+义工"的运行机制，促进志愿服务"将"与"士"各展所长优势互补。一些专业领域的志愿服务，往往会使普通志愿者产生畏难情绪，不敢参与。对此，深圳探索推广"社工+义工"组织方式，在医疗、公交、口岸等系统，公益派遣社工岗位，以社工带义工，不断降低专业领域志愿服务的参与门槛。"社工+义工"模式中，专业社工充分发挥其在组建团队、规范服务、拓展项目、培训策划等方面的专业优势，普通志愿者则具备"兵源充足"、时间灵活的优势，双方取长补短，优势互补，既拓展了普通志愿者可参与的服务领域，又保障了整体服务质量。以深圳市儿童医院为例，深圳市义工联联合市民政、关爱办等部门，在医院设立服务U站，作为医院志愿服务的枢纽中心。每天，U站的2名专业社工带领39名骨干义工值守，承担综合协调、应急指挥、岗位调配、导诊分流、志愿者招募、特色活动等职责，已成为病患人员进入医院直接面对的第一道服务平台，每天服务超过500人次，在缓解医患矛盾、优化就医环境方面，发挥了重要作用。在深圳，能力无论大小，发挥"知识盈余"，就可以参与志愿服务。

第四，建立社会化的激励机制，培育城市志愿文化。良好的激励成长机制，是保障志愿服务可持续发展的重要保障。深圳市在全国率先出台《深圳经济特区市民文明行为促进条例》《深圳市义工服务条例》，把对志愿服务的激励和礼遇措施法定化。出台《深圳市礼遇和帮扶道德模范暂行办法》，对事迹突出的志愿者，给予入户、住房保障、困难救助等多方面的礼遇和帮扶。试点社区"爱心银行"项目，探索建立志愿服务积分通存通兑、延时使用机制。在精神激励方面，建立星级认证、百优志愿者等多层级荣誉认证体系。打造志愿文化，与电台联合开展义工电台，推出实名制红马甲、电子志愿者证、U站等深圳独特的志愿者标识，聘请爱心人士担任志愿者形象大使，设立"公务员志愿者行动日""深圳义工节"等主题日，一批优秀的志愿者艺术团、文化作品登上国家级媒体。在深圳，

"送人玫瑰，手有余香"观念已深入人心，参与志愿服务，已成为受人尊重的社会活动。

第五，推动志愿服务参与社会治理，大力提升志愿者的成就感。深圳立足全市中心工作和民生关切，聚焦现实"痛点"和"热点"，吸引专业志愿者深度参与社会治理，让志愿者走向社会事务的"中心舞台"，大大提升了志愿者的成就感和荣誉感。围绕市委市政府河道治理重点工作，开展志愿服务助力护河治水行动，组建"志愿者河长""河小二""护水骑兵""红领巾""小河长"等志愿服务队，建立3个护河治水U站，设立92个常态化志愿服务监测点，有效提升了市民对河流治理工程的满意度，形成"治水提质，人人有责"的普遍共识。针对文明城市创建工作难点，组织100万人次志愿者在全市交通路口、公园景点、背街小巷、文化场馆等开展整治共享单车乱摆放、市容环境提升、推广文明旅游等公共文明引导活动。在深圳，事不分你我，哪里有需要，哪里就有志愿服务。

截至2018年3月，深圳已有注册志愿者158万人。满城的红马甲，已成为深圳一道亮丽的风景。

图2-4 深圳边检公务员义工队向现场旅客发放文明旅游宣传单
资料来源：深圳市义工联。

第三章 创新城市文化品牌体系

　　文化品牌是一种根植于民族文化特色，与受众紧密相连的多样化的特殊产品。它是精神价值与经济价值的双重凝聚，其独特的个性除了与商业品牌具有同质性外，还具有意识形态属性，更注重品格与个性色彩，强调感情投入与精神因素。"品牌就是品质的象征"，在一个品牌竞争的时代，打造城市品牌已成为一切先锋城市推动发展的重要战略举措。作为城市品牌的重要组成部分，城市文化品牌是城市在文化建设中积淀形成的具有特殊价值和广泛影响力的文化现象，凝聚着特定城市独特的价值理念、审美情趣以及知名度、美誉度和信誉度，能够有效吸引人流、物流、资金流和信息流，最大限度地整合文化资源，拓展文化市场发展空间，扩大城市的影响力和感召力。城市文化品牌体现着城市文化的特色、风貌乃至品位，文化品牌建设是提升城市文化影响力的关键。在国际城市竞争之中，确立和推广一个城市的良好形象最有效最重要的方式就是打造文化品牌。城市文化品牌由不同内容、形式和载体所构成，从总体上看，有的是城市独特文化资源所形成的城市综合性文化品牌，如深圳作为"设计之都"的文化品牌；从内容属性上看，有的可归为公共文化服务和文化事业品牌，有的可归为文化产品和文化企业品牌；从形式和载体上看，又可分为节庆文化品牌、特色街区文化品牌、风景旅游文化品牌等。深圳创新文化品牌体系，实施文化品牌引领战略，既是文化自觉的表现，也是深圳参与粤港澳大湾区建设的应有之义。

第一节　城市文化品牌与国际化城市形象

品牌一词源于古挪威语的"brandr",意为"打上烙印"。如今"品牌"已被赋予了更丰富的含义,学术界已经从符号、关系、资产等多角度对品牌含义进行了研究。概言之,品牌是一种名称、名词、符号、标记、图案或设计,或是它们的组合,其目的是识别产品的制造商或销售商,并使之同竞争对手的产品和销售区别开来,能给拥有者带来溢价、产生增值的无形资产。

一　文化品牌是世界城市的鲜明特质

习近平总书记强调,历史文化是城市的灵魂,要像爱惜自己的生命一样保护好城市历史文化遗产。[①] 城市的街道、建筑等表象构成城市的物质环境,而文化才是城市的本质和灵魂。哲学家康德说,"缺乏文化的城市生活是盲目的,脱离了城市生活的文化是空洞的"。美国著名城市学家刘易斯·芒福德在《城市的形式与功能》中有这样的论述:"如果说,在过去的许多世纪中,一些名城,如巴比伦、罗马、雅典、巴格达、北京、巴黎、伦敦,成功地支配了各自国家的历史的话,那只是因为这些城市始终能代表他们的民族的文化,并把其绝大部分流传给后代。"的确,在当今经济全球化深入发展的背景下,一些经济、金融、贸易发达以及位于交通枢纽的城市,都有机会成为世界城市,但有些城市却因为城市文化特色、人文精神的匮乏,而难以发展为"世界城市"。可以说,城市的文化是一个城市的象征、本质表征和核心价值。纽约、伦敦、东京、巴黎和北京、上海等国内外可称得上的世界城市,除了其在经济、政治、商贸、金融等方面处于枢纽地位外,在历史文化积淀、文化设施、文化产业、文化活力与创造力、生态环境和宜居等方面都各具特色。

城市文化品牌及其推介可以显著改变人们对城市的形象感知。文化品

[①] 《习近平心中的"城市中国"》,2015年12月9日,新华网(http://www.xinhuanet.com/2015-12/09/c_1117399732.htm)。

牌来源于某一文化事象,可以是文化产品,也可以是文化活动或文化服务。它具有商业品牌的一些要素,又具有自身特点,凝结着丰富的文化信息与深厚的文化内涵,能够带给消费者更多情感满足、心灵慰藉、精神寄托和美感享受。文化品牌具有鲜明的地域性,又具有内容的广泛性,包含了从社会意识形态到社会生产生活的各个方面,涵盖了道德法律、历史习俗、艺术宗教、民族风情等精神层面和工农业产品、建筑、生态、社会环境等物质层面的内容;同时还具有意识形态属性,既体现着经济效益,又体现着社会效益。

文化品牌是城市精神和文化价值的重要载体。每座城市其实都有自己的文化理想,都希望城市居民用勤劳和智慧创造自己的文化精品,塑造自己的文化形象。文化品牌的打造,树起的是地方文化价值的引领者,担当的是地方文化的"播种机",凝成的是地方文化的感召力,增强的是地方文化的影响力。它不仅可以有效激发当地居民的文化自豪感、认同感和归属感,让他们更好地向外宣传本地区的文化,而且可以让外界更好地了解本地区的文化,推动本地文化产品和服务"走出去",从而有力地提升地方文化的知名度和美誉度。

城市文化品牌是一座城市的文化历史、文化遗产、文化价值、文化观念、生活方式、居民精神状态以及与此相关的文化活动等所形成的城市文化的综合外在表述,是社会对之做出的包括情感、价值、联想在内的正面性认知、识别与评价系统。作为城市品牌的一种,城市文化品牌的核心在于"城市文化"。它不仅具有商业属性,拥有自己的可衡量的品牌价值并能引领和形成文化产业,促进和维持城市文化产品的国内输出和国际输出,更具有意识形态属性,是社会的一种正面性认知和评价系统。与一般的商业品牌相比,它更加强调文化创新,从而与创造、梦想等有着一种内在的关联。

二 城市文化品牌的特征

关于城市文化品牌的特征,首先,从品牌的初始含义上看,城市文化品牌表现为城市的一种文化符号与名片。城市文化品牌由于高度浓缩与集中展现了城市独特的文化个性与文化魅力,它自然成为城市性格与城市特色的一种表征符号，成为最有影响力的城市文化名片。其次，从客观属性来看，文化品牌往往意味着其文化内涵、文化产品的质量或服务等客观品质的无与伦比和独一无二，这也是一个文化品牌形成并能长期维持其知名度并长久不衰的基础。再次，从主观评价上看，城市文化品牌的确立是公众长期以来对之形成的综合性体验与社会性评价的结果，它意味着较高的信誉、名望、知名度、美誉度与满意度。最后，从价值取向来看，城市文化品牌代表着城市的无形资产、文化附加值以及其他的价值意义。

理论和实践表明，城市文化品牌是文化产品为广大消费者所接受和认可、在市场竞争中走向成熟的重要标识，是衡量一个城市文化生产力高度发达的重要标尺。培育和扶持城市文化品牌，关键在于看齐国际先进城市，不断改革和创新文化体制和机制，切实转变文化发展理念和方式，通过发挥市场作用、推进科技进步、发展规模企业和加强企业管理来实现。

城市文化品牌作为城市有形资产和无形资产的结合体，凝聚着城市文化精华，占据着城市文化的高端，对于发展城市文化具有集聚资本、引导消费、延伸链条、倍增利润等多重功能，以城市文化品牌引领城市文化产业结构调整，促进城市文化产业发展方式转变，已经成为许多国际先进城市复苏崛起的基本规律。日本东京作为亚洲乃至世界重要创意产业城市，从20世纪90年代开始，通过创建以动漫为核心与主题的软件展、电玩展、秋叶原娱乐节、玩具节、模型展销节、C3玩模展等城市文化品牌，促进了文化与科技的高度融合，催生了全新的经济业态，带动了城市产业结构的优化升级，使东京地区经济从低谷中迅速攀升。上野是东京的文化区，那里的东京国立博物馆、国立科学博物馆、国立西洋美术馆、东京文化会馆、东京都美术馆、上野公园等文化建筑和设施，都在上野地铁站附近。文化建筑的集聚，集中展示了东京文化的魅力。

伦敦的巴比肯中心是欧洲最大规模的多元综合艺术中心，涵盖的艺术范畴包括音乐、戏剧、舞蹈、电影、语言及其他视觉听觉艺术，构成巴士底文化区欣欣向荣、人气十足的氛围，已经成为世界盛大聚会的重要举办地。

著名的艺术之都法国巴黎注重对城市文化品牌设施的辟建和保护，通过成立文化信贷基金、赋予文化主管部门经济权力、实行文化设施发展合同制和对文化单位进行财政补贴①，对重点公共文化品牌设施进行开发、经营和管理，例如对卢浮宫、香榭丽舍大街、凯旋门、蓬皮杜文化中心、国家图书馆、印象派艺术博物馆等有影响的城市文化项目，每年投入巨资和大量人力进行修缮和扩建，确保这些文化品牌项目始终成为城市公共文化服务体系的重要质素，始终作为市民接受历史文化熏陶、爱国主义洗礼和进行休闲娱乐的重要景观与主要场所，这些品牌设施在巴黎公共文化体系中占据着重要位置，发挥着不可替代的作用。

新加坡是一个城市国家。建国 53 年来，新加坡在优先专注经济发展并取得巨大成就之后，开始重视文化的发展与繁荣，把文化作为推动经济发展的新动力和提高国民素质的重要基础，使新加坡在国际激烈竞争中充满活力。1989 年，新加坡文化艺术咨询理事会颁布了《国家艺术发展报告书》，成为新加坡文化艺术发展分水岭。报告促进了国家对文化艺术的重要作用认识：赋予国家个性；提高生活质量；加强社会凝聚力；为旅游业和娱乐业服务。同时直接促成艺术理事会、国家文物局、新加坡滨海艺术中心、新加坡美术馆、亚洲文明博物馆、国家图书馆体系等机构和场所的建设。2002 年，新加坡政府公布"创意产业发展战略"，把艺术、经济、科技结合起来，将新加坡建设成文艺复兴城市、全球文化和商业设计中心、世界媒体城。政府为落实这一战略，投入巨资分期实施了"艺术无处不在计划""巧思妙想计划""艺术之旅计划"和"知识新加坡计划"，鼓励和扶持私人企业和机构创办文化创意机构从事文化创意活动，调动和扩大民众参与文化创意活动的积极性和参与面，形成新加坡特有的 3P（Public，Private，People）推动、3E（Every one，Every time，Every where）参与的文化发展机制。新加坡鼓励多元文化特色。这是一个多种族、多元文化的社会，为加强种族和谐，在立国之初，新加坡就确定了各民族平等的政策，鼓励多元文化共同发展。在新加坡，华人、马来人、印度人和其他人种分别占 76.8%、13.9%、7.9%、1.4%，其信仰、语言、习俗都不相同。新加坡实施"种族平等相处，文化多元并存"的政策，法律特别禁止伤害种族和谐、挑起宗教冲突的行为。新加坡的多元文化特色体现在众

---

① 侯聿瑶：《法国文化产业》，外语教学与研究出版社 2007 年版。

多方面。在官方语言设置上，马来语是新加坡的国语，英语、中文、马来语、泰米尔语同为官方语言；公共假日的设置上，新加坡每年有 11 天法定节假日，除元旦、国际劳动节和国庆节外，其余 8 天都是民族或宗教节日；佛教、基督教、印度教、伊斯兰教活动场所并存；社区各族大杂居，政府组屋居住严格按种族比例分配；学生混合就读，学校即是各族文化沟通融合之所。

美国纽约被称作"世界之都"，一直以来把城市文化品牌建设作为施政重点，政府发挥导向作用，建立服务志愿者机制、鼓励私人投资等措施，不断完善以文化品牌设施为依托的公共文化服务体系，2016 年数据显示，已建立了 300 多家免费博物馆、200 多家公共图书馆、近 300 家电影院、150 多家剧院、400 多家艺术画廊、50 多家书店和 150 多个公园和游乐场所，成为拥有包括百老汇、自由女神像、林肯艺术表演中心、大都会博物馆和国家自然历史博物馆等标志性文化服务项目在内的全美文化设施最多和媒体最为集中的城市。这些文化基础设施和各种传播媒体，共同拱卫纽约成为美国城市公共文化服务最发达的地区。在经济的全球化过程中，文化跨国公司扮演着掌控国际文化产业分工的重要角色，它们的投资大都与其文化品牌的衍生和转移相伴并行。利用中国传统文化资源而拍摄制作的美国好莱坞动画大片《功夫熊猫》《花木兰》，借助纽约国际传媒的力量，转化成为美国的卡通文化形象品牌，充分显示了纽约这座文化大都会超强的文化融汇能力。

美国芝加哥作为一个以制造业为主的老工业基地城市，从 20 世纪 70 年代开始衰退，进入 80 年代市政当局着手对城市文化资源进行发掘、遴选和价值再造，通过打造格兰特舞蹈节、湖滨音乐节、奶牛雕塑节、国际电影节、航空展和 sofa 艺术展等众多独具特色的系列城市文化品牌活动，兴建麦考米克会展中心（北美最大的会展设施）、千禧公园、海军码头、谢德水族馆、阿德勒天文馆等散发浓郁人文气息的城市文化设施，极大地吸引了众多优秀人力资源的云集和数以千万计游客的光临，城市经济结构和产业形态逐步摆脱了传统模式，由一个重工业城市成功实现了向"娱乐机器"的华丽转型，成为享誉全美乃至世界的文化名城。

三 城市文化品牌代表着城市竞争软实力

在一定历史阶段，城市之间的竞争，归根结底是城市文化品牌的竞争。城市文化品牌不仅具有人文属性，是一种社会正面认知和评价系统，而且具有商业属性，是引导和倡领文化产业的动力机制。因此，精心打造城市文化品牌，加快发展城市文化，是增强城市乃至国家文化国际话语权的必然要求，也是推动中华文化走向世界、保障国家文化安全的重要手段。构建城市文化品牌体系，不仅能够产生巨大经济效益，增强城市硬实力，而且能够释放强大的人文效应，显著提升城市文化软实力。

有鉴于此，西方发达国家的一些城市在构建文化品牌时，均把传播本国文化、维护国家文化的独立性作为根本出发点，把抵御异质文化侵袭、实现国家文化利益作为终极取向。美国洛杉矶市政府秉持国家利益至上和把控文化主导权的原则，通过出台电影法规、制定文化政策、鼓励私人投资、利用他国资源、开发境外市场、降低税收门槛等措施，鼓励和引导好莱坞电影公司制作和生产体现美国价值理念、彰显西方政治诉求的影片，并利用其业已建立起来的庞大快捷的跨国经营网络和渠道，不遗余力地将《泰坦尼克号》《辛德勒名单》《侏罗纪公园》《星球大战》《拯救大兵瑞恩》等好莱坞大片推销至世界电影市场，在赚取巨额商业利润的同时，把美式价值观传播到全球各国，潜移默化地熏染他国观众，也就是说，洛杉矶借助好莱坞电影品牌向世界各地源源不断地输出美国文化，在赢得文化话语权的同时进行文化殖民，攫取文化霸权。

韩国首尔恪守民族文化统一性和同一性的信条，通过设立影音分支公司、建立海外营销网络、全额补助翻译和制作费用、出资购买优秀历史剧版权等，注重开发传统文化资源，把电视剧产业作为民族传统文化和现代文化工业的有机结合体，不断推动韩剧快速发展，使以《大长今》《来自星星的你》《太阳的后裔》《继承者们》等为代表的韩剧在东亚乃至全球文化市场上大放异彩，成为持续升温、畅销流行的"韩流"，实现了传播韩国文化和获取经济利益的双赢。换言之，首尔以韩剧这一文化品牌维护韩国文化尊严，向世人展现韩国民族文化形象。

第二节　深圳文化品牌体系发展现状与存在问题

改革开放40年来，深圳始终站在时代前沿，主题创作活跃，传播社会主义核心价值观，弘扬国家主旋律，唱响"中国好声音"，形成了一批特色鲜明、影响力大的文化品牌。特别是"文化创新发展2020"实施以来，在顶层设计、发展规划、文化金融、体制机制等方面大胆创新，补齐短板和局限，筑"高原"、攀"高峰"，更加有力地推动了深圳文化繁荣兴盛。

一　深圳文艺品牌旗帜飘扬

特区建立之初，不仅开始在经济建设上创造奇迹，文化艺术发展也非常迅速，一些领域一度领时代风气之先。21世纪后，深圳文化步入关键的提升期，植入了先进的理念基因。21世纪的第二个十年里，深圳确立了建设与现代化国际化创新型城市相匹配的文化强市这一发展目标，将构建以国际先进城市为标杆的文化品牌体系作为文化发展的重大战略目标之一。

（一）深圳原创精品唱响新时代

在文艺精品创作上，深圳坚持以人民为中心的创作导向，弘扬国家主旋律，唱响"中国好声音"，把社会效益放在首位，努力实现社会效益和经济效益相统一。注重文艺正确的价值观，始终站在时代前沿，聚焦中国梦主题，传播社会主义核心价值观。在一系列国家级和国际性文艺评选中，"深圳制造"文艺精品都榜上有名。40年来，深圳为时代、为人民奉献了一批又一批有筋骨、有道德、有温度的优秀作品。深圳的文艺精品贵在脍炙人口、广为传播。《春天的故事》《走进新时代》《走向复兴》《迎风飘扬的旗》《放飞梦想》等深圳主旋律歌曲，歌颂民族复兴的伟大梦想；大型交响乐《人文颂》将中华传统文化精髓、社会主义核心价值向国际社会广泛传播；电视剧《钢铁是怎样炼成的》《命运》和广播剧《疍家小渔村》从不同角度描写特区建设的艰辛辉煌历程，激起人们继续奋进的热情；《走路上学》《有你才幸福》《金太狼的幸福生活》《兵峰》《大闹天宫》《全民目击》影视作品或品味亲情人伦，或赞美崇高信仰，或弘扬传统文化，都充满人性温度。动漫《熊出没》系列立足自然、环保、健康、快乐的主题，深度挖掘和传递亲情、友情、成长、希望、勇敢、快乐等正能量元素。这些具有全球视野、体现中国精神的作品，成为城市文化艺术最高水准的代表，在全国乃至国际上都能够叫得响、立得住、留得下。

2012年中宣部第十二届"五个一工程"评选中，深圳有5部作品获奖。2014年中宣部第十三届"五个一工程"评选中，深圳电影《全民目击》、动画电影《熊出没之夺宝熊兵》、电视剧《有你才幸福》、歌曲《放飞梦想》、广播剧《疍家小渔村》等7部作品获奖。2015—2016年，《鹰笛·雪莲》获得第七届欧洲万像国际华语电影节"最佳儿童故事片奖"、加拿大金枫叶国际电影节最佳儿童影片奖、第十三届圣地亚哥国际儿童电影节"故事片最佳音乐奖"。《你幸福我快乐》先后获第十一届美国百老汇国际电影节、美国第十三届世界民族多元化文化电影节七项大奖。《担杆岛上的猴子王》获2015年度中国电视纪录片学术委员会短片"十佳作品"奖。这些获奖作品涵盖了电影、电视剧、广播剧、歌曲等各个门类，呈现百花齐放的生动局面。

伟大祖国的重大节庆时点，总有深圳的声音嘹亮歌唱。党的十九大召开前后，深圳组织创作了一批迎庆的优秀歌曲。2017年，深圳歌曲《向往》《驶向远方》，广播剧《罗湖桥》《社区达人关大姐》，电影《熊出没之奇幻空间》（动画电影）和《鹰笛·雪莲》《水滴之梦》《决不姑息》，电视剧《好大一个家》《你是我的眼》《红旗漫卷西风》，电视动画片《聪明的顺溜》《正义红师》，图书报告文学《大国商帮——承载近代中国转型之重的粤商群体》，共14件作品获得广东省第十届"五个一工程"奖，占全省（共55件）的1/4。从广东省报往中宣部参评"五个一工程"的19件作品中，深圳有7件，分别是电影《中国推销员》、电视剧《铁血红安》、广播剧《罗湖桥》《社区达人关大姐》、歌曲《向往》《驶向远方》《爱国之恋》。其中，深圳歌曲《向往》《爱国之恋》、广播剧《罗湖桥》3件作品荣获全国"五个一工程"奖，占了广东省的3/4。

（二）精品创作和品牌活动相互促进

深圳坚持一手抓精品创作、一手策划举办品牌文化节庆，实现相互促进。文艺精品是实现市民文化权利的关键因素，始终与满足人民群众公共文化需求、建设公共文化服务体系紧密相连。文艺精品为市民提供了充足和高质量的节目资源；丰富多样的文化品牌活动拓展了文艺精品的市场，形成了促进文艺精品创作的良好氛围。2000年前后，深圳以建设高品位文化城市作为战略支撑点，创立了一系列品牌文化活动，成为城市文化特色的具象标志。通过精心组织策划，调动社会力量，深圳开展了"深圳读书月""市民文化大讲堂""创意十二月""社科普及周""鹏城金秋艺术节""大剧院艺术节""精品演出季"等专业演出和群众性文化活动，极大丰富了市民文化生活。现在，深圳奉献出一份"城市文化菜单"，以市民受众需求为导向，动态调整品牌活动形式和内容。《深圳文化创新发展（2020）实施方案》的指导精神要求继续办好文博会、读书月、创意十二月等传统品牌活动，同时积极引进中国国际合唱节等国家级文艺节庆落户深圳，创办国际科技影视周、"'一带一路'国际音乐节"等新的国际化品牌文化活动，形成"月月有主题，全年都精彩"的文化生活新局面。

2016年，围绕重大节庆时间点，深圳规划了一批国际标准的文化活动、精品创作。2017年是党的十九大召开，2018年是改革开放40周年，2019年是中华人民共和国成立70周年，2020年是深圳特区建立40周年，这些都是重大的时间节点。围绕纪念改革开放40周年，深圳策划创作长篇电视剧《面朝大海》，向辉煌的时代致敬献礼。2017年年初，该剧选定制作单位，由著名导演李路、著名编剧温豪杰等主创团队领衔创作。大型政论片《创新中国》是深圳精心打造的又一部高水平、高质量的电视政论片，通过讲述中国最新科技成就和创新故事，探讨中国的创新成长和给世界带来的影响，是庆祝改革开放40周年的一部受到追捧的精品。同时，深圳策划开展了以习仲勋同志在广东（深圳）重要史实为主题的重大题材美术创作《早春》，寓意丰富。

（三）政府资金发挥导向和带动作用

早在1994年，深圳就设立了市宣传文化发展专项基金。基金先后累计投入超过25亿元，资助重点文化项目约3000个。2014年、2015年两年扶持的文艺类项目达80个，资金投入约2000万元。2012年，深圳文化创意产业专项资金开始运作，出台《深圳市原创动漫产品、影视产品、舞台演出剧精品奖励办法》,2012—2015 年共资助文艺类项目约 450 个,资助金额 3.2 亿元,文艺创作和文化活动项目的资金投放量已超过总量的 2/3。2016 年,影视、动漫、舞台剧及文化艺术活动资助金额达 6000 万元。深圳一批文化活动品牌新的提升均获益于此,如在"钢琴之城"建设方面,资助了第三届深圳钢琴音乐节、第四届中国深圳国际钢琴协奏曲比赛创作选拔赛、"钢琴之城"第五届深圳钢琴公开赛、第十一届中国深圳文博会艺术节、第十一届外来青工文体节等。支持了一批满足市民文化权利的公益活动:"戏聚星期六""美丽星期天""剧汇星期天""深圳晚八点""艺术大观"等系列活动。深圳投入 6900 多万元资助开展群众性文化活动和会展项目,全年共资助艺术展览和论坛项目 32 个、群众文化活动 40 个。此外,深圳对文博会艺术节、大剧院艺术节、深圳中外艺术精品演出季(仅限引进的国外高端演出部分)中的演出剧目实行高雅艺术票价补贴,比如 2016 年古典名家名团系列音乐会(深圳音乐厅)、"艺术鹏城·保利悦赏季"(深圳保利剧院)、大型合唱音乐会《长征组歌》、歌剧《茶花女》(深圳大剧院)。

二 深圳体育品牌赛事提升城市形象

城市自产生以来,已经有 6000 年的历史,并伴随着人类社会的发展而发展。工业革命拉开了城市化建设的序幕,带来了现代城市建设的繁荣与发展,现代城市建设的地位和作用也大大增强,现代意义上的城市开始形成。[1] 现代城市是一个巨大的系统工程,是以经济、文化、体育、建筑、自然为特征,聚集经济效益、文化效益、体育效益、建筑效益、自然效益的地域空间系统。奥运会、世界杯、世界锦标赛和亚运会等大型国际体育赛事是一个相互联系的概念,这些体育赛事是促进现代城市建设的纽带。[2]

大型国际体育赛事作为国际大型节事的一种类型,是一项由主办国政

---

[1] 王志章、赵贞、谭霞:《从田园城市到知识城市:国外城市发展理论管窥》,《城市发展研究》2008 年第 17 期。
[2] Reeser J. C., Berg R. L., Rhea D., et al., "Motivation and Satifaction among Polyclinic Volunteers at the 2002 Winter Olympic and Paralympic Games", *British Journal of Sports Medicine*, Vol. 39, No. 4, 2005, pp. 20 – 26.

府组织或政府委托有关部门举办的、有较大影响的国际性体育赛事活动。[①]现代城市在建设过程中，通过大型国际体育赛事的举办，一方面，不断挖掘城市建设的自身潜能，提升了城市的政治、经济、文化和体育实力；另一方面，城市凭借举办大型国际体育赛事的机会，积极借助外部机遇与力量带动并实现了城市建设的后发超越式发展，一举跨入发达世界城市和国际知名体育城市之列。大型国际体育赛事作为国际大事件研究中的典型代表，它不仅作为一种源自城市外部而作用于城市内部的助推手段，还可以将全球目光集中于城市的本身。

举办大型国际体育赛事对现代城市建设产生重大而深远的影响。一些国际大型体育赛事已经成为举办城市的重大事件，并产生了巨大影响。大型国际体育赛事的举办不仅改善了现代城市规划建设的软、硬环境，提升了现代城市建设的声誉和吸引力，同时也拉动了现代城市经济、文化和旅游等产业的快速发展，提高了现代城市建设的国际知名度，树立了现代城市品牌，使现代城市建设实现了跨越式发展。

建市以来，深圳体育稳步发展。自2011年以来，深圳以筹办第26届世界大学生夏季运动会为契机，加大体育事业投入，加快转变体育发展方式。当前，深圳体育设施日趋完善，全民健身服务水平不断提高，体育产业不断发展壮大。一是体育设施日趋完善。新建大运中心等22个重大体育设施，维修改造深圳体育馆、市游泳跳水馆等36个大型场馆，大幅提升承办国内外大型赛事和文体活动的能力。全市健身路径达到3000余条，室内外篮球场635个，健身苑69个，体育场地面积达1443万平方米，市民健身、休闲环境得到明显改善。二是全民健身服务水平不断提高。出台《深圳经济特区促进全民健身条例》，深入实施《深圳市全民健身实施计划（2011—2015）》《深圳市体彩公益金资助全民健身设施管理办法》，为市民参与体育锻炼提供法律保障和政策支持。每年开展外来青工文体节、全民健身运动会等全民健身活动1600余项，经常参加体育锻炼的人数达344万人，培育了新年步步高登山、全民健身日、市民长跑日和全民健身月等群众性体育活动品牌。三是竞技体育实力不断提升。初步形成了市、

---

① 龙涛、张延平：《大型节事中志愿者参与动机的实证研究》，《旅游学刊》2011年第26期。

区、学校三级训练网络，游泳等8个项目被评为省示范基地，乒乓球等10个项目被评为省重点基地。深圳籍运动员参加2012年伦敦奥运会获2金3银佳绩，参加仁川亚运会获5金2银2铜佳绩。10名深圳籍运动员入选中国代表队，参加2016年里约奥运会，勇夺1金2银。体育人才队伍建设成绩显著，涌现出何姿、陈定、刘虹、罗茜、易建联、黄秋爽、莫有雪等一批优秀体育人才，入选国家队运动员人数超过40人。青少年足球水平稳步提升，深圳青少年女子足球队荣获广东省首届"省长杯"女足联赛冠军，深圳U15男足首夺2015年全国青少年锦标赛冠军。四是体育产业不断发展壮大。出台《深圳市促进体育产业发展的若干措施》及《深圳市促进体育产业发展专项资金管理办法》，形成"1+7"体育产业发展政策体系。成功举办WTA和ATP网球深圳公开赛、高尔夫深圳国际赛、中国网球大奖赛、足球国际冠军杯中国赛深圳站比赛、四国男篮精英赛、ITF国际网球元老巡回赛等10余项高水平体育赛事，"中国杯"帆船赛被列为"2016国内十大赛事"，深圳国际马拉松获评金牌赛事并首次由央视全程直播，影响力进一步提升。成功引进东莞新世纪篮球队、"八一"女排、陈静乒乓球俱乐部等落户深圳，同时拥有中甲、中乙职业足球队伍，职业体育发展迅速。2016年体育彩票总销售额达41亿元，同比增长5.1%。

以网球赛事为例。WTA（Women's Tennis Association）是世界女子职业网球的管理组织，也是世界著名的女子体育组织。目前有来自约100个国家的2500多名注册球员参加巡回赛，在全球33个国家中组织的54站比赛以及4项大满贯赛事，赛事总奖金额超过1.39亿美元。深圳公开赛属于国际巡回赛，同类别赛事全球共计33站，在2017年，赛事总奖金提升50%，达到新高75万美元——这使深圳成为WTA巡回赛国际赛事级别中奖金最为丰厚的赛事。深圳国际女子网球公开赛（简称深圳网球公开赛、深圳公开赛）从2013赛季开始首次举办，与澳大利亚举办的布里斯班网球赛和新西兰奥克兰ASB网球赛同周，作为澳网热身赛的第一站进行，规格为奖金总额50万美元，冠军积分280分，是WTA全球巡回赛中的其中一站国际级赛事。深圳网球赛也成为除中国网球公开赛和广州国际女子网球公开赛之后，中国大陆同时运行的第三站WTA巡回赛事。深圳公开赛自2013年到2017年已经成功举办了5届，作为WTA新赛季的首周比赛，深圳公开赛为每一位参赛球员鼓起了新征程的风帆，为每一位到访的球迷留下了难忘的回忆，也收获了来自各方的好评与点赞。高水平的赛事争夺吸引到了国内外各大媒体争相报道，CCTV5以及CCTV5+更是历年一贯对赛事部分场次进行现场直播或录播。五届赛事的成功举办，为深圳公开赛积淀了人气，蓄足了马力。接下来，赛事或将迎来更进一步发展的良机。

三 深圳设计品牌促进产业转型发展

2008年12月8日，深圳被联合国教科文组织全球创意城市网络认定为"设计之都"，成为中国首个、世界第6个获此殊荣的城市。

谈到深圳设计，必须要从深圳的平面设计说起。深圳设计发轫于平面设计，随后工业设计、服装设计、建筑设计、空间设计等设计业齐头并进，彰显出深圳的当代生活理念、价值观与美学主张。

深圳的平面设计是从1992年"平面设计在中国"起步发家的。当时的影响力可以说是中国平面设计现代运动的一个开始，一个萌芽。25年里，办了十届"平面设计在中国"大展，影响到了中国乃至亚洲地区，甚至世界。平面设计在中国的提出，体现了深圳人的自信，也是构建深圳设计之都的一个基石。

随着30多年的发展，深圳其他行业，比如建筑、室内、服装、珠宝等，都在崛起。从2008年申请设计之都成功之后，深圳的设计在各个行业里面都呈现了相互学习、相互影响、相互竞争的态势。尤其是在政府的推动下，无数个国际性的设计大奖落户深圳，比如影响世界的新锐奖、七彩奖等，正因为这些奖项的设置，使得深圳成为全球设计师关注的地点。深圳设计呈现两个特点，一是探索性，特别是在平面设计方面，在20多年的历程中，一直体现出对设计前沿的探索与思考。这一点可以在每一届的"平面设计在中国"展览的获奖作品中看到。二是与商业、社会的紧密结合，因为深圳设计师服务的都是社会各界。深圳的设计大多数是从社会实用、商业销售，从生活方面来展开的，这种与客户、与当下的紧密结合呈现的作品，也是深圳设计展现的明显特征。深圳设计包含在各行各业，如服装、建筑、室内、工业等多方面，设计不是孤立无援，而是设计与产业进行深度融合。在深圳，设计以人为本的特征也非常明显，深圳设计并非高高在上，已融入市民平常生活当中。深圳设计的高科技、国际化、创新性、人文性和时尚性，都是十分明显的。设计要传达城市的观念，当代的价值观，时代的审美鉴赏力，与生活和产业的融合，带动了产业的转型升级，培育了新的经济增长点。

深圳设计的国际化和前瞻性，它的设计哲学和设计实践，具有了与世界设计舞台平等对话的能力。① 深圳是中国第一个被联合国教科文组织命名为"设计之都"的城市，深圳在联合国教科文组织创意城市网络里，具有重要的话语权，尤其在"设计之都"子网络里，举足轻重。联合国教科文组织深圳创意设计新锐奖永久落户深圳，以及世界设计组织对深圳设计周和环球设计大奖的重视，足以证明深圳设计在联合国教科文组织和世界设计界有着重要影响力。

设计改变生活，设计也在改变未来。深圳取得"设计之都"的称号已十年。从这十年来看，人们对设计的认知越来越深，对设计的认可度也越来越高。日渐繁荣的设计刷新的不仅是物质形态，更是深圳人的思想与观念。设计之都显著的成就，是整体社会对设计的认可。这一点，从深圳取得"设计之都"荣誉后体现得特别明显。近十年来，设计已经从专业群体走向社会、走向大众。从政府、媒体、企业到老百姓的消费，都可以看出对设计要求越来越高，设计已成为人们生活审美的一部分，成为提升个人生活品质的一个基本诉求。

从深圳设计的历史发展来看，大致经历了起步发展、稳步成长、巩固提高、规范发展四个时期。

一是起步发展期。随着深圳改革开放和城市化进程进入一定历史阶段，在20世纪90年代前后，设计业应运而生。第一，随着城市的快速建设发展，高楼、商场的建筑设计、室内设计、平面设计萌芽发展；第二，随着商品经济的活跃，围绕着产品推广，广告设计需求不断扩大；第三，随着当时世界制造业产业转移，尤其是香港制造业转移，工业设计、服装设计、珠宝设计等开始发展。2004年，第一届文博会在深圳举办，深圳提

---

① 《深圳设计　勇立潮头》，《南方都市报》2017年12月26日。

出建设"设计之都"目标,以工业设计、平面设计、建筑设计、服装设计、室内设计、游戏设计、软件设计等为代表的设计业进入了蓬勃发展阶段,浪尖、嘉兰图等企业频频获得国际奖项,飞亚达在国际钟表界崭露头角,"平面设计在中国"展览被视为中国最权威的平面设计大赛,水贝珠宝一条街则依靠最流行的设计年产值逾800亿元,涌现出陈邵华、王粤飞、韩家英、毕学峰等一批蜚声中外的设计大师。

二是稳步成长期。2008年12月8日,深圳被联合国教科文组织授予"设计之都"称号,成为中国首个、全球第6个获此殊荣的城市。上海、北京分别于2010年、2012年获得这一称号。联合国教科文组织评价道:"由于本地政府的大力支持,深圳在设计产业方面拥有巩固的地位。它鲜活的平面设计和工业设计部门,快速发展的数字内容和在线互动设计,以及采用先进的技术和环保方案的包装设计,均享有特别的声誉。深圳还强调设计理念,他们把设计当作一个战略工具指导城市转型。"以此为契机,深圳出台《关于促进创意设计业发展的若干意见》《关于加快深圳工业设计发展的若干措施》《关于促进对外文化贸易的若干意见》,不断完善产业扶持政策。每年的12月7日被定为"深圳创意设计日"。每年12月举办"创意十二月"活动,文化创意设计产业园兴起,产业集群效应初现。

三是巩固提高期。这一时期围绕《深圳文化创意产业振兴发展规划(2011—2015)》,与全球其他创意城市开展国际交流活动,举办"中国设计大展""深圳时装周""深圳国际创客周",加快推动建设创意产业园和设计基地,形成集研发、设计、展示、培训、交流、服务、商务等功能于一体的核心区域,发动民间力量举办各类"创意成果展""设计展"活动,形成全民创意态势,开展环境营造、服务平台建设、产业基地建设、人才建设、知识产权保护等配套保障工作。

四是规范发展期。按照"健全机制、优化平台、突出重点、制度先行"的方针,全面推动"设计之都"相关建设工作,初步形成了一套工作机制,起草制定了一批规范性文件,跟踪扶持了一批文化创意企业,策划组织了一批重大活动,规范化、可持续发展的机制初步建立。成立了市"设计之都"工作领导小组,市政府主要领导亲自担任组长,领导小组办公室设在市委宣传部,为领导小组的具体办事机构。市委对外宣传办公室加挂市设计之都推广办公室的牌子，作为"设计之都"工作领导小组办公室的执行机构，承担落实上级部署、联络有关机构、统筹全市创意文化发展等职责。

《深圳文化创新发展2020（实施方案）》推动了深圳设计进一步发展，取得新的成效：

一是举办国际品牌设计活动，提升城市设计地位。打造有影响力的国际品牌设计活动是提升城市国际设计界地位的重要手段。深圳策划举办"深圳设计周""深圳环球设计大奖""深圳创意设计新锐奖"等一系列国际品牌设计活动。2013年在联合国教科文组织支持下，举办了首届"深圳创意设计新锐奖"，面向全球创意城市网络成员城市的青年设计师征集作品，以一个中国城市的名义鼓励、扶持全球青年设计师成长发展。2017年4月21日至28日，首届深圳设计周圆满举办。国际设计理事会主席大卫·格罗斯曼、世界设计组织主席路易莎·波切托出席，活动举办期间共有将近10万人次参观、参与，200多位来自全球15个国家和地区的200多位顶尖设计师、超过2000件作品汇聚深圳。2018年4月20日晚，首届深圳环球设计大奖颁奖典礼在深圳广电集团1800平方米演播大厅成功举办。上海岸峰工业设计公司与北京一英里科技有限公司联合开发的光环电动折叠车Halo City赢得20万美元"全场大奖"。深圳环球设计大奖总奖金100万美元，目标成为设计界的"奥斯卡"，旨在发掘独具前瞻力、创造力、驱动力、影响力的设计师及优秀设计作品，增强国内外设计界的交流，鼓励创意设计的产业化发展以及创意设计理念的推广。参与大奖评选的有来自美国、法国、意大利、西班牙、加拿大、奥地利、澳大利亚、土耳其、中国港澳台等12个国家与地区的1014件作品。大奖的顺利评审和成功颁发为其成长为全球设计界的"奥斯卡"夯实了基础。

二是积极开展全球推介，参与国际活动，赢得话语权。加强国际专业交流，展示城市设计力量，塑造全球设计新生领导力量形象一直是深圳的雄心和追求。在制定《深圳文化创新发展2020（实施方案）》时，特别强调要突出创意设计产业在深圳文化产业发展中的领军地位。2015年4月深圳市"设计之都"推广促进会受邀参加奥地利格拉茨设计月。

2016年6月27日，第二届深圳创意设计新锐奖颁奖典礼暨优秀作品展在巴黎中国文化中心隆重举行。来自世界各地的 16 个获奖选手或团队获得奖杯及证书。2016 年 10 月 24 日，2017 年首届深圳设计周暨深圳创意设计新锐奖推介会在法国巴黎市中心的雅典娜广场酒店举行。2017 年 2 月 22 日，深圳作为中意文化合作交流机制的 25 家中方成员单位之一，受到习近平主席与意大利总统马塔雷拉的集体会见。深圳设计师代表团连续 3 届参加法国圣艾蒂安设计双年展、伦敦设计节、赫尔辛基设计周、蒙特利尔设计节、柏林设计节等。2017 年全球最负盛名的德国 iF 设计大奖中，深圳企业揽得 142 项，占中国企业获奖项目的 36%，连续 6 年居全国大中城市首位。鉴于深圳设计近年来迅速上升的影响力，在 2017 年联合国教科文组织创意城市网络年会上，深圳作为 22 个设计之都城市的召集人，主持召开会议，话语权极大提升。2017 年 6 月 30 日至 7 月 2 日第十一届联合国教科文组织创意城市网络年会在法国昂吉莱班举行，作为中国第一个、全球第六个"设计之都"，深圳在提升城市创意设计水平以及打造有全球影响的重点活动等方面均受到全球 116 个国家和地区代表的高度关注。

三是推动深港设计合作，引领带动粤港澳产业升级发展。注重引入香港设计界的优秀资源，共同推动大湾区设计产业的发展。深圳市设计之都推广促进会与香港设计总会 2015 年签署了《深港设计策动合作备忘录》。深圳市设计之都推广办公室与香港商务及经济发展局于 2016 年签署了《深港关于促进创意产业合作的协议》。2016 年举办了第二届深港设计双年展，获得巨大成功，成为两地设计界的盛事。香港特首林郑月娥女士高度关注深港设计交流合作，在她的关心支持下，深港两地将在前海设立"深港设计创意产业园"。随着深港设计产业快速发展，未来以深港为龙头的设计界大湾区合作圈渐渐成型，必将带动整个珠三角地区的产业升级。

四 深圳文化品牌建设存在的问题

（一）文艺创作和文化品牌的短板亟待修补

如果说文化是一个城市的灵魂，那么文化品牌就代表了一个城市的活力，也体现着一个城市的魅力。伦敦在"文化活力和产业"部分排名第一，名副其实。"伦敦市长肯·科文斯说过：'正是伦敦的文化优势，才使其成为一个了不起的都市，很少人到伦敦访问只是为了这里的银行家。这个城市让人怀念之处，不仅在于它的经济，而更在于它的文化成就。'"
"在'开放、迷人、自信和动力无限'的品牌格调基础上，伦敦的'文化多元化、无限创造性、充满机会以及无穷积极的推动力'的品牌价值也凸显了出来"。为了不断增强城市的活力和魅力，也为了吸引国内外游客，促进经济特别是旅游经济的发展，伦敦每年举办几十项大型国际文化活动。而每一年的大型文化活动，除了传统活动，都是在前一年就策划好的，并且通过各种媒体向世界公布。2009年，伦敦的大型文化活动就有60多项，而其中大多数都是国际性的。如1月的"新年游行"和"伦敦艺术展览会"；2月的"中国新年庆典"和"伦敦时尚周末"；3月的"河王之争"和"活力展"；4月的"伦敦华神马拉松赛"和"伦敦高尔夫展"；5月的"青年艺术节"和"伦敦城市节"；6月的"伦敦国际音乐展""品味伦敦""伦敦国际戏剧节"和"温布尔登草地网球锦标赛"；7月的"逍遥音乐会""伦敦设计节""市长泰晤士节"和"英国国际车展"；8月的"诺丁山嘉年华"和"伦敦铁人三项赛"；9月的"伦敦时尚周末"和"英国之旅"；10月的"世界艺术锦标赛""英国电影协会伦敦电影节"和"伦敦十月啤酒节"；11月的"伦敦市长游行暨烟火表演"和"伦敦BBC美食展"；12月的"网球大师赛""河畔冰雪节"和"除夕庆典"。节日庆典活动是伦敦城市营销沟通的重要手段之一，伦敦在举办城市活动方面是不遗余力的，几乎每个月都会有一次大型的庆典活动。其中一些惯例化的、成功的节日活动，如Regent Street的点灯仪式、每年8月的狂欢节、皇家庆典等已成为其特殊的"产品"。这些"产品"的知名度、认知度及其对提升伦敦城市形象的贡献极为重大，不仅每年吸引了大量的游客，同时随着电视的转播使数亿观众了解了伦敦。伦敦另一位市长肯·里维斯都恩说："广大的而且是愈来愈多的重要人物来伦敦参加庆祝活动，比去纽约的多一倍，比去巴黎的多50%。"

再以中国首都北京为参照系，北京的文艺创作活跃，文化品牌丰富，也是国际上少见的文化遗产特别丰富的城市，市俗民情、民间艺术、胡同民居、宗教信仰、节事活动等都具有强烈的吸引力。进入21世纪，北京在举办世界性大型文化活动方面进步巨大，目前已经形成传统的有较大影响的文化节庆活动有"相约北京艺术节""北京国际音乐节""北京国际马拉松赛""仁君京国际漩密次化节""北京国际时尚文化节""北京中国网球公开赛"等,但这些文化节庆活动与"巴黎国际时装节""法兰克福图书节""慕尼黑啤酒节""伦敦铁人三项赛""里约狂欢节""马德里斗牛节"和洛杉矶的"奥斯卡金像奖颁奖典礼"等世界著名节庆相比,影响力还相应差不少。北京市已经认识到,要继续提升北京文化名城的世界知名度和影响力,就应该创建一两个具有北京特色的世界文化节日。对于深圳来讲,更应该审视警醒,迎头赶上。

对比世界名城和北京、上海、广州,深圳文学、戏剧、电影等艺术门类实力相对较弱,在全国叫得响、立得住的文艺精品总体数量不够,名列全国文艺创作第一方阵的大家不多,缺少大型的综合文艺场馆,缺乏配套完善的文艺教育基地;文艺创作队伍、机构的管理体制和机制有待完善,文艺资源没能有效优化配置,精品创作的市场化程度不高。具有国际影响力的文化品牌不多,城市文化特点仍不鲜明、整体魅力不强。具体而言,存在的问题如下:

城市本身缺乏丰厚历史文化积淀和承传有序的文艺创作传统;专业队伍不稳定,人才结构不合理,优秀人才短缺,尤其缺少文艺大师;文艺人才引进机制不尽适用,人才选拔渠道仍有障碍。缺乏人才培训基地,人才培养能力薄弱;培训各门类艺术队伍时还缺乏长期规划、措施和配套政策。文艺门类发展失衡,个别艺术门类薄弱。影视、音乐创作实力相对较强,缺乏舞台剧精品。高水平舞台剧等精品创作仍需依靠从市外邀请大量专家完成。文学原创能力不强。作为各门类文艺精品基础的文学创作实力不强,优秀成果还不多,不能给其他艺术门类的创作提供有力支撑。民营文化实体规模偏小、力量分散,需整合形成合力。规模较大、有较强影响力、辐射力,能带动起一个文化链发展的文艺龙头实体尚未成型。规模较大的国有文化实体如深圳电视台、华侨城集团没能发挥核心凝聚力,未起到推介深圳文艺精品,包装深圳本土文化明星的作用。

21世纪以来,随着文化立市战略的稳步推进,深圳的文化品牌建设获得了长足进步,形成了"文博会""读书月""创意十二月"等一批在全国有一定影响的知名文化品牌,但深圳的文化品牌主要集中在文化活动方面，文化精品品牌以及图书出版、文艺院团、影视制作等文化企事业品牌屈指可数。与建成现代化国际化创新型城市的要求相比，深圳的品牌文化节庆和高端体育赛事不多，深圳缺乏知名的大型文化节庆（如金鸡百花电影节、金鹰节）和一批可以长期运作的文艺品牌，亟须搭建国内外演艺界的交流平台，树立深圳文化艺术的新地标，城市文化形象和国际影响力有待进一步提升。数据显示，伦敦大型常设性文化节庆活动多达 200 个，香港有近 50 个，北京、上海也有 20 多个，而深圳只有 10 个左右，有国际影响的更少。为此，深圳创造性地提出建立"深圳城市文化菜单"，希望通过这个菜单，将深圳重大文化品牌活动进行整合和提升，在活动数量和质量上进行"双提升"，不断提升公共文化服务质量和效能，提升国际化城市形象。

（二）深圳尚缺大型高端体育赛事的支撑

体育赛事作为"人类社会生活中大规模的社会实践"和"一种规模宏大的社会文化系统的整体性行为"[①]不仅仅是物种意义上的人的生物性活动，也是人文意义上的人的文化活动。职业棒球、职业篮球、职业橄榄球和职业冰球是美国影响最大、发展最为完善的职业体育项目。它们是美国传统文化与现代竞技文化有机结合的产物，在某种程度上，美国的职业体育是美国社会的一个缩影，包含球队、球员、投资方、联盟、政府之间的复杂关系，体现了美国社会的规则制度。布鲁姆（Brohm, J. M.）在《体育：测量时间的监狱》里所提到的，"首先，（体育）在意识形态上再造了资本主义的社会关系，例如民主选举、统治集团、屈服和服从等。其次，它传播着特定体育机构的意识形态，包括竞争、纪录和成绩；最后，它也大规模传播着占统治地位的资产阶级意识形态，如超人神话、个人主义、社会成就、成功和效率等"[②]。

从历史来看，承办世界杯、奥运会等体育赛事或活动，都持续推动了境内外观光热潮，提升了城市文明形象。例如，2008 年成功举办奥运会后，北京旅游业实现将近 10% 的增长率，2009 年接待旅游总人数 1.67 亿

---

① 袁旦：《〈美国体育管理理论与实践〉评介》，《体育文化导刊》2003 年第 1 期。
② Brohm, J. M., *A Prison of Measured Time*, Ink Links, 1978, p. 77.

人次，至 2017 年，北京旅游总人数达 2.97 亿人次，鸟巢、水立方成为北京的新地标和最富吸引力的旅游景点。①

意大利城市都灵把举办国际体育赛事作为提升城市形象的重要因素，多年来举办过多项体育赛事，包括都灵国际马拉松赛、世界滑雪锦标赛、欧洲俱乐部杯足球赛等重要赛事。其举办国际体育赛事的顶峰是战胜包括赫尔辛基在内的 5 个欧洲城市，获得 2006 年奥林匹克冬季运动会主办权。都灵 1998 年申办 2006 年冬季奥运会主要出于三个方面的考虑，一是通过冬季奥运会开发旅游业，二是通过主办奥运会推动经济的新发展，三是通过奥运会打破人们心目中都灵是一个汽车工业城市的刻板印象。

欧洲体育城市选择与组级国际体育赛事的模式非常明晰。其一，选择举办高级别赛事，且不同赛事相补充。欧洲各体育城市国际赛事的特点是：赛事的等级高，以国际顶级为主；既有固定赛事，也有一次性赛事。其二，选择职业化程度高，或具有大众喜爱的项目赛事。竞赛项目要么是奥运会中的主要大项，如田径、游泳，要么是备受大众喜爱的项目，如足球、网球等。其三，与体育旅游产业结合紧密。各体育城市积极探索体育赛事和当地旅游的资源整合。其四，形成政府支持，专业性私营公司营运的组织模式。赛事公司对当地的体育场馆、组织、政府、赞助商、观众和媒体有深入的了解和研究，同时与当地的体育、旅游、商业和公园管理部门均保持着良好的关系。

再对照芬兰的赫尔辛基、英国的曼彻斯特、荷兰的鹿特丹等国际发达城市举办体育赛事活动的经验可以发现，其赛事的等级高，以国际顶级为主；既有固定赛事，也有一次性赛事；赛事项目是奥运会大项或人们喜爱的项目。深圳在举办重大赛事方面，如体育赛事规模与等级、市场运作等方面还存在差距，需要集中力量举办若干次国际最高等级体育赛事。

建设国际化大都市是深圳的目标。深圳已经成功举办过第 26 届世界大学生夏季运动会，目前，深圳与国际大都市标准相对照，差距整体明显，主要的差距并不完全是硬件，而在于软件。尤其是在城市开放程度、城市对外国人吸引力、国际文化活动和与外国人交往能力等方面。根据欧

---

① 《2017 年北京旅游业数据统计》，2018 年 2 月 28 日，中商情报网。

洲发达城市的经验，举办大型国际体育赛事对于改善这些城市软实力具有巨大的作用，这也是欧洲国家发达城市纷纷举办国际重大体育赛事的主要原因之一。

从综合性运动会来说，深圳还未举办过洲际和世界性赛事，如亚洲运动会和奥运会；从最高等级的单项体育赛事来说，我国还未举办过最重要的世界杯男子足球赛；深圳也还未举办过田径、游泳、羽毛球等重要单项的最高等级的世界性比赛。"十三五"及之后的一段时间内，深圳如果不能保持目前举办国际体育大赛的良好局面，就有可能出现城市形象整体下滑的现象。

从英国曼彻斯特申办奥运会的经验看，申办奥运会最能有力地促进城市建设。在奥运历史上，一个国家举办过两次以上奥运会的国家有希腊、法国、美国、英国、瑞典、德国、澳大利亚等国，其中美国已举办过4次（1904年、1932年、1984年、1996年）。同一座城市举办过两届奥运会的有法国巴黎、美国洛杉矶、英国伦敦、瑞典的斯德哥尔摩和希腊的雅典。2012年第30届奥运会是英国伦敦第三次举办奥运会（1908年、1948年、2012年）。深圳应把2008年北京奥运会后的若干年再次申办奥运会作为举办综合性运动会的战略目标，把承办世界杯男子足球赛作为举办单项国际最高等级体育赛事的战略目标。同时，世界田径锦标赛、世界游泳锦标赛、汤姆斯尤伯杯羽毛球赛或苏迪曼杯羽毛球赛、世界篮球锦标赛、世界排球锦标赛等，都应当纳入可申办的国际体育大赛范围之中。

由于我国长期实行计划经济，政府掌握着重要的资源，在各个领域都处于支配地位，社会力量还不够强大。多年来，深圳市举办国内外重大体育赛事主要还是由政府支持，赛事运作时，需要由政府出面支撑的方面还比较多。换言之，如果降低了政府的支撑力度，承办赛事的企业就有可能出现赤字。为了使定期举办国际体育大赛成为深圳市经济社会发展、体育产业发展的重要组成部分，有必要制定深圳市举办国际体育大赛规划，从战略发展高度思考和规划，并与发展城市旅游相结合，以便使其更协调地融入深圳市经济社会发展规划，更好地为市民服务，为构建和谐城市服务。在2020年前，深圳应当举办一次，乃至若干次国际顶级的体育赛事，以便迎接这一宏伟目标的基本实现。

(三) 深圳设计的问题与不足

20世纪末创意经济时代来临，开启了创意城市的理论研究热潮。探究其核心思想，可以追溯到英国维多利亚时期反对实用主义经济学，大力倡导注重创造性人类活动和接受力的"艺术经济学"的"文化经济学"奠基人 John Ruskin 和 William Morris。创意城市的两大特点是信息技术、创意，其重点在于"创意"，即做事的方式或者说是考虑问题的角度。创意城市主要有四个特点，即特质、氛围、人才和产业。创意城市定义为拥有鲜明的特质，即独特的城市资源，并且拥有极富宽容且创造性的社会环境与人文关怀，能够吸引创意人才和创意阶层，通过发展创意产业，推动地区或区域经济发展。

日本名古屋文化创意产业一个直观的体现就是城市规划设计极好，市内整齐清洁，绿荫夹道，鲜花吐芬。名古屋港湾隐蔽，不受风浪影响，且因为古迹而获得了美誉。又可在城市各处感受到浓厚的日本传统人文气息。日本非常注重创意城市基础建设，创意城市和文化创意产业发展并行实施，名古屋紧邻丰田公司本部所在地，设计与汽车零配件材料供应商的大量聚集，为名古屋打造汽车设计之城奠定了创意基础。

韩国首尔文化创意产业发展一枝独秀。首尔曾经是在以建设和产业为基础、功能和效果为中心的理念下开发出的"硬城市"，重新设计首尔的目的就是将其改变为以文化和设计为中心的"软首尔"，其核心就是"复活拥有秀丽景观的健康生态之都、安全与美丽共存的设计之都"。首尔历经数十年的现代化发展，已经成功地从单纯注重经济重建，转向对社会文化价值的积极追求。创意与设计的理念，已经渗透首尔市民的日常生活中。第一，中央政府规划。1999年韩国政府成为亚洲第一个将其文化政策与施政措施导入"市场化"方针的国家，文化与观光部也进行法规松绑，鼓励文创产业成长。第二，地方政府相应作为。在中央政府政策引导下，首尔市政府也积极推动文创产业，并且开拓国际知名度，成为创意城市典范。首尔因其软、硬件方面条件，吸引韩国国内大量创意人才纷至沓来。第三，积极建设首尔的文化园区。首尔市政府为建设"文化园区"提供了支持文创产业的实体基础设施。以此帮助打造首尔成为创意治理典范，并协助增长首尔的文化软实力与竞争力。①

  第二次世界大战之后,世界各国都致力于经济发展和工业振兴,工业设计业随之呈现新的格局。德国设计经历了一个艰难的恢复过程,德意志民族长于思辨的理性主义设计性格,使德国的设计形成了独特的风格,出现"有机形态"和"自然材料"的设计探索,以及极力主张技术美学的设计理论。柏林的发展和设计密不可分,创意设计照亮了每个行业,从支柱产业的汽车业,到不起眼的文具产品;从每天阅读的书报,到家具家电等耐用品,每一件产品都有设计的元素。而企业又是创意设计的中坚力量,每一件产品背后都有强大的企业团队在开动脑筋、设计创新——要么用人性化的设计去最大限度地满足消费者方便、舒适、高质量的生活需求;要么用艺术的手法和色彩去包装和展示产品,满足消费者的感观审美享受。在柏林,设计具有多样性,是具有创造力和跨学科的工作。柏林设计之都建设的政策与措施有:一是政府支持补贴。政府对创意设计产业大力支持,除了税收等政策向设计产业倾斜外,柏林市政府对创意设计产业的直接物质支持有资金扶持和场地减租。二是广泛的社会支持。比如在顾客最多的百货商场的二楼划出一块区域,让年轻设计师设计的时装在此陈列和销售。宝马公司等每年都会资助很多文化设计活动,如 DMY 国际设计节向年轻设计师提供 16 平方米展位却只收 200 欧元,不足部分全靠宝马公司补贴。② 三是举办节庆活动。柏林文化创意活动活跃频繁,每天都有许多文化活动或事件,如"柏林国际设计节""设计 5 月""柏林造型设计",而在设计领域最具国际影响力和权威性的就是德国的 iF 设计大奖。四是吸引创意人才。政府投入了大量的人力物力,制定了政策以给创意人才提供完善的配套体系。比如柏林政府退出了房租控制机制等保障外国人才在柏林生活的基础条件,推出微型贷款政策,使创业团队不分国籍而优惠获取低利率的创业基金。③ 五是完善行业组织机制。良好有效的行业组织机制,将原本松散的柏林设计力量和设计资源有机整合起来。

---

  ① [韩]姜锡一:《韩国文化产业》,外语教学与研究出版社 2009 年版。
  ② 辜晓进、韦杰:《柏林创意设计:政府和企业是幕后推手》,《深圳特区报》2009 年 7 月 3 日。
  ③ 王慧敏、王兴全:《创意设计之都:全球概览与上海战略》,上海社会科学院出版社 2014 年版,第 51 页。

对比先进城市，深圳虽然已经获得"设计之都"称号，取得了一定成绩，但深圳设计的发展仍存在不可忽视的问题，一是新形势下"深圳设计"在政策设计、品牌建设和国际化等方面亟须新的提升。二是设计教育和创新人才培养相对薄弱，职业培训和认证与产业发展不匹配，亟须引进国际知名设计学院来补短板。三是设计公共服务平台、知识产权保护等保障服务体系不够完善，统筹全市建设和推广深圳设计品牌的资源配备不足，不利于"深圳设计"可持续发展，亟须予以完善。为此有必要把握全球创意设计业发展趋势和规律，结合深圳科技发展迅速、产业配套完备、信息媒介发达、市场机制成熟特点，着力建设推广"深圳设计"品牌，推动传统产业转型升级，提升城市品位，增加民生福祉，提高城市美誉度。经过努力，把深圳建设为国内外设计产业高地、设计人文高地、设计公共服务高地、设计品牌高地，并逐渐形成与现代化国际化创新型城市相匹配的城市文化特色，成为国内外知名的时尚创意先锋城市。

第三节 深圳文化品牌体系建构策略

习近平总书记在党的十九大报告中提出，要繁荣文艺创作，坚持思想精深、艺术精湛、制作精良相统一，加强现实题材创作，不断推出讴歌党、讴歌祖国、讴歌人民、讴歌英雄的精品力作；要完善公共文化服务体系，深入实施文化惠民工程，丰富群众性文化活动。在这一精神的统领下，《深圳文化创新发展2020（实施方案）》提出"构建以国际先进城市为标杆的文化品牌体系"的目标和任务，通过举办系列品牌文化节庆活动来凸显城市文化魅力。

一 深圳打造城市文化品牌的新方向

以市民受众需求为导向，深圳建立了"城市文化菜单"，动态调整品牌活动形式和内容，不断提升文博会、高交会、读书月、创意十二月、深圳国际创客周等重大文化活动的水平，努力打造深圳"一带一路"国际音乐季、深圳国际科技影视周、深圳国际摄影大展、深圳设计周、中国图片大赛等一系列新的文化品牌活动，形成"月月有主题，全年都精彩"的文化生活新局面。

打造城市文化品牌需要强化创新意识。"城市文化品牌的形成实际上就是将城市文化资源转化为城市文化形象、文化资本和文化竞争力的过程,这就需要通过发掘文化资源,创新形式和载体,通过'文化+'的方式来打造文化品牌。"[1] 深圳建市时间短、文化资源相对缺乏,更需要通过创新的方式以及政府和市场的双重力量来集聚文化资源并将其转化为文化品牌,中国(深圳)国际文化产业博览交易会品牌正是这样形成的。通过创新来建立"城市文化菜单",形成"月月有主题,全年都精彩"的文化生活新局面;通过创新来创名报、名刊、名台、名团、名社、名馆、名作,以形成多样化的深圳文化品牌体系。

打造城市文化品牌需要差异定位和特色发展。在城市发展过程中,每个时代在城市中都积淀下各具特色的记忆,它们是城市的灵魂和魅力之所在,并构成城市文化软实力的重要因素。城市特质、文化轨迹和历史遗存是城市记忆的历史凸显,它是通过城市文化资源的可持续性保护与利用来实现的。"城市文化品牌的推广是塑造城市良好形象的重要途径,这就需要找准城市文化品牌的载体,譬如一个城市的名胜古迹、自然风光、文化传统、民俗风情、历史事件、杰出人物、创意作品、节庆活动、精神风貌等。"[2]

打造城市文化品牌需要建立联动机制。城市文化品牌是多样化和多层次的体系,所以一座城市要打造文化品牌必须建立联动机制。既要建立起政府、企业、社会的联动机制,还要建立起市区的联动机制,要调动和发挥各类主体的积极性,在各项创造、生产和活动中融入文化因子和质量意识,共同推动文化品牌建设。

打造城市文化品牌需要加强"运营"管理。一个知名的文化品牌会产生难以估计的"光环效应",即通过对品牌的打造、管理和宣传推介,能使其影响力和辐射力得到持续强化,当这种强化达到一定程度时,其品牌的价值就会辐射其他相关领域,所以应通过强化"运营"管理来放大深圳

---

[1] 中子:《打造文化品牌是提升城市文化影响力的关键》,《深圳特区报》2016年5月9日。
[2] 吴忠:《提升城市文化软实力的意义与路径选择》,《学术界》2011年5月总第156期。

文化品牌的"光环效应",使其成为推动城市整体发展的强劲动力。

同时,深圳将不断创新文化交流,"走出去"树立国际化城市新形象。深圳曾经多次参加国家文化部的例牌对外交流活动"欢乐春节"并受好评。近几年,继《神州和乐》之后,深圳的大型合唱交响曲《人文颂》远涉世界三大洲,在法国、马其顿、保加利亚、美国等地掀起了深圳文化国际化高潮,也引起儒家文化圈的强烈共鸣。紧扣"一带一路"主题,深圳将继续努力打造新的既有民族性又有世界性的精品,作为中华文化"走出去"的载体。加强影视、音乐等深圳优势文艺门类与港台以及日韩、欧美的合作,朝国际化方向迈进。加强与中央部委的合作,承接新的国家重大对外文化交流项目。深圳联络国家文化部,尝试承接设立海外中国文化中心的任务,努力加强与联合国教科文组织在城市规划、教育、文化等领域的合作,建立与国际文化大都市之间的常态交流机制,争取在多个国际艺术舞台亮相,提升深圳文化的国际影响力。

二 深圳推动体育产业发展的路径

深圳承办大型国际体育赛事的基础条件。大型国际体育赛事的顺利开展需要主办城市多方面条件支撑,经过多年的建设和发展,深圳已具备承办大型国际体育赛事的良好基础条件。

深圳城市综合经济实力强大。在高科技、金融等支柱产业引领带动下,深圳已经成功跨入"2万亿俱乐部"城市行列。服务业经济发展势头强劲,第三产业增加值占比超过60%。城乡居民收入水平较高,居国内大中城市前列,强大的综合经济实力为深圳承办好各类大型体育赛事奠定扎实稳定的经济基础。综合交通网络更加健全。经过多年规划建设,深圳作为国家级重要综合交通枢纽城市地位基本确立。场馆设施建设粗具规模。近年来,深圳加大各类体育基础设施建设力度,大运场馆、"春茧"体育场、网球中心、游泳馆等一批场馆,为举办洲际性和全国性综合运动会、田径赛、足球赛以及国际单项体育赛事提供了较为可靠的场馆条件。特别是大运会办赛办会为深圳积累了丰富经验。

举办品牌体育赛事是与深圳城市形象塑造协同发展的。要选择举办高级别赛事,且不同赛事相补充。选择职业化程度高,或具有大众喜爱的项目赛事。要与体育旅游产业紧密结合。积极探索体育赛事和当地旅游的资源整合。探索形成政府支持，专业性私营公司营运的组织模式，加强国际体育赛事市场运作。

当前，深圳着手修订完善《关于促进体育产业发展的若干措施》和操作规程等配套文件，启动体育产业专项资助第一批扶持计划。成功举办WTA和ATP网球深圳公开赛、中国杯帆船赛、NBA中国赛深圳站比赛、高尔夫深圳国际赛、2017坪山网球公开赛、中国排球联赛全明星赛、足球国际冠军杯中国站等重大赛事，2018年中国乒乓球公开赛落户深圳。大力发展职业足球，深圳市足球俱乐部佳兆队、深圳人人足球俱乐部分别位居今年中甲、中乙联赛积分榜前列。深圳猎豹篮球队参加CBA比赛进入季后赛4强，深圳国体排球俱乐部成功晋级甲A联赛，德国拜仁慕尼黑足球俱乐部全球第一所全日制足球学校落户深圳，职业竞技体育队伍发展再上新台阶。同时不断完善体育产业统计调查工作机制，推动市体育产业行业协会良好运作。

深圳借助大型国际体育赛事提升国际化城市形象重点要关注几个方面。

第一，全力做好国际体育赛事保障工作。坚持诚信办赛、规范办赛原则，加强与国际体育组织的沟通、联系，充分尊重国际体育赛事的惯例、规则和建议。围绕服务赛事、服务运动员的要求，统筹谋划和有序开展各项前期准备工作，做好外事接待、媒体服务、安全保卫、志愿者招聘和培训等方面的前期准备工作。大力推进航空、铁路、公路、水路等建设，完善国际性交通枢纽功能，着力构建现代综合交通体系。重点建设大型体育场馆设施及周边配套设施，特别是轨道交通等重大交通工程，确保新建各大体育场馆及设施在赛事举办前的规定时间内，能够顺利建成并投入使用。加强与国内外媒体的交流沟通，结合深圳市每年举办和参加的各类境内外活动，进一步加大城市宣传推广力度，让世界更多地知道深圳，了解深圳。

第二，提升国际体育赛事组织水平。坚持"政府引导、企业主导、市场运作"模式，创新体育赛事的开发和推广模式，形成市场化、多元化、专业化办赛形式。完善体育赛事管理机制，结合"四张清单一张网"建设，研究取消体育赛事领域不合理的前置审批事项，建立规范、便民、高效的审批工作机制。强化对体育赛事事中、事后监管，建立重大体育赛事统计、评估制度。探索将亚运会部分赛事合理安排到深圳都市经济圈其他城市的模式，让更多群众参与体育运动、赛事效应惠及更多城市。加强与国内外体育组织等专业机构的交流合作。扩大本土赛事品牌的国际知名度，继续大力培育以帆船、游泳、赛艇、皮划艇等项目为重点的"水上运动"赛事品牌。

第三，创新赛后体育场馆利用机制。按照国际一流水准，加快推进重点体育场馆建设和改造升级，完善体育场馆设施管理体制，加强统筹管理。兼顾赛事需要和赛后利用，积极推行体育场馆布局、设计、建设、运营管理一体化模式。建立权责明晰、协调高效、运作规范的体育场馆经营模式，探索采用改制、承包、租赁等多种方式，实现大型体育场馆所有权和经营权分离，推动有实力的专业化机构参与体育场馆经营管理活动。支持场馆运营主体通过管理输出、资本输出、品牌输出等形式实现规模化、专业化运营。鼓励各类体育场馆运用物联网等信息技术，拓展服务内容，开展复合型经营，提高运营效率。积极探索体育场馆冠名等无形资产开发形式，拓展场馆收入来源。

第四，增强政府社会服务管理能力。依托"平安深圳""法治深圳"的良好基础，构建一套完善的治安保障系统和应急处理系统，确保赛事安全、有序地举办。建立由安保指挥系统和赛事组织保障系统组成的联合指挥平台，明确报告流程和应急处置流程。强化技术防范、定点人力配置和机动巡查，加强赛会重大活动安全保障。按照赛事组织方案，各责任部门认真制定赛前应急预案，并进行演练，提高赛事期间应对突发事件的能力，有效应对因民众短时间内大规模聚集而形成的治安等方面压力。加强督促检查、整改问题，确保赛事举办工作无死角、无漏洞、无隐患，为各项体育赛事的举办创造安全环境。加强政府社会管理能力建设，促进行政手段更加规范化、法制化、高效化，增强行政执法的透明度，加快形成与国际惯例相接轨、具有现代化城市管理经验的政府公共服务体系。

第五，加快体育产业国际化步伐。以现有大型赛事为契机，大力发展体育赛会经济，促进体育赛事与文化创意、教育培训、休闲旅游、会展服务、现代商贸、中介服务等产业融合。开拓对外体育交流合作渠道，扩大区域间、国际和洲际的体育交流，进一步提升深圳体育产业对外开放层次和水平。借助文博会、高博会等大型活动，积极举办游艇、户外用品、体育用品等专业化体育品牌展会。加强体育市场开发，将重大体育产业项目纳入招商引资范围，支持国际知名体育企业、知名品牌等入驻深圳。建立互惠互利互通的体育产业发展联动机制，支持深圳优势体育企业与国际体育机构交流合作，通过海外并购、联合经营、设立分支机构、共建营销等方式，推动体育文化产品、服务、品牌和项目"走出去"，开拓境外市场，全面提高体育产业国际化水平。

三 深圳设计提升的思路

城市文化品牌运行的内在逻辑告诉我们，品牌打造需要政府主导，文化企业作为主体。文化企业扩张绝不是通过自身的资本积累来完成的，而是大多借助公司制形式向社会融资，以及企业间的联合、合并、收购等方式来实现的，深圳的腾讯公司、华强文化集团等知名文化企业即为例证。这就要求深圳应把握文化产业扩张化的特点与规律，借鉴美国洛杉矶做大做强好莱坞电影品牌、打造世界梦幻工场的成功经验，以资本、业务、经营等为纽带，采取联合、重组、兼并等现代企业运作手段，突破市场分割，破除行业界限，发展一批跨地区、跨行业的大型文化企业和文化产业集团，实现产业联系密切的文化企业及相关机构的集聚，将各种优质生产经营管理要素凝聚到文化产品之中，为构建深圳文化产业品牌体系创造有利条件。

第一，制度性要素是深圳设计竞争力提升的一个突破点。随着市场经济的发展和人民生活水平的提高，人们对设计的需求愈发强烈多样。同时，市场的消费者群体也呈现"碎片化"的特征，特别是经济发达地区，对设计的需求向高阶段演进。全球化竞争时代，提升设计产业的竞争力不仅是市场经济的需求，也是城市文化品牌的需求。发展设计产业，必须要做到政府、企业、学界三方的结合。在这个系统中，政府政策、法律法规、行业规则所起到的作用非常巨大。在改革开放、社会主义市场经济初期的经验表明，政府出台强有力的政策是设计产业发展所必需的保障。而市场经济为设计发展提供了广大的空间，可以说现代市场中的任何行业都需要设计产业的服务和支持。主管设计产业发展的部门要摆脱管理思维，并非要事无巨细地进行行业管理，而是重在提供公共服务。其主要功能在于统计行业数据、引导行业发展、培养良好的社会环境。市场需要建立新的共识，以对设计工作背后的知识价值和投入进行合理的定价。首先，管理部门的重要工作之一就是统计行业数据，为行业分析提供材料，为行业发展提供参考。行业统计数据是设计产业主体性构成，成为市场经济组成的重要部分。其次，法律法规方面需对平面设计产业给予充分的保护。设计产业属于版权产业，是专利保护法的保护对象之一。设计产业的产品具有快速、无形、多样化的特征，因而在相关审查批准方面还需要提高速度以适应市场经济的快速成长。最后，行业规则要具有一定的灵活性。设计协会是必需的平台，通过各个行业协会打造的行业公共空间，促进全行业各企业、设计师的交流，促进新技术的扩散和应用，同时加强国际交流与合作。

第二，技术创新是设计产业竞争力提升的一个关键要素。熊彼特认为技术创新就是"建立一种新的生产函数"，也就是把一种从来没有过的生产要素和生产条件的新组合引入到生产体系中去。具体表现包括：引进新产品；采用新技术或者新的生产方法；开辟新的市场；控制原材料的新供应来源；引入新的生产组织形式。[1] 比如，传统媒体在20世纪后期的兴盛为平面设计带来巨大的市场需求，促进了平面设计产业的初创。新媒体兴起后，设计需要不断及时采用新的技术形式进行创作和生产，并且调整生产组织形式。设计的内涵也在发生改变，不再仅仅是原来图纸上的，而是加入各种电子、信息技术，在软件、硬件的支持下成为多媒体展示的一部分。设计产业还应该建立完善的技术考核体系，目前众多的设计比赛，不能比而不赛，应该逐渐建立权威评价体系，将设计专业技术化，尝试专业资格认证。技术应该成为衡量设计从业者的重要标准，技术考核系统要有助于设计师明晰职业前景，有利于设计产业人才的培养和深造。

第三，人才是设计产业发展的重要驱动力。根据设计专业的规律，最

---

[1] ［美］熊彼特：《经济发展理论》，邹建平译，北京出版社2008年版。

应该做的就是改变教育思路，搭建设计专业人才教育的科学体系，教育与研究同时发展，实务与理论教育并行。

第四，资本要素对设计产业的推动作用越来越大。资本在促进设计企业发展壮大，特别是集团化方面会起到有力的推动作用。如 WPP 集团近些年来一系列的收购、扩张活动。[①] 在边际效益最大化的基础上，加强对资本的吸收和利用，来扩大设计企业的规模。在资本的驱使下，具有一定规模的设计公司可以尝试集团化发展以及上市的可能。

具体而言，虽然深圳设计业的发展具备了一定基础，但和国际先进城市比，还有相当大的差距。纽约、巴黎、伦敦等发达城市，都有着辐射全球的强大设计产业。《深圳文化创新发展 2020（实施方案）》着力推动深圳设计迈上新的平台，成效显著。据统计，2016 年，以创意设计业为龙头之一的深圳文化创意产业保持健康快速发展态势，实现增加值 1949.7 亿元，增长 11%，占 GDP 的比重达 10%。"深圳设计"迎来新机遇新发展，持续发展的思路可以概括为：出台一个纲领性规划文件；办好"环球设计大奖"；建设一个专业设计学院；设立一个海外推广中心；完善一个保障体系。

出台一个纲领性文件。围绕推进以科技创新为核心的全面创新，结合粤港澳湾区发展规划，以深圳市委市政府名义制定一个推动深圳设计创新发展的纲领性文件，作为新形势下"深圳设计"重新出发、辐射全球的基石。

办好"环球设计大奖"。从第二届"深圳设计周"开始，举办"环球设计大奖"，总奖金为 100 万美元，打造设计界"奥斯卡"，占据全球设计制高点。

建设一个专业设计学院。与国际顶级设计学院合作，在深圳建设一个专业性的专业学院，为深圳创意设计培养一流人才。同时，配套设计师职业培训和认证体系。

设立一个海外推广中心。在纽约、巴黎或者米兰，设立一个"深圳设

---

① 陈刚、孙美玲：《结构、制度、要素——对中国广告产业的发展的解析》，《广告大观》（理论版）2011 年第 4 期。

计海外推广中心",吸纳国际设计资源,加强国际设计交流,实现"深圳设计"的"本土表达、中华风格、全球视野"。首选城市为意大利米兰,作为落实习近平主席与意大利总统马塔雷拉会见成果的具体举措。

完善一个保障体系。一是人员的保障。充实深圳设计之都办公室人员队伍,增加设计公共服务平台建设编制,可以从机构和人员方面考虑进一步强化全市统筹创意设计发展的力量。二是资金的保障。由于深圳设计仍然没有设计专门基金,在吸引国际设计、创意机构落户深圳、引进全球一流设计人才、推动设计创新发展等方面的力度不够。为此,需要统筹规划、详细论证,建立完善深圳设计的人员资金保障体系。

第四节 案例

一 城市文化菜单

表3-1 2018年深圳城市文化菜单一览(总计31项)

举办时间	序号	活动名称	主办单位	承办单位	主要内容
1月 (共2项)	1	新春关爱行动	深圳市文明委	深圳市文明办、深圳市关爱办等	围绕"爱在深圳、情暖鹏城"主题,结合改革开放40周年,动员各界以各种形式奉献爱心,推出"感恩慰问""温暖回家""在深过年""文化服务""志愿服务""扶贫援建"等活动,弘扬深圳精神,让改革开放成果更多惠及深圳市民,提升市民对深圳的家园感和归属感,增强城市的暖度。2018年举办时间为1—3月
	2	WTA深圳国际女子网球公开赛	中国网球协会、深圳市文体旅游局、中央电视台(CCTV-IMG)	深圳市龙岗区文体旅游局、佳兆业文体旅游集团、深圳市弘金地体育产业有限公司	国际女子职业网球联赛事体系中的一站,深圳最高级别网球赛事(国际巡回赛280积分)。赛事历时8天,包括32名女子单打(正赛)、16对女子双打(正赛)和16名女子单打资格赛
2月 (共2项)	3	联合国教科文组织创意城市网络深圳创意设计新锐奖	联合国教科文组织支持、深圳市设计之都推广办公室主办	深圳市设计之都推广促进会	具有国际影响力和水准的顶级创意设计类赛事,奠定了深圳在创意城市网络中的地位及"设计之都"品牌影响力。奖项分为至尊奖、优秀奖及新星奖(学生组)三类(两年一届)

续表

举办时间	序号	活动名称	主办单位	承办单位	主要内容
2月（共2项）	4	深圳国际魔术节	中共深圳市委宣传部、深圳市文学艺术界联合会	中国魔术文化创意产业基地、深圳市杂技家协会、华侨城欢乐谷旅游公司	首次举办国际性的魔术公开赛，包括成年和少年赛事交流、滑稽表演、魔术道具展示、魔术精品照片展览、魔术讲座进社区、奇妙魔法屋体验馆等一系列丰富多彩的活动
3月（共3项）	5	深圳"一带一路"国际音乐季	中国音乐家协会、深圳市人民政府	深圳市对外文化交流协会、深圳市文体旅游局	展示和挖掘"一带一路"沿线64个国家在音乐领域的特色和亮点，同时欢迎世界其他国家和地区的优秀音乐艺术团组以"丝绸之路"为主题积极参与，为观众呈现一场文化艺术盛宴
	6	深圳国际水墨画双年展	深圳市人民政府	深圳画院	目前全世界唯一专注于水墨技法绘画的展览，也是一项常设性国际艺术交流活动（两年一届）
	7	深圳时装周	深圳市人民政府	深圳市经济贸易和信息化委员会组织、深圳市服装行业协会承办	中国服装品牌走向国际的重要平台和海外设计师与中国服装界合作的最佳窗口，包括秀场发布和设计师静态展示等活动
4月（共3项）	8	深圳设计周暨深圳环球设计大奖	深圳市人民政府	深圳市设计之都推广办公室	旨在瞄准国际顶级设计活动定位，比照伦敦、纽约、米兰等创意城市做法，打造国际文化交流、城市品牌推广、设计成果展示交易、设计服务和设计普及的平台。同期举办的深圳环球设计奖以打造"设计界的奥斯卡"为目标，力图吸引全球最顶尖的设计作品参赛，并由世界设计界权威人士评选出大奖
	9	中国（深圳）国际水彩画双年展	中国美术家协会、深圳市文学艺术界联合会、深圳市罗湖区人民政府	中国文联美术艺术中心、中国美术家协会水彩画艺术委员会、中共深圳市罗湖区委宣传部（区文化体育局）	首届中国（深圳）国际水彩画双年展将于2018年4月开幕并巡展，是水彩画领域的一项国家级文化活动以及国际水彩艺术交流活动（两年一届）
	10	深圳湾飓风——流行音乐节暨"音乐风云榜"年度盛典	深圳市南山区人民政府	光线传媒集团	通过举办一系列各音乐流派的专场活动、街头艺人巡演等百余场活动，促进本土流行音乐发展，并面向国内外流行乐坛具有一定成就、较高知名度的歌手、团体颁发专业奖项

续表

举办时间	序号	活动名称	主办单位	承办单位	主要内容
5月 (共3项)	11	中国（深圳）国际文化产业博览交易会	文化部、国家新闻出版广电总局、商务部、中国贸促会、广东省人民政府、深圳市人民政府	深圳报业集团、深圳广播电影电视集团、深圳出版发行集团、深圳国际文化产业博览会有限公司	我国最具影响力的国家级、国际化、综合性文化产业博览交易会，以博览和交易为核心，全力打造中国文化产品与项目交易平台，促进和拉动中国文化产业发展，积极推动中国文化产品走向世界，被誉为"中国文化产业第一展"。其间将配套举办中国（深圳）文博会艺术节，推出一系列高水准的中外舞台艺术精品展演等活动。2018年5月将举办第十四届
	12	中国版画大展	中国版画学会、深圳市龙华区委区政府	中国美协版画艺委会、中国版画博物馆	是中国版画学会（筹）计划设立的两个常设版画项目之一，是版画艺术领域的学术性、全国性大展，鉴于观澜版画艺术博物馆的影响以及规模，经过协商，中国版画大展以双年展的方式永久落户中国版画博物馆，目前已成功举办两届，2018年5月计划举办第三届（两年一届）
	13	2018年国际乒联世界巡回赛白金系列赛·中国公开赛（深圳站）	国家体育总局乒羽中心、中国乒乓球协会	深圳市文体旅游局、深圳市宝安区人民政府、佳兆业体育产业（深圳）有限公司	中国乒乓球公开赛作为一项传统性国际大赛，是国际乒联世界巡回赛白金系列赛之一，在国际乒坛具有显著的地位。比赛项目为男单、女单、男双、女双
6月 (共1项)	14	深圳国际摄影大展	中国摄影家协会、深圳市文学艺术界联合会	深圳市摄影家协会	"深圳国际摄影大展"以"人文·都市·科技"为总主题，设立征稿主题展览、主题学术研讨会、专题展、邀请展、分会场展览、产品展销六大板块，每年举办一次，是深圳着力打造的国际性摄影艺术交流平台和新的城市文化名片

续表

举办时间	序号	活动名称	主办单位	承办单位	主要内容
7月（共3项）	15	世界杯国际标准舞世界公开赛	中国舞蹈家协会、中国文学艺术基金会支持、中国国际标准舞总会支持，深圳市对外文化交流协会、深圳市文体旅游局、深圳市文学艺术界联合会、深圳市福田区人民政府	深圳市舞蹈家协会、深圳市港龙文化体育有限公司、深圳市东方国际标准舞交流中心	是亚太区规格最高、规模最大的国标舞赛事之一，大赛历时五天，包括180个组别及亚太区国家对抗赛（中国、美国、俄罗斯、日本、韩国、澳大利亚）、青少年国家对抗赛（英国、中国、俄罗斯、乌克兰、摩尔多瓦、意大利）、国际俱乐部师生对抗赛（中国深圳、中国上海、中国香港、俄罗斯等参赛国家和地区）
	16	"深圳舞蹈月"	中共深圳市委宣传部、深圳市文学艺术界联合会	深圳市舞蹈家协会	是深圳唯一一个以舞蹈为主题的系列活动，主要内容涵盖舞蹈赛事、展演、创作培训、主题研讨会等板块。展演部分以深港澳舞蹈交流展演和WDS街舞展演为主，赛事方面每年有世界杯国际标准舞世界公开赛，2017年举办的深圳青少年舞蹈比赛每两年一届，2018年将有广东省岭南舞蹈大赛在深举办。"深圳舞蹈月"将打造一个走向国际的舞蹈交流平台
	17	深圳动漫节	深圳广播电影电视集团	深圳动漫节组委会、深圳国家动漫画产业基地、深圳市文化产业（国际）会展有限公司、深圳广播电影电视文化产业有限公司	是深圳本土最大型的动漫系列活动，自2009年起于每年暑假期间举行，吸引了青少年、家庭群体的广泛关注，被国家文化部评为全国四大动漫节展之一。2018年将举办第十届
8月（共1项）	18	中国图片大赛	新华社中国图片社、中共深圳市委宣传部、中宣部学习出版社、中华人民共和国国史学会	深圳报业集团深圳晚报社、中国图片社新媒体图品中心	2018年是中国改革开放40周年，为纪念改革开放伟业的艰辛不易、卓著功勋，永远铭记这一抉择的历史必然、难忘记忆和珍贵经验，第二届中国图片大赛以"巨变中国"为主题，以全球视角，以影像图片记录、展示、讲述这一波澜壮阔的历史进程，进一步将中国图片大赛打造成坚定"四个自信"的文化符号和精神标识

续表

举办时间	序号	活动名称	主办单位	承办单位	主要内容
9月 （共5项）	19	深圳（国际）科技影视周	中国科学技术协会、深圳市人民政府	中共深圳市委宣传部、深圳市科学技术协会、深圳市文体旅游局	通过整合和利用科技＋文化＋影视＋N等内容和元素，进一步提升深圳创新文化氛围，打造一个集纳"科、新、高、特、趣"特点的大众科技影视周，更广泛地通过社区、企业渗透城市文化创新，彰显现代化、国际化城市文化创新特质，为持续推进建设"深圳质量"品质城市发挥积极作用。2018年将举办第三届
	20	ATP深圳国际男子网球公开赛	中国网球协会	深圳市文体旅游局、深圳市龙岗区文体旅游局、深圳市弘金地体育产业有限公司、佳兆业文体旅游集团	国际男子职业网球协会的高级别国际网球赛事，下设单打、双打两项赛事
	21	深圳大剧院艺术节	深圳大剧院		创新性大型综合性文艺展演活动，包括声乐、交响、舞蹈、戏剧等表现形式
	22	大芬国际油画双年展	中国美术家协会、中共深圳市委宣传部、深圳市文学艺术界联合会、深圳市龙岗区人民政府	中国文联美术艺术中心、深圳市美术家协会、深圳市龙岗区文化产业发展办公室、深圳市龙岗区布吉街道办事处	本届双年展是一个注重学术性、艺术性的国际化高端展览，参展作品挑选来自世界五大洲具有影响力的艺术家的代表作品，通过油画这一载体，吸引国内外艺术机构和艺术家聚焦深圳、聚焦大芬（两年一届）
	23	世界无人机锦标赛	国际航空联合会、国家体育总局航管中心	深圳市文体旅游局、佳兆业文体旅游集团	无人机项目最高规格、最高水平的比赛，也是世界首次举办的无人机赛事
10月 （共2项）	24	深圳国际创客周	深圳市人民政府	深圳市科技创新委员会、深圳市发展和改革委员会、深圳市教育局、深圳市人力资源和社会保障局、共青团深圳市委员会等	通过创客及双创成果展会、主题论坛、创客马拉松、创客工坊和创新创业大赛等多种形式，展示深圳国家创新型城市形象和"双创"成果
	25	中国杯帆船赛	国家体育总局水上运动管理中心、中国帆船帆板运动协会、深圳市文体旅游局	深圳市大鹏新区管理委员会、深圳市纵横四海航海赛事管理有限公司	亚洲第一、世界第三的航海赛事，2010年起列入国际帆联官方赛历的常规赛事，五次荣获"亚洲最佳帆船赛"。赛事为期4天，由拉力赛和场地赛组成

第三章　创新城市文化品牌体系　　109

续表

举办时间	序号	活动名称	主办单位	承办单位	主要内容
11月 （共3项）	26	中国国际高新技术成果交易会	商务部、科技部、工业和信息化部、国家发改委、农业部、国家知识产权局、中国科学院、中国工程院、深圳市人民政府	深圳市中国国际高新技术成果交易中心	中国规模最大、最具影响力的科技类展会，被誉为"中国科技第一展"，活动集成果交易、产品展示、高层论坛、项目招商、合作交流于一体
	27	深圳读书月	中共深圳市委宣传部、深圳市文明办、深圳市文体旅游局、深圳市教育局、深圳市关心下一代工作委员会	深圳出版发行集团总承办	2000年创立的大型综合性群众读书文化活动，秉承营造书香社会、实现市民文化权利的宗旨，以"阅读·进步·圆梦"为总主题，每年举办深圳读书论坛、经典诗文朗诵会、年度十大好书评选、温馨阅读夜等数百项读书文化活动
	28	中国国际新媒体短片节	国家新闻出版广电总局、深圳市人民政府	深圳市文体旅游局、深圳市光明新区管理委员会、深圳广播电影电视集团	中国唯一的国家级、国际性短片节，与北京电影节和上海电影节并列为中国三大国际性影视文化盛事
12月 （共3项）	29	创意十二月	中共深圳市委宣传部、深圳市文体旅游局、深圳市文学艺术界联合会、深圳市设计之都推广办公室	深圳报业集团、深圳广播电影电视集团、深圳出版发行集团、深圳市创意文化中心	是深圳的年度综合性城市文化盛事，通过全市创意活动在12月的集中展示，激发市民对创意的激情，打造成具有影响力、成长力、创意力的创意博览会、创新策源地和创造孵化器。内容涵盖文化创意、科技、教育、艺术等领域
	30	中国设计大展	文化部、广东省人民政府、深圳市人民政府	文化部艺术司、中共深圳市委宣传部、深圳市文体旅游局	中国规格最高、最权威的国家级设计展览，集中展示当代中国设计最新成果，引领中国设计创新发展（三年一届）
	31	深圳国际马拉松	中国田径协会、深圳市人民政府	深圳市文体旅游局、智美赛事营运管理（浙江）有限公司	大型国际性体育赛事，被国际田联授予"铜标"赛事称号、被中国田径协会授予"金牌"赛事称号。赛事设马拉松、半程马拉松及6公里跑三个比赛项目。比赛路线主要围绕具有深圳坐标轴之称的深南大道进行

图 3-1　2018 年深圳城市文化菜单（5 月）

图 3-2　2018 年深圳城市文化菜单（8 月）

二　"一带一路"国际音乐季

为呼应国家"一带一路"倡议，致力于打造一个汇聚、融通、交流、互动的广阔平台，展示"一带一路"沿线国家和地区多姿多彩的民族音乐艺术，为构建人类命运共同体做出积极贡献，深圳市人民政府和中国音乐家协会联合主办了深圳"一带一路"国际音乐季（以下简称"音乐季"）。文明因交流而多彩，文明因互鉴而丰富。2017 年、2018 年两届"音乐季"的成功举办，进一步提升了深圳城市的文化品位，对于建设竞争力影响力卓著的创新引领型全球城市具有积极意义，也是落实《深圳文化创新发展 2020（实施方案）》，打造深圳文化新名片的一次全新创举。

　　"音乐季"组委会定位高端,秉持高规格、高水准、国际化的原则,携手中国音乐家协会,邀请了多名国内顶尖的音乐家组建艺术委员会,负责节目的邀约和遴选。"音乐季"既着力引进"一带一路"沿线国家的优秀表演艺术团体,展示和挖掘64个沿线国家在音乐领域的特色和亮点,也盛情邀约奥地利等欧美国家的顶尖交响乐团、爵士乐队和器乐大师,同时还吸纳中国本土优秀音乐团体和新锐艺术家加入,兼容并包地演绎"一带一路"沿线国家和地区的音乐作品。为确保专业化、国际化和社会化特色,秉承专业机构承办专业节庆活动的宗旨,"音乐季"由政府主导、市场运作,旨在打造深圳城市重要国际节庆品牌的同时,促进国际文化艺术市场的健康有序发展。

　　2017年3月25日—4月16日,首届深圳"一带一路"国际音乐季在深圳音乐厅、深圳大剧院、保利剧院等多个主要剧院举行,23天时间里呈现16场国际音乐盛宴。从艺术门类上看,"音乐季"涵盖了"交响名团""中国旋律"和"高贵典雅·室内乐"三个板块,兼顾了古典与流行、东方与西方、传统与新锐等不同类型的优秀音乐作品。具体包括:奥地利维也纳交响乐团、香港中乐团、澳门乐团、深圳交响乐团、中国国家交响乐团"五大乐团";台湾优人神鼓"听海之心"、"梅兰竹菊"国乐六大家专场,"中国旋律"悠扬灵动;"国际爵士之夜"、加拿大铜管五重奏"雪国号角"、竖琴王子夏维尔·德·梅斯特"琴动法兰西",携手成就"高贵典雅·室内乐"。

　　"音乐季"与深圳周边成熟的香港艺术节,澳门艺术节共同发展,扩大深圳文化影响力,增强国际化城市美誉度。"音乐季"注重原创,着力打造品牌。参照国际专业艺术节庆的办节模式,以委约创作的形式广邀艺术家以"一带一路"概念为主题进行创作,从长远角度培育原创剧目和艺术精品。其中,著名音乐家、中国音协主席叶小钢创作的作品《长城》在国内首演;"吕嘉与澳门乐团音乐会"演奏的《远去的桅杆》专场音乐会、"梅兰竹菊"国乐六大家专场音乐会等均是委约创作作品。2017年"音乐季"开幕式音乐会中印度西塔琴协奏曲《欢庆》则是音乐家专门献给"音乐季"的作品。低票价惠民也是"音乐季"的特色,"音乐季"力争形成以国家支持、政府主导、专业机构运营的办节模式。演出的定价普遍低于市场价格,绝大多数演出场次均设置50—80元最低票价,最高票价控制在千元以内。绝大部分演出180元以下低票价座位占比超过50%,通过政府补贴的方式,实现低票价惠民,吸引更多观众走进剧场、让深圳市民近距离享受实实在在的文化福利。

2018年"音乐季"的特点:一是国际化程度高。2018年音乐季共有来自40个国家和地区的16个团组,700多位艺术家参与演出,俄罗斯国家交响乐团、立陶宛爵士乐队、伊朗民族音乐团体、加勒比摇摆爵士乐团等国际知名艺术团队倾情演绎,国际化程度更高。二是演出时间长。2018音乐季从3月23日开幕,到4月29日闭幕,历时37天,再加上5月19日迪玛希的季后演出,整个活动时间更长,让市民可以有更多的机会聆听美妙的音乐。三是节目内容丰富。从艺术门类上看,"音乐季"涵盖了"巅峰之作、丝路之韵、大国之音、青春之歌、世界之声"等五大内容板块,兼顾古典与流行、东方与西方、传统与新锐等不同类型的优秀音乐作品。四是重磅节目多。本届音乐季有沈伟的委约新创作品《行意声》世界首演,有叶小钢最重要的第五交响乐作品交响诗《鲁迅》等。五是深圳元素突出。2018音乐季"青春之歌"的板块单独设置了"深圳骄傲"的专场演出,让五位从深圳走向世界舞台的青年艺术家齐聚深圳音乐厅,以歌声、琴声,展示艺术领域的"深圳力量",让世界聆听深圳的音乐之声。六是艺术延伸宽广。本届"音乐季"除了18场高水平演出外,还配套组织了以"新时代·新旋律——人类命运共同体下的音乐创新发展"为主题的当代音乐研讨会,在全市范围内举办多场大师讲座,"一带一路"音乐季逐步深入人心。

深圳"一带一路"国际音乐季的成功举办引起海内外强烈反响,填补了深圳高端国际性音乐节庆活动的空白,短短两年就树立了又一新的城市国际文化品牌。

图 3-3 深圳"一带一路"国际音乐季(1)

图 3-4 深圳"一带一路"国际音乐季(2)

三 深圳设计周

2017 年，深圳迎来首届深圳设计周。设计周由深圳市政府主办，市委宣传部（市设计之都推广办公室）组织，联合国教科文组织创意城市网络支持的大型国际性设计盛会。作为深圳唯一的综合性、跨门类设计盛事活动，深圳设计周暨首届深圳环球设计大奖标志着深圳打造全球设计产业高地取得了又一重大进展，也标志着贯彻落实《深圳文化创新发展 2020（实施方案）》的工作取得新的成果。

第一，深圳设计周盛况空前，得到业内外极大关注。首届深圳设计周以"面向未来的设计"为主题，于 2017 年 4 月 21—28 日在深圳各区举行，主展馆设在蛇口海湾路的价值工厂。其间将举办主宾城市展、设计之都专题展、设计市集、设计之旅等众多设计类活动。2018 深圳设计周以"设计的可能"为主题，在主场馆之一的设计互联·海上世界文化艺术中心开幕，于 4 月 20—30 日成功举办，开幕当晚颁发了首届深圳环球设计大奖。共有来自美国、英国、法国、加拿大、意大利、西班牙、荷兰、墨西哥、日本、新加坡、中国香港、中国澳门、中国台湾等 25 个国家地区的超过 1000 名设计师参展或参会，作品超过 2500 件。60 余场展览活动更是亮点纷呈，覆盖工业、平面、时尚、建筑、室内等各个领域。主题展"设计的可能"中，来自 10 个国家的 15 组设计师、团队将他们最新的设计实践与探索进行展出，参展的 6 位东西方设计精英开展主题论坛分享。核心项目"粤港澳大湾区设计展"通过设计展览、学术论坛、设计师交流等多种形式，集中展现湾区百余位最具代表性设计师的数百幅作品。

第二，环球设计大奖颁发，深圳在全球设计界的话语权进一步提升。2018 年 4 月 20 日晚，首届深圳环球设计大奖颁奖典礼在深圳广电集团 1800 平方米演播大厅成功举办。最受期待的 20 万美元"全场大奖"最终由上海岸峰工业设计公司与北京一英里科技有限公司联合开发的光环电动折叠车 Halo City 赢得。深圳环球设计大奖总奖金 100 万美元，目标成为设计界的"奥斯卡"，旨在发掘独具前瞻力、创造力、驱动力、影响力的设计师及优秀设计作品，增强国内外设计界的交流，鼓励创意设计的产业化发展以及创意设计理念的推广。

大奖的顺利评审和成功颁发为其成长为全球设计界的"奥斯卡"打造了坚实的基础。来自美国、法国、意大利、西班牙、加拿大、奥地利、澳大利亚、土耳其、中国港澳台等 12 个国家与地区的 1014 件作品参与大奖评选。参赛的设计师及企业表示,环球设计大奖的评审团具有国际一流水准,评审过程公平公正,组织团队考虑周全,效率极高,为参赛者提供了上乘的服务,参赛体验很好,未来他们非常愿意继续报名参赛。

第三,首次引入主宾国概念,国际化色彩浓厚。2018 深圳设计周首次引入主宾国概念,意大利担任首个主宾国。意大利馆由大大小小相互连通又相对独立的小空间组成,其灵感来自古时丝绸之路上的商队,像一个网络将世界各地连接起来,将深圳与世界联系起来,既包含了意大利的广场文化、意大利人热情浪漫的性格特点,又结合了深圳的城市文化需求,给观众带来了一场别开生面的视觉体验。

为加强深圳与意大利设计界的交流,深圳设计周将 4 月 22 日定为"意大利日",当天在设计互联·海上世界文化艺术中心开展了工作坊、圆桌讨论等精彩活动,对意大利馆的先锋设计作品进行深度解读。从此次意大利参与活动的效果来看,主宾国这一做法是成功的,将作为深圳设计周的一个传统延续下去。西班牙和瑞士表达了担任 2019 年和 2020 年深圳设计周主宾国的意向。

第四,全球设计资源积极参与,"深圳设计"迸发蓬勃活力。深圳设计周不仅是设计界的专业盛事,更是一场全民参与、以设计为主题的全球创意盛会,正在成为名副其实的深圳国际文化名片。深圳设计周的成功得益于广泛发动和精心组织,调动了深圳设计全行业的资源。2018 深圳设计周共有 54 家机构参与承办相关内容,既有设计行业协会、社团、设计公司、个人工作室,也有热衷于设计事业的其他行业的企业等。其中深圳设计联合会、工业设计行业协会、深圳平面设计协会、室内建筑与设计行业协会、室内设计师协会、设计互联、田面设计之都产业园、插画协会、艺穗文化艺术中心等众多本土专业设计机构,都积极策划组织了相关活动参与本届设计周。除本市设计机构外，还有包括意大利设计师协会、都灵理工大学、米兰新美术学院、哈佛大学、纽约大学、香港教育大学、香港设计总会、香港设计中心、澳门设计师协会、澳门科技大学、北京设计周、武汉设计之都促进办公室、厦门设计周等机构，以及都灵、蒙特利尔、邓迪、圣艾蒂安、新加坡、名古屋、普埃布拉等众多"设计之都"的代表参与了本届深圳设计周。

图 3-5　首届深圳设计周

资料来源：韩墨摄。

未来在经济、社会和文化的全球领先者，必须要通过强大的设计产业来提高全球影响力。从"深圳速度"到"深圳质量"，再到"深圳设计"这一新的增长极，深圳设计推动创新和创意渗透到深圳经济与社会发展的各个领域，带动城市文化创意产业的快速发展，向世界彰显强劲的文化创新能力，为率先建设社会主义现代化先行区、奋力向竞争力影响力卓著的创新引领型全球城市迈进增添了新的动力。

图 3-6　深圳创意设计新锐奖颁奖典礼

四　深圳国际马拉松

深圳国际马拉松由中国田径协会和深圳市政府共同主办，旨在推动全民健身活动深入开展，提升深圳城市的影响力。2013年为首届办赛，至2015年已经升级为中国田径协会金牌赛事，2016年的赛事由深圳市政府采购中心进行公开招标，智美赛事营运管理有限公司成为2016—2018年的赛事运营商。

智美体育把深圳国际马拉松（以下简称"深马"）打造成为国际田联金标为目标，并在2017年申报国际田联铜标赛事，力争在2018—2019年度获评国际田联金标赛事。比赛项目包括马拉松、半程马拉松和6公里跑，参赛规模自开始到2016年逐渐达到3万人。为使赛事更具特色和亮点，每年赛事组委会在上一年的基础上，举办深马训练营、深马摄影大赛、深马啦啦队选拔赛、跑团挑战赛、深马COSPLAY大赛、深马兔子团选拔、线上深圳国际马拉松赛等相关配套活动。

赛事于2015年获评中国田径协会金牌赛事称号，赛事目标直指国际田径联合会（IAAF）金标赛事，虽只有4年的举办历史，但已在国内和国际上具备相当的影响力和美誉度。该赛事具备强大的传播功能，在智美体育集团获得赛事运营权后，赛事开始进行全球转播，传播面覆盖全球近10个国家和地区电视台、广播电台及各类平面户外媒体，影响近1亿受众。

2017深圳国际马拉松作为国家级IP《奔跑中国》马拉松系列赛收官战，创造性地开创了16城接力赛的竞技模式，以此为《奔跑中国》圆满收官，且《奔跑中国》16城领导均莅临深圳参观指导，受到了中国体育产业与全国媒体的高度关注。以践行党的十九大精神为主题主线，赛事从全国、地方、赛道三大方面采用了全方位立体化的传播模式。2017深马成为中国首场直播时长三个半小时的马拉松赛事，中央电视台《体育晨报》、中央电视台《新闻联播》都对赛事亮点进行了跟踪报道。作为深圳市一年一度规模最大的全民狂欢盛宴，深马得到了本地媒体的广泛报道，其中《晶报》《深圳晚报》《深圳商报》《深圳都市报》和一点资讯、先锋898频率对赛事宣传给予了大力支持。2017深马在平面、网络、新媒体、广播电视各大平台上累计发稿近500篇，微信指数在当日为569809，微博话题"深圳马拉松"阅读量超过1亿人次。

图3-7 深圳国际马拉松

资料来源：智美体育供图。

深圳国际马拉松是深圳有史以来举办的最高级别路跑赛事，通过举办该项赛事，进一步提高深圳市对大型国际体育赛事活动的组控能力，打造深圳体育品牌赛事活动，推动全面健身运动的开展；加强深圳市城市综合管理水平，不断完善相关体育旅游配套基础设施，带动和促进路跑产业链的延伸与发展，加快深圳群众体育及体育旅游产业的转型升级；借助国内外上百家参与赛事报道的媒体，大力进行城市形象推广营销活动，提升深圳城市的国际知名度和美誉度。

第四章 构建一流的文化传播力

党的十九大报告提出:"高度重视传播手段建设和创新,提高新闻舆论传播力、引导力、影响力、公信力。加强互联网内容建设,建立网络综合治理体系,营造清朗的网络空间。"《深圳文化创新发展2020(实施方案)》明确指出,要"创新媒体运行机制,构建以媒体融合发展为标志的现代文化传播体系",明确指出要深化国有文化集团改革,打造新型主流文化传媒集团;建设媒体融合重点项目,拓展新兴传播平台;实现政务新媒体全覆盖,培育建设"网络深军";拓展"大外宣"工作格局,塑造国际化城市形象。本章将以传媒集团与城市发展为着眼点,探讨如何打造一流的文化传播力。

第一节 传媒与城市发展

《现代汉语词典》对"媒介"的定义是"使双方(人或物)发生联系的人或事物"。对于传播意义上的"媒介",即"传媒",则是指传播信息资讯的载体,即信息传播过程中从传播者到接受者之间携带和传递信息的一切形式的物质工具。传媒本身具有多重功能,尤其是在城市发展中发挥着重要的作用,打造一流的城市传媒,有利于传播城市文化形象,促进城市经济发展。

一 传媒的功能

美国政治学家拉斯韦尔在《传播在社会中的结构与功能》一文中,将大众传播媒介的社会功能概括为环境监视功能、社会协调功能、社会遗产继承功能。在拉斯韦尔三大功能的基础上，美国社会学家赖特在《大众传播：功能的探讨》一书中又增加了娱乐功能。拉斯韦尔和赖特对传媒功能的总结奠定了对传媒功能认识的框架。传播学集大成者施拉姆从微观角度细化了对大众传播媒介社会功能的认识，他认为大众传播媒介有下列五种功能：守望者的功能、决策的功能、社会化的功能、娱乐的功能、商业的功能。施拉姆的贡献在于他明确提出了大众传播的经济功能。[①]

从国内来看，对于传媒功能的理解和阐释经历了三个阶段的变迁：改革开放以前，我国学界主要从意识形态的角度理解和阐释传媒的功能，对媒介功能的理解主要的思想来源是马克思、列宁的新闻思想。在计划经济时代，由于受物质生产和生活水平的制约，报纸在相当长的时期内是主要的新闻媒介，群众对新闻传媒功能的认识也主要限于党报、广播。在1978年以前，由上至下和由下至上两个沟通渠道是极为不对称的，由上至下的沟通渠道稳定而有效，报纸、书刊、广播、电视等大众传播媒介起着传达党和国家的决策和思想的重要作用，主要表现为集体收听收看广播电视、集体读报，单位组织包场看电影等。20世纪50年代末，全国只有1.7万余台电视机，直到1976年，这个数字才增加到46.3万台，平均1600人一台，其中彩电只有4000台。因此，和当时的报刊、电影、广播相比，电视几乎不能被看作是一个大众传播媒介。然而就在1976—1979年，中国电视机的数量有了惊人的增长，1976年我国电视机社会拥有量仅为60万台，1979年达到485万台，三年后增长到2761万台。[②] 1978年全国电视机生产数量为51.7万台，而到了1983年已达684万台。电视在数量上的增加，促使电视从集体收看变为家庭收看，改变了媒介传播的格局。

传媒功能的第一次变迁发生在1978—1991年间，媒体实行"事业单位，企业管理"的体制，新闻观念从"宣传本位"转向"新闻本位"，"舆论监督"的概念被明确提出。党的十三大指出："要通过各种现代化新闻宣传手段，增加对政务和党务活动的报道，发挥舆论监督的作用，支

---

① 童兵：《理论新闻传播学导论》，中国人民大学出版社2001年版，第98页。
② 《中国广电事业六十年：电波岁月影像缤纷》，《中国新闻出版报》2009年9月30日。

持群众批评工作中的缺点错误,反对官僚主义,同各种不正之风做斗争。"这段话确立了新闻媒介既是"党的喉舌",也是"人民的喉舌"。第二次变迁则发生在1992—2002年,传媒经营走向市场化运作,媒介的商品属性得到确认,新闻传播观念从"以传者为本位"转向"受众本位"。第三次变迁是2003年至今,"非典"事件促使新闻媒介走向话语自主的道路,新闻观念从"受众本位"转向"公众本位"。

从传媒功能的变迁中,可以总结出传媒的三种角色定位:一是政治工具;二是社会公器;三是商业属性。其定位和功能的实现在很大程度上受制于特定的时代环境。从第一种角色来看,大众传媒对于城市的建构更倾向于一种正面形象。从第二种角色来看,它符合了社会大众对于传媒角色的期待,传播媒介发挥社会监督的作用。从第三种角色来看,大众传媒对于城市形象的生产更多的是以一种推动消费、参与经济生活的方式来实现。

二 传媒与城市发展

在西方发达国家的近现代发展史上,传媒与城市的关系十分紧密。欧洲的近代报纸诞生于今天意大利的威尼斯和热那亚等地,这些都是著名的港口城市。在这些城市,资本主义生产方式的萌芽和全球贸易的逐步兴起,使这些地方的商人和市民对信息有着强烈的渴求。

传媒在城市发展中发挥着重要的作用。文化软实力是一流城市的核心,是城市建立起独特地位的标志,体现的是一座城市强大的精神凝聚力、文化创新力、文化辐射力、文化影响力和文化传播力。文化、制度、价值观等"软实力资源",只有通过媒介的广泛传播并得到普遍认同后,才能产生真正的效果,传媒在扩大城市文化传播力,增强城市外在影响,传播城市品牌形象,提升城市吸引力等方面有着不可替代的作用。从这个意义上,传媒是其他资源向文化软实力转化的中介。同时,传媒本身是文化产业的重要组成部分,是重要的文化软实力资源,世界一流城市无一不是信息资源的高地和文化传播的重镇。

(一)传媒是城市文化软实力的重要中介

传媒与城市文化软实力的关系,首先表现在"中介"方面。城市的文化软实力,归根到底体现在一个城市对外部的吸引力和感召力。由于人们对外部世界的认识,受到时间、空间等的限制,很大程度上必须借助于各种传播媒介。这其中既包括传统的人际传播形式,也包括会议、活动等各种组织传播形式,但更加重要的是以报纸、电视、广播、网络等为代表的大众传播媒介。现代大众传媒以其及时迅速、无所不传、图文并茂的信息展现方式,使其在人们认识外部世界的过程中,扮演越来越重要的角色。人们普遍将传媒所营造的信息环境作为自己了解世界的重要"窗口"。美国著名传播学者韦尔伯·施拉姆认为,信息传播对于任何社会来说,永远是存在的中心环节,每当有危险或机会需要报告,决定需要推出,新的知识需要推广,以及变革即将来临之际,总会有信息的流动。[①]

大众传播可能无法影响人们怎么想,但可以通过传播的内容影响人们去想什么。由此,大众传媒能够决定人们从哪些方面去认知城市形象。正如美国新闻评论家和作家李普曼所说的那样,传播媒介对于环境的提示是通过对象征性事件或信息进行选择和加工、重新加以结构化之后完成的。然而由于这种加工、选择和结构化活动是在一般人看不见的地方(媒介内部)进行的,所以人们通常意识不到这一点,而往往把"拟态环境"作为客观环境本身来看待。在这整个过程中,作为传播者的新闻媒介以他们所理解的方式精心编织绘制了一个关于这个世界的图景,广大的受众大多在没有意识到的情况下接受和认可这幅世界图景以及附着于这幅图景背后的关于这个世界的理解、意义和想象。由于媒体所拥有的话语权和其影响力,公众很容易将这种"媒体真实"当作"社会真实",从而对社会做出自己的价值判断。在这样的情形下,大众传媒将能够决定人们将怎样去认知城市形象。

加拿大著名学者麦克卢汉曾经在 20 世纪 60 年代就预言了"地球村"时代的到来。现代社会,人们已经习惯于以"村民"的姿态关注着几千里外发生的事情,米兰的时装周、马德里的足球赛事、华盛顿的金融峰会……对这些事情的细枝末节了如指掌,仿佛亲历亲见。而事实上,在这些事情发生的时候,多数人可能正在客厅里聊天、在街道上开车、在酒吧

[①] [美]韦尔伯·施拉姆:《大众传播媒介与社会发展》,华夏出版社1990年版,第74页。

里喝酒。人们自以为了解的那些事情，其实更多的是来自电视、广播、报纸、网络。现代社会，人们已经很难区分对一个城市的印象，究竟是来自自己的认知，还是传媒的描绘。媒体凭借自身所拥有的话语权以及对公众认知的影响力，在城市形象的塑造中扮演着越来越重要的角色。

当今世界，国际话语权分配极不均衡，以欧美为主体的西方占据着明显的主流和强势地位，美联社、路透社、法新社三大通讯社等国际主流媒体的覆盖率均在80%左右。一些西方国家凭借其覆盖全球的传播网络，左右着国际社会对有关问题的认知和评价。正如拿破仑所言"电台一座，胜过四千精兵"，"三份不友善的报纸比一千把刺刀更可怕"，传媒搭起了公众了解城市、认识城市的"桥梁"，成为提升城市美誉度的"助推器"，也是引导公众消除误解、增进了解、匡正形象的"舆论场"。一个城市的传媒业越发达，该城市对外的文化输出和表达自身声音的能力就越强，介入国家、国际重大事件的能力越强。遇到针对城市的危机事件时，如果该城市的传媒实力强，其引导舆论、化解危机的可能性就越大。从这个意义上说，城市的传媒业越发达，该城市对外的影响能力、说服能力、吸引能力的可能性就越大。

以传媒在城市危机处理中发挥的作用为例。在城市危机发生时，大众传媒担负着传递信息的义务和责任，媒体及时准确全面地披露相关信息，可以有效地促进事件有序的发展。首先是让城市管理者准确把握危机产生的原因、还有哪些潜在危害、当前最需要处理的问题是什么等；危机一旦发生，城市管理者即会投入到处理危机的工作之中，媒体的参与，可以把管理者为解决危机所做的工作呈现在公众面前，使公众确认城市管理者已经重视且正在处理已经发生的危机或潜在的危机。二是城市危机发生后，大众媒体作为中介，是公众意见的汇集地，也是管理者意愿发布的平台，通过大众媒体的报道，可以有效地影响公众和城市管理者，使之朝着最广大群众的利益发展。议题设置是危机传播中常用的手段之一，传媒报道什么，公众便关注什么；传媒重视什么，公众也就越关心什么。对危机处理不当，会很大程度地损害城市形象和城市品牌。城市危机发生后，良好的媒体报道，可以最大限度地消除危机为城市带来的负面影响，并将危机事件转化为对城市形象的塑造。

(二)传媒是城市文化软实力的重要资源

在信息化和知识经济背景下,世界经济结构呈现从"工业型经济"向"服务型经济"转化的趋势,地方经济也面临着产业转型与升级的问题,传媒产业作为文化产业的重要一支,本身就是一个新的经济增长点,是 GDP 中的重要一环,承担着优化城市产业结构、促进城市经济繁荣的责任。大众传播的经济功能并不仅仅限于为其他产业提供信息服务,它本身就是知识产业的重要组成部分,在整个社会经济中占有重要的地位。从 1998 年起,我国传媒业利税总额已经超过烟草业。[①] 一个合格的城市媒体,应该善于利用自己的传播优势,整合各种资源,推动城市与公众的互动,推动区域经济、文化等要素的合作,进而推动城市发展。

以湖南卫视为例,湖南卫视是中国最具影响力的传媒品牌,在中国,每天至少有 1.6 亿人次收看。湖南广电集团紧紧围绕娱乐和青年定位,自主创新研发并生产制作播出了一大批电视节目和影视剧作品,形成在全国广电市场具有强大竞争力的核心业务。其中,在电视节目方面,湖南卫视致力于娱乐节目的研究开发,制作播出了《快乐大本营》《超级女声》《天天向上》《爸爸去哪儿》等,长期引领中国电视收视风向。2005 年,湖南卫视推出真人秀节目《超级女声》,不仅轰动中国,还受到海外舆论极大关注,《超级女声》冠军李宇春成为美国《时代周刊》封面人物。以上这些娱乐节目,推动了长沙成为中国的选秀中心和娱乐时尚都市之一。湖南广电拥有一个中国最高规格的电视评奖活动——中国金鹰电视艺术节,每两年在长沙举办一次,每次三天,国内几乎所有知名艺人都到过长沙。湖南卫视成为中国电视娱乐节目的策源地、风向标之后,长沙的"歌厅文化""酒吧文化""茶楼文化"欣欣向荣,引领消费潮流。在长沙,歌厅的上座率达 90% 以上,远远超过酒店的入住率。长沙的高端消费市场以每年 30% 的速度增长,2010 年,LV 限量包长沙专卖店的销量在全国 37 家门店中排名第三。2014 年 4 月,湖南广电注资 10 亿元,合并湖南卫视旗下的"金鹰网"与"芒果 TV",采用原金鹰网域名,推出芒果 TV 网络台,芒果 TV 完成 A 轮融资,估值超 70 亿元,在广电系网站行列成为当之

---

① 赵启正:《中国传媒:发展潜力巨大的产业》,《新闻记者》2003 年第 1 期。

无愧的老大。湖南卫视不仅为长沙带来了时尚的生活方式，还促进了长沙经济社会的发展，长沙黄花国际机场的客流量大幅提升，成为中国中部六省客运吞吐量最大的机场。由此可见，传媒在城市社会经济发展方面发挥着十分重要的作用。

三　传媒竞争力

传媒竞争力是一个媒体在市场竞争中所具有的能够持续地比其他媒体更有效地向目标受众提供产品或服务，并获得盈利和持续发展的整体性力量或综合性素质。①

（一）传媒的"硬实力"与"软实力"

传媒竞争力包括"硬实力"和"软实力"两个方面。"硬实力"是其看得见摸得着的资本力量、人才力量、技术力量等。这些力量可用量化指标衡量和测算，比如节目时间、报纸版面等资源总量及增长指标，技术资源指标，资金拥有量、利润率、利用率，员工的总体学历水平，名牌主持人、编辑、记者数量等。硬实力所发挥的作用，是显而易见的，能在较短时间里见到成效。如果媒体资金极度短缺，则难以为继；如果优秀人才匮乏，媒体即使拥有雄厚的经济实力和先进的设备条件，也不可能在竞争中胜出；而在合理的用人机制条件下，拥有了众多优秀人才，优秀人才得以充分发挥聪明才智，特定媒体就有可能超越同行。

"软实力"则表现为内在的和外在的无形力量。内在的无形力量是指内部的"精气神"和由此形成的向心力、凝聚力；外在的无形力量是指媒体在社会上、受众中所产生的吸引力、亲和力、引导力和影响力。作为媒体竞争力的构成部分，"软实力"无法用简明的量化指标来衡量和表示，其作用方式和效果往往是间接性的、渗透性的，不可能立竿见影。如果说一个媒体的技术、人力、资本等"硬实力"资源配置可以效仿甚至可以通过强制力得以实现的话，那么"软实力"则是其他媒体无法效仿和复制的。软实力更多的是一种内隐而非外露的实力形式，在很大程度上取决于媒体的价值取向，它通过精神和道德去影响、说服别人相信或认同某些准

---

① 丁和根：《传媒竞争力——中国媒体发展核心方略》，复旦大学出版社2005年版，第35页。

则、价值观念。因此"软实力"能够潜移默化地吸引、影响和同化他人，并且这种影响是持续不断地、渗透式地发挥作用的。特定媒体一旦拥有了这种强大的"软实力"，其他媒体就很难取而代之。

当今世界，由于交通和通信技术的高度发达，全球媒体已形成一个极其庞大的体系。报纸、杂志可在全世界范围内快速流通，对卫星的充分利用使几乎所有人能在同一时间接收到相同的广播、电视节目，网上大容量、高速度传播的信息让人应接不暇。由此，媒介文化的传播在当今媒体竞争中的重要性与日俱增，媒介文化传播在"软实力"的建构中扮演的角色越来越重要。凤凰卫视就是成功锻造媒体"软实力"的个案。比如，同样在"新闻立台"的改革潮流中，同样是依靠对突发新闻的及时报道赢得观众，凤凰卫视"大事发生看凤凰"的话语广为传播，使人耳熟能详。于是，每当有重大新闻事件发生时，凤凰卫视就是一个被反复搜索和特别注意的频道，成为特有的"凤凰现象"。

（二）传媒集团的定位

传媒集团就其行业属性而言，集事业属性与产业属性于一身。一方面，它是党和人民的喉舌，是宣传思想的重要阵地，是文化事业的重要部门，是公益性的；另一方面，它又是当代传媒产业的主体领域，是利益性的。传媒集团是集媒体运营商、内容运营商、资本运营商于一身的媒体产业运营商。

1. 媒体运营商

媒体运营商的核心是做品牌、做公信力、做影响力。做品牌，就是加强频道频率建设，做出品牌频道、品牌栏目、品牌节目，提升频道时段的产业价值；做公信力，就是通过高质量的新闻宣传，为党和政府提供优质的舆论服务，提升媒体的公信力及其无形资产价值；做影响力，就是通过全方位的节目、资讯、娱乐等服务，扩大在受众市场的知名度与美誉度，提升媒体在市场竞争中的影响力和竞争力。

2. 内容运营商

内容运营商，是传媒行业在文化产业发展大环境下的新任务、新角色。传媒集团的内容产业涵盖广泛，关键要用市场的方式，把体制机制、内容生产、技术平台、广告整合、市场营销等结合起来。一是从简单经营转为内容产业价值链的经营，形成报纸、广播、电视、网络等多层次、立体化的媒体运作，有效提升资源的利用效率，极大降低运作成本，提升传媒的品牌及社会影响力。二是跨行业的产业链条的建构，从广电传媒既有核心价值资源出发，进行跨行业经营。包括以传媒的品牌进行会展、调查、咨询等业务，以传媒的资本、资金及品牌涉足影视剧生产等。三是从掌握传统渠道转向多元渠道。转型核心是数字化、网络化。如加快数字化改造，实现广播电视节目采、编、播全数字化；内容资源与技术资源相结合，升级移动电视；发展高端影视制作设备，推出高清晰度电视。

3. 资本运营商

在城市广电传媒的跨媒体、跨行业、多元化发展扩张中，资本运营是必不可少的产业发展手段。发挥广电自身所具备的资本运营功能，做好资本运营商，通过资本运作的方式谋求财富的扩展，不仅可以为宣传事业的发展提供更强大的经济保障，而且可以为整体实力的壮大建立良性扩张机制。城市广电传媒应该与城市经济社会发展环境相结合，以地域为立足点，着力以资本运作为手段，实现内部转制和外部的产业扩张。

第二节 深圳传媒发展的成就与问题

世界一流城市都是信息资源的高地和文化传播的重镇，纽约有美联社、《纽约时报》，伦敦有路透社、BBC，巴黎有法新社。深圳要建设国际化城市，必须打造属于深圳的一流文化传媒集团，形成现代文化传播体系，扩大城市的影响力、辐射力。同时，当前媒体发展面临严峻的挑战，媒体格局已发生深刻变化，2017年以来，国内停刊休刊的报纸媒体约20家，国有文化传媒集团改革迫在眉睫。

一 三大集团概况

（一）深圳报业集团

深圳报业集团于2002年9月成立，是由原深圳特区报业集团和原深圳商报社合并组建，旗下拥有《深圳特区报》《深圳商报》《深圳晚报》《晶报》《深圳都市报》《宝安日报》《南方教育时报》和 *Shenzhen Daily*、深圳新闻网、深圳报业集团出版社10报5刊5网站1出版社。集团出版的各类报刊占深圳地区平面媒体90%以上的市场份额，涵盖各类网站、移动客户端、微博、微信等多种平台，粉丝数近一亿，影响辐射全国。2017年，集团资产总额达45.98亿元，实现营业收入19.76亿元、利润总额5192万元。

一直以来，深圳报业集团各媒体坚持正确的舆论导向，努力为深圳乃至全国的改革开放事业鼓与呼，为经济社会发展营造良好舆论氛围，多次得到中央与省市领导的肯定和勉励。深圳报业集团伴随着中国的改革开放事业发展壮大，已成为国内规模最大、实力最强、现代化程度最高的党报集团之一。其中，《深圳特区报》作为集团第一大报和唯一进入中南海并受到中央领导高度重视的特区党报，其综合实力和影响力在国内各党报媒体中一直位居前列，曾获"影响中国2013年度党报优秀品牌"奖。在首届中国报业新媒体发展大会上，深圳报业集团入选2013—2014中国报业融合发展创新10强。在2016中国企业文化建设峰会上，深圳报业集团获得"2016年度企业文化建设典范企业"称号。2017年7月，国家新闻出版广电总局发布《2016年新闻出版产业分析报告》，其中公布的总体经济规模综合评价前10位的报刊出版集团中，深圳报业集团列第九位。

近几年，深圳报业集团媒体融合步履坚实，全力推进全媒体智能化信息服务平台建设，为用户提供智能化、精准化、定制化的新媒体产品，"一次采集、多次生成、多元发布"的全媒体生产模式业已形成。集团旗下的深圳新闻网，长期位居全国城市网站排行榜第一名。2016年9月，深圳新闻网全新改版，推出城市级自媒体内容平台——@深圳，连接千万粉丝级的党政和民间自媒体，实现移动互联网战略转型。2017年6月，深圳新闻网传媒股份有限公司挂牌新三板（证券简称：深新传媒），成为广东第一家依托传统报业集团，整合数字媒体业务，以原有新闻网站为载体登陆资本市场的媒体公司。《深圳特区报》的新闻类APP"读特"、《深圳晚报》的"深圳ZAKER"等新媒体平台上线后，影响力日显，2016年，进入全国报刊媒体融合创新第一方阵。由深圳报业集团依托《深圳商报》全力打造的科技财经类新闻客户端"读创"，于2016年12月28日上线，力争两年内跻身具有国际影响力的科技财经类APP行列。

与此同时，深圳报业集团以媒体产业为基础，有序布局新兴业态，打造发展新动能，形成了地铁广告、电子商务、文化展览、股权投资、传媒科技园、户外广告、房地产经纪等项目组成的传媒新业态。至今已成功承办十四届中国（深圳）国际文化产业博览交易会，"深圳创意文化中心""国家对外文化贸易基地（深圳）""深圳国际版权交易中心"先后落户深圳报业集团。另外，深圳报业集团还参与发起中国文化产业投资基金，参与建设中国自贸区信息港（横琴）、粤港澳大湾区研究院、知识产权服务城等重大项目，为实现跨越式发展创造了有利条件。

近年，深圳报业集团加快改革创新步伐，通过去机构臃肿化、去产能同质化，在创新中转型，加速媒体融合发展，建立现代企业制度，提升可持续发展的前进动能。2018年，已形成一主报（《深圳特区报》）、两端（"读特""读创"）、一网（深圳新闻网）、一中心（媒体融合新闻中心）、数家专业类分众化媒体，以及"两微一端"矩阵的传媒结构，在深圳实现区域、行业、人群和媒介种类的全覆盖，舆论传播力辐射中国内地、影响港澳和国际，打造与深圳建成现代化国际化创新型城市相匹配的媒体融合集群。到2020年，深圳报业集团力争实现：新媒体传播力整体上超过传统媒体，形成拥有强大影响力的公益文化服务品牌，盈利能力大幅提升，建成中国实力强大和传播力、公信力、影响力强劲的一流新型媒体集团。

（二）深圳广播电影电视集团

深圳广播电影电视集团（SZMG）于2004年6月28日正式挂牌成立，是由原深圳电视台、深圳广播电台、深圳电影制片厂、深圳市广播电视传输中心等单位整合而成。作为植根深圳的主流媒体，集团始终秉持"国际视野、特区声音、中华情怀、创新卓越"的发展理念，积极推进改革创新，形成了较强的传播力、影响力和竞争力，综合实力位居全国广电行业前列。

截至目前，集团拥有10个电视频道、4套广播频率和20余家产业经营企业，业务范围涵盖广告、网络、影视内容、新媒体、文化投资和服务等多个领域，总资产近100亿元，年总收入近40亿元。其中，深圳卫视自2004年5月28日上星以来，呈现快速发展势头，目前已稳居全国省级卫视前九，实现全国覆盖人口超过11亿。天威视讯于2008年成功上市，现有有线数字电视用户近205.53万，交互电视用户120.21万。城市联合网络电视台（CUTV）于2010年正式成立，被国家广播电视总局明确为"代表全国城市电视台开展网络电视台等新媒体业务的唯一主体"。2017年，集团资产总额达99.71亿元，实现营业收入36.61亿元、利润总额3100万元。

成立以来，集团始终高度重视阵地建设，逐步形成了多层次、全方位的舆论传播格局。在深圳，集团电视近年来始终以超过33%的收视份额，牢牢占据本地市场龙头位置；广播于2017年突破60%的市场份额，牢牢把握了市场竞争的主动权。在全国，深圳卫视于2009年9月28日首批实现高清播出，发展速度位居全国前列，被权威机构评为中国"创新电视媒体十强""中国卫视频道十强""中国省级卫视覆盖传播力最具成长性频道""中国省级卫视覆盖最具平台价值频道"等。在境外，集团实现深圳卫视国际频道在中国港澳、亚太、欧洲、北美等地区的有效覆盖，并在香港取得了收视排名位居内地落地香港外宣频道前列的较好成绩。对此，原国家广播电视总局高度肯定，评价深圳卫视国际频道"改变了国内电视媒体在香港和海外的生存状态"。同时，集团还积极顺应传媒行业发展形势，大力发展新媒体，初步构建起了集电视、广播、两微一端、交互数字电视、网络电视和IPTV、地铁公交电视为一体的全媒体传播体系。

为不断强化核心竞争力，集团始终坚持"内容为王"，逐步形成了以节目、影视、活动为核心的品牌内容集群，为广大观众奉献了一大批精彩的广播影视艺术精品。在节目创新上，集团始终坚持"品质与品位并重"，不仅打造了《深视新闻》《直播港澳台》《军情直播间》《年代秀》《极速前进》《第一现场》《18点新闻》《民心桥》等一批深受观众喜爱的品牌节目，还先后共计有1700多部作品和近210位个人分获中国新闻奖、中国广播影视大奖、长江韬奋奖等国家级政府奖、协会奖、省级奖和市级奖。在影视创作上，集团累计投拍影视剧近65部1700多集，其中，《拔鲁》《有你才幸福》《马文的战争》《命运》《兵峰》《夜·明》《红旗漫卷西风》《罗湖桥》等纷获"五个一工程奖""飞天奖""华表奖"等多项大奖。在品牌活动上，集团本着"立足深圳、覆盖全国、放眼世界"的理念，倾力打造了中国金钟奖流行音乐大赛、中国国际新媒体短片节、设计之都公益广告大赛、鹏城歌飞扬、读书月经典诗文朗诵会等一系列品牌活动。其中,第七、八、九届"金钟奖"累计吸引内地及港台地区50多万名选手报名参赛,观众规模超过1.6亿人次,成为一场"国家规格、全民参与"的音乐盛典。第一至第八届中国国际新媒体短片节,累计吸引了来自全球100多个国家和地区的近3万部主竞赛作品,以及来自各大主流网站的10万多部网络参赛作品,成为国内外普遍认可的国际重要新媒体短片节、奖活动之一。设计之都公益广告大赛至今已成功举办12届,征集作品总数超过17万件,并携优秀作品成功走进法国戛纳国际创意节和布鲁塞尔欧盟总部,不仅成为国内知名的品牌公益文化活动,更向世界充分展现了中国深圳的创意文化和公益精神。

当前,面对党中央和习近平总书记对新闻舆论工作提出的新要求和新希望,集团以习近平新时代中国特色社会主义思想为指引,加快推进转型发展、融合发展、创新发展,切实增强弘扬主流价值、引导社会舆论、服务市民生活、助力城市发展的能力,努力打造与深圳现代化国际化创新型城市相匹配的新型传媒集团。

(三)深圳出版发行集团

深圳出版发行集团于2007年11月正式成立,是经中宣部和原新闻出版总署批准,中国第一家融合出版发行业上下游资源的出版传媒集团,集出版发行、书城运营、影城经营、教育培训、创意产品和文化休闲等于一体,是深圳市首批九个文化产业基地之一。截至2017年年底,总资产21.38亿元,固定资产原值9.12亿元,年销售额10.9亿元,利润总额6975万元,员工1900多人,拥有4座正在运营超万平方米的大型书城、2座正在建设的超万平方米大型书城和19家全资、控股子公司。

在内容出版板块,深圳出版发行集团旗下海天出版社是伴随着深圳经济特区发展而成长的综合性城市出版社,已形成年出书500余种,重印再版率达50%左右的图书生产规模。30多年来,有300余种图书分别获国家、省、市和全国城市出版社优秀图书奖,被评为全国读者最喜爱的十佳出版社之一。在出版物连锁经营板块,20世纪90年代,集团就开始探索出版物连锁经营技术,相继提出"综合性大卖场""文化MALL""体验式书城"等经营理念,成功建设并实施了以深圳书城中心城为旗舰店的大书城连锁经营模式，深圳书城一直引领着全国大型书城的发展路径，并为新时期大型书城的转型升级开创了崭新的发展道路。中心书城营业收入增长速度连续多年位居全国大型书城的首位，是行业内的标杆企业。近年来，集团成功打造了"深圳晚八点""深圳书城选书""深圳书城选碟""温馨阅读夜""深圳讲书会""全民品读会""我们的节日"文化创意市集等品牌文化活动，培育了24小时书吧等知名品牌项目。在书城建设运营板块，在深圳市委市政府的支持下，集团按照"一区一书城、一街道一书吧"的发展目标，强力推进书城、书吧项目建设。目前除了拥有深圳书城罗湖城、深圳书城中心城、深圳书城南山城、深圳书城宝安城四大书城外，深圳书城龙华城、龙岗城、湾区城、光明城、大鹏城等已在建设规划之中，不久的将来，深圳书城将全面覆盖深圳各区。同时，集团不断丰富完善书城业态，利用已形成的"深圳书城"经营品牌，将向开封、合肥、萍乡等特区外城市输出深圳书城模式，实现跨地域发展。目前，开封书城已开业运营，萍乡书城、合肥书城正在施工建设。在文化创意产业板块，深圳出版发行集团发展出"书城+影城""书城+艺术城""书城+动漫城""书城+旅游城""书城+创意城"等复合经营模式，重点发展创意用品、影视影院、学习培训等，不断创新业态，与其他文化产业进行融合，旗下的弘文艺术公司已成为全国规模最大、品种最全、专业性最强的复合式文化创意用品店。在文化品牌运营方面，作为国有文化企业，既要讲求经济效益，也注重社会效益，深圳出版发行集团连续十八年总承办"深圳读书月"这一全国知名文化品牌活动，开创了全民阅读的"深圳模式"，被誉为是一种"高贵的坚持"。连续14年成功承办了中国（深圳）国际文化产业博览交易会（文博会）新闻出版馆这一国家级会展活动。承办了百万市民学外语、深圳晚八点等全市性文化活动，参与承办了创意十二月、深圳关爱行动等多个深圳本地文化社会活动，充分体现了集团的社会担当。

作为深圳市属国有三大文化产业集团之一，深圳出版发行集团始终忠实履行国有文化企业的社会责任，积极探索以书业为核心的多元文化产业经营，创造性地将书城打造成为新型复合式文化生活空间、精神文明建设重要载体和公共文化服务的重要阵地，这种现代化的书业经营管理模式，在全国起到了先导作用。曾先后荣获全国文明单位、中国超级书城、全国新华书店精神文明示范单位、全国创建文明行业示范单位、创建全国文明城市先进集体、诚信经营优质服务单位等荣誉。未来，深圳出版发行集团将以出版和发行为核心，以书城文化综合体为平台，以数字化转型为重点，实施"两核心一平台一重点"发展战略，力争将集团发展成为具有较强全民阅读指引力、城市文化影响力、文化消费带动力、经营效益显著的阅读服务提供者和大书城运营商，建设与现代化国际化创新型城市相匹配的国内外一流的现代创意产业集团。

二 成就与经验

（一）媒体融合发展成效显著

传媒融合是传媒业的发展趋势，深圳传媒融合主要包括以下几种情况：一是电视和网络的融合。互联网越普及，分流电视观众的趋势越明显。近几年，深圳广电与腾讯、罗辑思维等新媒体公司合作，深圳卫视元旦跨年晚会就是一种比较简单有效的战术性联合。二是报纸与网络的融合。读特是《深圳特区报》与网络战术性联合的排头兵。纸质媒体的数字化，最早是从电子化开始的，随着手机 APP 等的出现，阅读变得越来越轻松惬意。三是电视与广播的融合。电视与广播都属于深圳广电集团，融合比较方便。广播的电视版，电视的广播版，是这种战术性融合的基本套路。从扩大受众群体的角度出发进行整合，把广播、电视媒体的受众群体交叉在同一个播出点上，在模糊度上增加了电视节目的外在收视率。四是报纸和广播电视的融合。作为传统媒体之间的联合，深圳报业与深圳广电共享新闻资源，实现采编互动，广播和电视设置读报时间，提要介绍报业集团当天报纸的主要内容，报业集团在报纸上开辟专栏介绍广播、电视的各类节目。这种强强联合，实现新闻资源共享、战术性融合的横向互动整合，利用各自的优势传播技术，拓展协作媒体群的信息传播途径，强化信息传输渠道的多元化，达到"1+1＞2"的效果。五是广播和网络的融合。深圳广播几个频率都有其网络版，广播台设立自己的网站，利用网络，扩大宣传，同时，网络广播具有点播互动功能，突破了传统广播时间段的限制。六是电视和手机的融合。智能手机良好的视听功能，可以下载收看电视、电影和在线欣赏节目。

具体而言，深圳的三大传媒集团在媒体融合方面都取得了一定的成绩。深圳报业集团的"深圳 ZAKER"自 2015 年 8 月正式启动以来，发展迅猛，目前深圳 ZAKER 的用户已突破 500 万，日活跃用户 150 万，均创造了一年内增长 300% 的"深圳速度"。同时，深圳 ZAKER 模式"无中生有"，创造了中国融媒体改革转型发展的第三条道路，广州、武汉、南京、南昌等省会城市的 ZAKER 平台均已上线。据了解，目前完全复制深圳 ZAKER 模式进行落地的各地传统媒体超过 15 家。2016 年 7 月 14 日，国家新闻出版广电总局新闻报刊司组织评选的"全国报刊媒体融合创新案例30 佳"公示，人民日报社选送的"人民日报客户端"等中央媒体及在京媒体占据 13 席，"深圳 ZAKER"也获此殊荣。

同时，报业集团积极运用大数据平台建设力拓新市场。2016 年年初，"深圳报业集团媒体融合大数据平台"项目正式上线，平台针对我国传统媒体发展窘境和全媒体资源管理难点，以发展现代媒体传播技术为需求，以集成现有关键技术为基础，以攻克海量新媒体多源数据感知、海量数据分析挖掘、多端新闻高效处理与发布等技术难点为目标，在搭建一个大型多媒体内容数据库平台基础上，打造一套安全、可靠、可拓展、易操作的全媒体综合性服务平台。

在新媒体建设方面，读特、读创、壹深圳、全民阅读 APP、掌上书城等一系列重点新媒体项目发展迅速，移动客户端运行良好，用户稳步增加。目前，"读特"客户端用户数 60 多万，"读创"客户端用户数近 15 万。由深圳新闻网打造的首个城市级自媒体平台"@深圳"，目前已有 165 家自媒体入驻，粉丝总数超过 2300 万。广东国家数字出版基地深圳园区落户深圳龙华区后进展良好，初步完成第一期招商，引进 30 家企业签约入驻。融合新闻中心一期工程于 2015 年 5 月完成，二期建设正有序推进，"全媒体新闻指挥中心"投入运行，实现了从传统媒体"单一渠道采集、封闭式生产、点对点单向传播"向"全媒体汇聚、共平台生产、多渠道分发"的新型制播方式转变。

深圳广电集团牵头发起的城市联合网络电视台（CUTV）经过 5 年运营，已形成移动新媒体、广电安全云、城市电视台门户网站、互联网电视及 IPTV 等核心业务，现有联合开办台、成员台和紧密合作媒体近 80 家，形成拥有3000万—5000万用户规模的移动互联网业务平台，加快了城市台的媒体融合步伐。同时依托CUTV深圳台，重点面向移动互联网，大力发展广播电视伴随业务"壹深圳"项目。该项目聚合各频道、频率、新闻内容资源，实现了节目直播、点播互动、新闻首发、城市公共服务等一系列功能，是一个立足深圳本土、以视频业务为核心，集节目直播、城市公共服务为一体的综合型客户端产品。目前本地有效下载用户120万，系统平台在全国发展用户超过200万。

深圳出版发行集团"掌上书城"APP于2016年7月上线，下载量超过6万，"全民阅读"APP于2016年11月24日正式上线，下载量突破68万，积极探索数字阅读全民阅读的新模式。

（二）体制机制改革取得积极进展

深圳报业、广电、出版发行集团积极推进深化改革总体方案，报业集团制定和推进30项改革子方案，广电集团在公共、娱乐、财经、体育、少儿等5个频道推行干部带任务上岗，出发集团制定实施16项专项规划和6项实施方案。

在瘦身发展方面，报业集团完成总部人事改革目标，领导班子职数已经从17名减至11名（原计划到2018年年底实现），减幅达35%；集团本部由25个部门精简为15个，减少40%；中层干部职数由72人减少到43人，减少40.3%；集团本部员工编制数从260人减少至202人，减少22.3%；集团传统采编人员向新媒体领域转岗分流11.5%；注销清理6家"僵尸企业"。广电集团按照5年缩减员工规模15%的目标，整体减少员工263人，约占4%，关停并转4家经营不善的下属企业。出版发行集团进一步对书业板块进行整合，成立了书业连锁公司，打通内部壁垒，实现采购、物流、销售一体化。

在加强资本运作方面，2017年6月26日，报业集团深圳新闻网正式在新三板挂牌上市，成为广东省第一家依托传统报业集团、整合数字媒体业务登陆新三板的新媒体公司；一本投资公司成立一年多来，发挥集团资本运作平台作用，已成功投资4个项目，累计投资1.03亿元。广电集团CUTV于2017年引进前海骅威投资有限公司的战略投资；前海天和基金已成功发行第一只基金，规模5亿元，已投项目1632万元。出发集团也正在筹备设立集团层面的投资公司，加大资本运作力度。

同时，为加大对国有文化集团深化改革的支持力度，深圳市委宣传部会同市财委制定了《补助资金管理办法》，根据市委市政府有关决策，明确从 2015 年至 2020 年，每年由市财政安排深圳报业集团、广电集团各 1 亿元补助资金，资金主要用于支持两个集团传统媒体改革、舆论阵地建设、媒体融合发展和精兵简政、"瘦身"发展等重点改革项目。目前，2017 年度共 2 亿元补助资金已经划拨至深圳报业、广电集团。此外，由市财政支持出版发行集团中心书城改造及公共服务型书吧建设，给予中心书城维修改造工程总投资 50%的资金补助，并由各区给予辖区公共服务型书吧建设运营补贴，为"一区一书城、一街道一书吧"建设提供了有力的支持。

（三）内容创新不断优化

深圳报业集团面对新的传播格局和舆论生态，不断提高驾驭新媒体、占领主阵地的能力和水平，全力推进媒体深度融合。自 2002 年以来，共获得中国新闻奖 10 余项，广东省新闻奖 100 余项；2015 年、2016 年连续两年入围全国报业集团总体经济规模综合评价十强。2017 年，在全国率先启动迎接党的十九大宣传，开设《勇当尖兵　再创新局》《中国梦　深圳行》等专栏，在大会期间共开设专栏 30 多个；在习近平总书记考察深圳 5 周年之际，《深圳特区报》头版推出近 2 万字长篇述评《伟大旗帜指引深圳经济特区发展迈入新时代——写在习近平总书记考察深圳五周年之际》。2017 年，深圳新闻网全球网站 Alexa 三个月平均排名稳定在 1700 名左右，排名超越南方网，跃居全省重点新闻网站首位；同时，营收总额超 9000 万元、利润超 1000 万元，实力和在各行业影响力显著增强，实现了企业价值与社会价值双丰收。

深圳广电集团各频道频率通过体制机制改革、版面优化等措施，取得了一定成绩。截至 2017 年年底，深圳广电集团共有 200 件作品分获国家级政府奖、学会奖、省级奖和深圳市级奖。其中集团出品的电视剧《红旗漫卷西风》、音乐频道制作的广播剧《罗湖桥》和娱乐中心申报的歌曲《驶向远方》获得中宣部第十四届、广东省第十届精神文明建设"五个一工程"奖；电视系列节目《海上丝路看深商》荣获中国新闻奖电视类系列报道二等奖；84 件作品获深圳新闻奖，54 件作品获广东省广播影视奖，一、二等奖作品数量继续稳居全省城市台首位；17 件作品获广东新闻奖；1 人获广东新闻金梭奖。集团 10 个电视频道本地市场份额为 33.27%，继续稳居深圳市场第一，其中，电视剧频道以 10.47% 的市场份额成为本地收视第一的频道。深圳卫视实现全年平均收视排名稳居全国省级卫视前九。深圳卫视在中国大陆县级以上有线电视公共网入网率为 99.1%，覆盖中国大陆 11.6 亿人，同比增长 21.6%，排名省级卫视第六位。深圳卫视国际频道继续巩固与建立多元、有效的海外传播渠道，目前已覆盖亚洲（马来西亚、东南亚等为主）和欧洲、北美、澳洲、非洲等地区、香港全境，并仍保持在澳门和台湾地区一定的覆盖规模和影响力。深圳广电集团制作了《极速前进》《年代秀》《闪亮的爸爸》等一系列收视较高和具有影响力的节目，并充分结合深圳的城市特色，推出了一系列"双创"节目，如创投节目《为梦想加速》《合伙中国人》等。

深圳出版发行集团海天出版社经营状况良好，推出一批精品力作。其中，《中国花文化史》获第六届中华优秀出版物奖和美国印制大奖优异奖，《中国玉器通史》获中华优秀出版物提名奖，《阅读看见未来》获 2017 广东最美图书奖；《红马》《深圳画院建院三十周年作品集》获 2017 广东优秀作品奖。《中国汉字美学史》《中国手艺传承人系列》获得国家出版基金资助，《中国古村落》《创客志》入选国家"十三五"重点出版规划项目。数字出版效益良好，其中《"全民听书"——全球华文网络文化主播移动直播平台》《广东网游动漫版权出版服务平台》入选 2017 国家新闻出版广电总局改革发展项目库项目。《中国手艺传承人丛书》《中国汉字美学史》《"互联网+"粤商新锐——改革开放 40 年广东中小企业发展史》分别入选"十三五"国家重点图书、音像、电子出版规划项目。

（四）产业优化升级持续推进

在拓展新增长点方面，深圳报业集团与深圳地铁集团成功组建报业控股的地铁传媒合资公司，平面广告资源约占深圳轨道交通总线网的 80%。

深圳广电集团进一步推进产业优化，持续推进合众传媒公司、天和公司、深广传媒三家下属企业的业务整合工作，并已启动相关人员分流、业务转移及清产核资工作。天威公司加快转型升级，完成超过 21 万用户终端换代升级，以及 20 万户花园小区光节点的改造和 5 万户城中村改造。集团积极推进影视内容板块资源整合，目前已与安徽出版集团、天威视讯、酷开科技及欢瑞世纪等企业就共同出资组建影视内容公司的方案达成共识。集团旗下时刻公司与巴士集团已注册成立合资公司，现已实质性开始安装升级更新公交 2.0 电子屏。CUTV 顺利完成增资扩股，集团将旗下优质资产广信传媒公司（IPTV）的股权整体注入 CUTV，并引入外部战略投资者对 CUTV 进行现金增资，增资后 CUTV 共有 36 家股东，注册资本 2.98 亿元。集团下属公司前海天和基金公司在金融领域，借助资本力量，按照市场化的募投管退模式运作，各项工作进展顺利。

深圳出版发行集团孵化组建专业新公司。一是成立深圳书城新华书业连锁总部有限公司，将发行主业从采购到终端进行了全产业链整合，形成了规模化、集约化的经营格局，有效提升了书业整体经营能力。二是成立深圳书城网络科技有限公司，建立了集中统一的互联网运营体系，从组织架构上解决了过去书业电商、网络运营资源分散、主体不明的问题。三是成立深圳市弘文文创投资有限公司，打造专业的股权投资平台，提升集团资本经营能力和利润水平。深圳出版发行集团建成并运营 34 家书吧，今年开业的龙岗书城打造全国第一家全方位、多维度智能书城，正在建设的龙华书城将打造集文化阅读、创意设计、休闲娱乐、教育培训、商业服务于一体的新一代"文化万象城"；深圳书城外溢发展有序推进，开封书城即将建成，合肥书城、萍乡书城、哈尔滨书城正在积极建设推进中，弘文公司珠海店、太原店、天津店等异地店顺利开业。

三 问题与挑战

随着新媒体的崛起，媒体格局和舆论生态发生深刻变化，传统媒体受众大量流失。近年来，深圳报业、深圳广电两大集团广告收入持续下滑，深圳国有文化集团普遍存在以下三个问题。

（一）业务创新能力较弱，媒体同质化问题较严重

同质化最初常用于经济学领域，指产品在性能、外观、营销手段等方面的趋同现象。此后，逐渐衍生至文化领域，表现为在经济和文化的全球化背景下，人们的生活方式、价值追求等方面相互影响，从而带来的文化

一体化、非个性化趋势等。而媒介领域的同质化，指面向同一市场的同类媒体在新闻产品的内容、样式、风格等方面的相似甚至相同，对同一重大新闻事件没有独特的角度，没有独特的写法，千报一面、百台一腔，创新乏力，使得受众无法仔细识别和区分，难以找到差异和特点，并形成品牌认知。而新媒体如果只是将新闻简单地推送，干的只是搬运工的活，那势必将导致本已同质化的新闻内容更加同质化地集中呈现。

新闻同质化最明显的是新闻报道雷同，不少网站都是依靠剪接、粘贴新闻过日子，新瓶装旧酒，换汤不换药。目前，腾讯、搜狐、新浪、网易新闻通过众多用户的微信和QQ及时推送各种新闻，阅读者难以计数，但这四大门户的新闻中仍有不少雷同，一般读者只要选其一家阅读，就天下事全知晓，根本不用阅读第二家。

电视节目同质化主要是指目前电视媒体存在的"以大致相同的节目制作手段、制作流程、节目类型，传递大致相同的各类信息的现象"。近年来电视同质化现象愈演愈烈，继湖南卫视播出《超级女声》之后，《我型我秀》《加油好男儿》等一大批规则、场景类似的选秀节目纷纷登场，掀起了电视娱乐节目的第一次"同质化"狂潮。2010年江苏卫视的交友节目《非诚勿扰》的热播，迅速刮起了一股相亲风，湖南卫视的《我们约会吧》、浙江卫视的《为爱向前冲》等成为电视荧屏上风靡一时的节目样式。

在这些方面，深圳的媒体也没有跳出同质化这个问题，就深圳报业集团而言，其旗下的《深圳特区报》《深圳商报》《深圳晚报》《晶报》四报在新闻报道方面经常存在雷同现象。深圳广电集团在节目策划等方面，也缺乏自主创新能力，存在跟风现象，业务创新能力较弱。

（二）"造血"功能不足，可持续发展能力不强

从经营状况来看，2017年，深圳报业集团虽然营业收入增长8.69%，但四大报广告收入却同比下降7.61%；深圳广电集团营业收入同比下降11.60%，其中广告收入同比下降高达32.11%，天威视讯营业收入同比下降6.20%。从内容产品看，虽然深圳广电集团有《直播港澳台》《年代秀》《第一现场》等一系列优质品牌节目，但创收能力远不及浙江卫视的《中国好声音》、江苏卫视的《非诚勿扰》等。近年来，深圳报业集团发

展地铁传媒、电子商务、可变印刷等新兴业务,除地铁传媒外,其余尚未形成规模、带来经济效益。

在提高"造血"能力方面,目前比较突出的有两种模式。一种是内容驱动模式,以湖南广电为代表,其核心做法是回归本源,下大力气提升内容质量,提高内容生产门槛,并进行充分的版权保护工作,以此为根基向产业链上下方延伸,实现业务融合发展。另一种是资本驱动模式,以上海文化传播影视集团为代表,2014年年初,原上海文广集团正式拉开新一轮改革大幕。此次改革以上海文化广播影视集团(业内称"大文广")和上海东方传媒集团有限公司(业内称"小文广")合并为开端,后者以国有股权划转方式与新文广实施整合,新的上海文化广播影视集团有限公司就此挂牌。随后,上海电视台迅速展现其资本运作能力,在内部,实现以百事通为主体整合东方明珠。在外部,成立跨国文化创意投资基金,从事境内外文化创意、娱乐产品的投融资,涵盖电影、电视剧、音乐剧及现场娱乐等领域。上海电视台依托自身地缘优势,通过资本体制改革引入社会资本、风投资本进行业务联合开发,以资本为动力推动产业链条构建与提速发展,以资本力量与产业的结合拉开与其他竞争者的差距,最终实现跨媒体、跨区域的规模化发展。

就以上两种模式而言,内容取胜模式是从固有优势出发,立足内容,让竞争对手无法超越;资本驱动模式则是快速弥补短板,借助资本外力提升集团实力,立足全面发展,实现资本弯道超车。深圳三大集团需要结合自身实际,依托城市经济基础,制定个性化发展战略,提升自身"造血"能力。

(三)媒体影响力辐射力不强,围绕中心、服务大局的主动性仍需加强

什么是媒体影响力?中国人民大学新闻学院的喻国明教授认为,"传媒的影响力,就是传媒作为资讯传播渠道而对其受众的社会认知、社会判断、社会决策及相关的社会行为所打上的属于自己的那种'渠道烙印'"。深圳媒体的影响力、辐射力与北、上、广相比还很有限。北京有"今日头条"、上海有"澎湃",深圳还没有一个在全国有影响的新闻客户端。

近年来,深圳大力建设了"读特""读创""壹深圳""深圳Zaker"

"全民阅读""掌上书城"等媒体融合重点项目,但还只是将传统媒体和新媒体作简单嫁接,"左手一只鸡,右手一只鸭",没有实现真正的融合。深圳广电与网络、深圳报业与网络等传统媒体及其网站在一定程度具备了媒体联合的基本框架,但融合程度还远远不够,基本上集团内部还是各自为政,事实上融合更多地停留在了媒体互动层次上,这涉及传统媒体内部管理落后,整合能力不强等问题。

第三节 建设文化传播重镇

新时代,建设文化传播重镇,提高新闻舆论的传播力、引导力、影响力、公信力,必须坚持正确舆论导向,加强体制机制、内容生产、手段方式、经营管理等综合创新,打造一流传媒集团,建设网络强市,推进国际传播能力建设,传播好深圳声音、讲好中国故事。

一 深化改革创新

媒体作用发挥的程度与媒体的影响力息息相关,而媒体发展需要赢利支持。媒体需要"影响力和赢利能力"这两个维度做支撑,改革创新就是为了提升媒体这两种能力,让"两种能力相互转换",用赢利抢占市场,用影响力引导舆论,塑造品牌。

中国国力日益强盛,对传媒的影响力与赢利能力提出新的要求,深圳传媒面对"一带一路"的机遇与挑战,助力深圳打造竞争力影响力卓著的创新引领型全球城市,在发展国际传播事业的新征程上,走向国际市场的尝试中必须提升这两种能力。新时代利用科技创新、做出深圳传媒的贡献,体现深圳传媒的担当。奋进新时代,传统媒体必须改革创新,从体制机制改革、传播手段创新、传播内容创新、经营模式创新出发打造一流传媒。

(一)体制机制改革

传媒体制机制改革,必须立足于深圳传媒发展的特殊国情,坚持党管媒体原则,由于传媒定位、经营业务、传播内容的不同,改革路径方法不同,必须解放一切束缚传媒生产力发展的体制机制障碍,适应新时代发展变化，理顺媒体与政府、媒体与市场、媒体内部三个层面的关系，合理确定媒体的市场主体地位，为打造"两种能力"提供制度保障。

1. 创新传媒管理体制，完善配套相关制度

坚决保障传媒的党性立场、喉舌地位，确保贯彻和拥护党和政府大政方针政策，确保党和政府牢牢控制舆论宣传阵地。同时，要给予传媒在内部管理和人事安排等方面的自主权。除了对重大政策、决策等进行调控、指导，传媒内部的管理、技术性事务由传媒自身谋划和管理。政府以国有资本所有人的身份参与重大决策，但不干预具体执行。改革束缚传媒生产力发展的内部运行机制，传媒管理模式调整和创新要跟市场走，要形成管理科学、主业突出、结构优化、职能明确、协调有序的传媒运行管理机制。

目前，深圳报业集团、深圳广播电影电视集团、深圳出版发行集团三大传媒集团在体制机制改革中进行了一系列有力探索，主要表现在：一是压缩管理环节，积极探索扁平化、集中化管理机制；二是深化干部人事制度改革，健全和创新分配管理制度，完善目标考核体系；三是整合精简职能部门，优化整合，提升效益；四是完善以合同管理为核心、以岗位管理为基础的市场化用工制度，建立长效机制；五是整合资源、明确各部门单位职责，强化成本控制与工作效率，调动部门工作积极性；六是探索推进"混改"工作，加大创新业务发展扶持力度，根据混合所有制经济改革相关政策，重点推进下属公司探索"混改"工作。结合发展实际，三大集团要进一步深化改革，创新体制机制，鼓励开发新项目，拓展新市场和创新业态，完善配套相关制度。

2. 加强政府统筹协调，完善政府保障服务

政府在保证社会效益的前提下，要实施积极的政策转变，撤掉产业壁垒，为传媒的发展提供更大的腾挪空间，放开经营，释放产业能量。要加大改革力度，制定和完善财政税收政策，加大支持力度，改革传媒投融资体制，通过多种金融手段筹措建设资金；推进制度建设，积极支持各种资本以多种方式进入传媒市场，形成多元化的投资格局；加强法律法规方面的支持，建立一套完善的传媒管理法律体系；加强金融支持，强化金融资本与传媒资本的结合，助推传媒发展。

深化改革涉及三大集团业务的方方面面，牵涉人事、机构的变动，要确保改革稳妥、有序进行，需争取上级的指导和帮助，在政策、资源和资金方面给予支持。加大三大集团改革转型资金扶持力度；加大媒体去产能的配套政策和资金支持；明确社会效益考核指标明晰化指导，将大大增强传媒的舆论传播力、引导力、影响力、公信力，实现社会效益、经济效益的最大化。深圳传媒改革已实现了同一传媒层次上的联合，今后可能实现不同传媒层次上跨媒体的立体联合，甚至跨媒体行业、跨所有制、跨国连接"做大做强"的资源，结成"命运"共同体。三大集团要加快建立现代企业制度，搞活内部运行机制，在政府加强投入的基础上实现自我革新，增肌健体。

（二）传播手段创新

传媒最缺的是一流的人才，传播能力建设归根结底是人才的建设，"用好现有人才、引进急需人才、培养创新人才"。第一，要高度重视三大集团班子建设，选拔政治过硬、德才兼备、熟悉业务的优秀干部，建立互补性领导班子，完善以聘期制为主的干部管理模式；推行干部任期制，做到能上能下；推行岗位交流制度，丰富干部工作经历，优化领导班子结构。第二，通过真正建立集团内部人才流动池的方式，打破部门、单位的壁垒，实现集团内部人才更好地流动、更好地发展。第三，通过加快推进集团岗位分类管理改革、薪酬体制改革和严格员工绩效考核等办法，优胜劣汰，"多劳多得、少劳少得"，真正释放激励制度的效果，增强对优秀人才、急缺人才的吸引力。第四，进一步健全人才培养机制，通过业务带动、岗位练兵、师傅带徒弟、集中培训、评优评奖等方式，加强创新型、开拓型、实干型队伍建设，建立起一支专业能力强、适应能力强、人才结构合理、梯队衔接有序的优质战斗队伍。第五，制定人才战略规划，将内部培养和外部引进相结合，着重引进符合传媒战略发展需要的关键性、稀缺型人才。制定完善的人才培训机制，加大对培训的资源投入，建立各层次的人才培训计划，为改革发展提供人才保障。

积极探索传播手段创新，要提高三大集团产品的到达率、阅读率、点赞率和转发率，实现快速、移动、全媒体、分众、互动、权威传播。要建设融合内容生产制作系统。以"大编辑中心＋垂直采编部门"模式，建立内容生产一体化组织体系，提供"采、编、播、存、用"全流程一站式媒体服务，"一次采集、多种产品、多媒体传播"。要推动传统媒体与新媒体人员融合。打通各传媒人才使用通道，推动名记者、名编辑、名评论员、名主持人到新媒体平台上施展才华，培养适应媒体融合的新型人才。推出高质高效媒体产品，建立以用户为核心的传播力考核评价体系，提升媒体原创能力、精品生产能力、产品运营能力和用户凝聚能力，增强媒体产品传播力。充分运用社交化、分众化、精准化等新的传播手段，有效实现内容与技术相互支撑、与渠道有机结合；充分运用数据抓取、云计算、大数据分析等技术，有效整合内容资源，提升数据存储挖掘利用能力；充分运用无人机采集、全景拍摄等技术，不断丰富表现形式，增强媒体产品呈现与传播的冲击力。

三大集团要追踪和研究世界传媒发展最先进的技术，加大力度引进数字广播、数字电视、网络技术、信息安全等前沿技术，驱动传统媒体从线性传播全面向非线性传播转变。按计划完成全媒体动态媒资库、全媒体内容生态平台、全渠道互动运营平台（整合营销平台）、全指挥中心建设及音视频内容服务等。增强多渠道运营能力、传媒与用户联动能力。全力推动三大集团各业务融合转型升级，整合现有的内容生产、用户运营、广告经营等数据资源和社会公共数据资源，打造媒体终端产品、内容生态体系、互动运营体系的大数据智能化能力平台。如广电集团要进一步推进高清化升级，推动深圳建成以4K电视为核心的超高清互动数字家庭网络，助力深圳"智慧城市"和信息化建设。

加快推进深圳媒体融合工程实验室建设，强化技术研发内化，提升技术驱动力，积极占领媒体融合的技术制高点。要加强传输覆盖技术建设，推进基础设施数字化、网络化进程，建立全球一体化的采编播报系统，配备先进的采编技术装备。要配备先进的移动通信设施，建成功能完备的移动多媒体发稿系统、信息传输系统。要扩大网站基础设施规模，提升技术应用水平和创新能力。要加快发展移动新兴媒体业务，提高数据传输速率，建设国际网络数据中心，优化网络数据分布结构。要建立传媒核心研发团队，加快传播技术自主研发，注重在引进、吸收、集成基础上进行再创新，提高传播关键技术的自主创新能力，在科技创新基础上提升传播能力。

（三）传播内容创新

内容为王，必须树立以公信力取胜的国际传播理念，既要汲取国际社会共同认可的传播价值理念，又要向国际社会贡献有中国媒体特色的国际传播理念。

1. 专业性打造传媒公信力[①]

不同国家基本认可公信力界定标准就是新闻传播的专业性，例如，半岛电台的成功也就是因为坚持了新闻传播的专业性，从而崛起成为有世界影响力的国际传媒。要依托传媒集团的全媒体新闻中心，要强化新闻宣传的整体统筹协调与编排创新，在重大主题、日常报道过程中，切实做到各渠道、各专栏、节目的分工合作、整体协同，最大限度地体现专业性，营造传播声势，扩大传播效果，提升公信力。三大集团在继续做好现有专栏与品牌节目以外，着力创新内容传播，以专业性赢取公信力，全力构建有专业特色的品牌专栏或节目矩阵。

2. 专业性与深圳视角的特殊性结合

传播就像一杯"白开水"那样客观而无味道，特殊视角、特殊理念的传播体现出"个性与特色"，体现出传媒核心竞争力。深圳传媒必须将专业性与深圳视角的特殊性结合起来，传递深圳视角、深圳立场、深圳观点、深圳风格、深圳元素，用"深圳立场、国际表达""讲好深圳故事"的视角赢得国际公信力。要精心打造好一批"深圳原创"新闻报道、影视剧目，力争在央视一套播出，力争有更多的作品入选中宣部"五个一工程"奖等重要奖项。精细撰写、拍摄好一批"深圳原创"记录精品，更好地反映深圳城市精神风貌。着力推广深圳市举办的各种大型活动如高交会、文博会等，持续扩大活动影响，不断擦亮活动品牌。围绕"高端化""深度化""精品化"三大主要原则，改版升级品牌栏目与专栏，进一步创新、丰富节目的报道思路与表现形式，增强节目传播的时效与实效，更好地发

[①] 公信力的概念源于英文词 credibility，意指为某一件事进行报告、解释和辩护的责任；为自己的行为负责任，并接受质询。公信力是指在社会公共生活中，公共权力面对时间差序、公众交往以及利益交换所表现出的一种公平、正义、效率、人道、民主、责任的信任力。公信力既是一种社会系统信任，同时也是公共权威的真实表达，属政治伦理范畴。

出新时代中国特色社会主义的最强音,发出广东"四个走在全国前列"的最强音,发出深圳"新时代走在最前列、新征程勇当尖兵"的最强音。

3. 本土特色与国际传播相结合

深圳传媒要寻找国内外传播的共同规律,把握两者之间的差异性。"民族的才是世界的",立足深圳本土特色,才有传播全球化。本土信息本土化生产、本土化设计、本土化包装,再根据不同国家(地区)、不同受众的文化心理、生活习惯,有区别性地对外传播,推出符合当地民众兴趣、口味的传媒产品,内容、形式既要具多样性、丰富性,同时又要具个性化、特色化。

围绕发展新时代中国特色社会主义文化,在关注重大题材、聚焦本土事件、侧重"深圳制造"上继续发力,深入推进精品战略工程,不断推出思想精深、艺术精湛、制作精良相统一的精品力作。强化深圳特区改革开放前沿特色,以贴近性和亲和力为目标,继续做足、做深、做透本土民生新闻,不断提升传媒内容质量及丰富性。强化全媒体传播思维,按照互联网传播的规律和要求,着力开发并推出更多更具个性的融合传播产品特别是"爆款产品",并通过"两微一端"平台、腾讯新闻、今日头条、人民网等具有强大影响力的新媒体平台进行大力传播,不拘一格、不遗余力地抢占舆论传播阵地,扩大传媒影响。

(四)经营模式创新

1. 创新多元化市场经营,提高市场经营效益

经营模式创新就是要实施兼并重组战略,实现规模化、多元化发展。鼓励跨行业、跨地区、跨媒体、跨所有制的规模化经营,变单一经营为多元经营。要打破地方行政干预,以资本与市场为纽带,以国有资本做大做强为准则,培育导向正确、主业突出、实力雄厚、影响力大、核心竞争力强的传媒集团。深圳报业集团地铁传媒公司"走出去"的过程中,逐步探索出各种信息共享、资源合作、共同投资、多领域产业合作等丰富的合作模式。深圳广电集团也不断拓展多元化经营,在影视制作、文化地产、文化金融、新媒体经营等领域培育新的增长点,以多元发展反哺新闻宣传主业。

三大集团要把文化地产、影视产业、文化金融、新媒体等业务打造成为传媒重要的经济增长点。实施商业模式创新工程,积极探索在广告、创

意设计、会展、影视制作、艺术品、新媒体、文化金融等文化创意产业及其相关领域内的跨界发展。

2. 加快投融资体制改革，拓宽投融资渠道

传媒产业发展的突出特点是大投资大回报。深圳传媒投资渠道狭窄，政府财政支持有限和传媒自身发展资金不足，必须加快传媒投融资体制改革，拓宽投融资渠道。要支持三大集团拓宽投融资渠道，加快培育深圳新闻网、文博会公司、CUTV、书城投控、弘文公司等新的上市主体，发起或参与3—5支文化类产业投资基金。探索启动特殊管理股制度试点、上市公司股权激励机制和职业经理人制度。充分发挥资金在媒体发展中的引导调控作用，探索设立"媒体发展专项资金"，积极支持传统媒体控股或参股互联网、科技企业，支持符合条件的新媒体企业上市融资。

鼓励有条件的国有大中型企业投资深圳传媒，积极构建一批以国有资本为主体的传媒投融资运营主体。鼓励各类社会资本投资时政类传媒之外的传媒经营产业，实现投资主体多元化。按照市场规律，运用市场手段整合各种社会传播资源，充分利用传媒信息内容、运作模式、营销渠道、专业人士、传播品牌等优势，加快发展步伐，提高深圳传媒传播竞争力与赢利能力。借助于天威视讯、深新传媒等上市平台的功能，积极完善产业布局、打通产业链条，从战略层面推动公司经营结构的调整，有效培育更加具有支撑作用的新的业务增长点，实现自身的跨越式发展。

3. 粗放型增长模式向集约型增长模式转变

三大集团要迅速壮大，实现跨越式、追赶式发展，关键是转变增长模式。增长模式的转变不仅涉及发展理念的转变，还关系到发展模式、发展路径的转型与创新，是一项综合性、系统性的战略转变。必须从注重传媒数量的扩张、粗放型增长模式转变为注重传媒质量提升、集约型增长模式。从主要依靠增加投入，铺新摊子，高投入、高消耗、低质量、低产出转变到主要依靠科技进步和提高人才素质上来，以经济效益为中心，优化生产要素。少投入、低消耗、高技术、高质量、高产出的集约型增长模式将全面提高传媒发展的协调性、全面性、持续性，打造具有国际竞争力的一流跨国传媒集团。

要实现组织结构融合型、扁平化、精干化、专业化；改革广告经营管

理机制，制定有效的经营及激励政策；要提高传媒服务意识与能力，加强重点行业营销；增强节目与广告的良性互动，实现内容及传播融合创新；按照"融合发展、转型升级"的改革思路和"智慧家庭、智慧社区和智慧城市"的战略转型方向，做好传媒升级改造工作；提供增值业务、聚焦集客业务，提升用户体验。

二 推动深度融合

传媒融合是传媒业的发展趋势，随着传媒数字化深入，多媒体融合最终可能融合为一种传媒，深层意义上建构传媒形态融合的最高态。5G来临带来的网速和带宽的迅速提升，手机终端已经复制了PC机所有功能，无线网络无缝覆盖，技术进步让合而为一的传媒形态成为可能。经济层面上，传媒成本降低，出现巨大商机。技术层面上，多媒体单一平台更加贴近用户实际需求。人性层面上，共享所有资源，减少资源浪费。传媒形态的融合将不断体现出融合深度与广度。技术将催生出更高形态的融合传媒。

深圳传媒融合时代已经到来，丰富的内容资源和一流的制作能力，结合互联网创新技术和应用经验，推动传媒数字化和互联网化转型，提升深圳融媒体制作能力，将助力传媒融合打造自主可控、具有强大影响力的综合性传媒集团。传媒技术创新要着力于突破互联网核心技术，媒体融合方面仍有很大创新空间，"融为一体、合而为一"是未来深圳传媒融合的方向，将传媒平台优势和互联网技术优势结合起来，不断丰富主流传媒报道的内容和形式，触达更广泛的用户，产生最可能广泛的影响力。

深圳传媒融合，不仅要实现信息资源的共享，更要实现各自受众群的交叉共享。互联网特别是移动互联网的发展，传者和受者身份随时转换，受者转化为精准用户，由于受者或用户偏好不同，传媒融合接触受众、用户的可能性因融合变大，传媒的受众、用户从单一线性转化为多重重叠性，受众、用户覆盖面更广泛。

要建设一流的媒体融合重点项目，拓展新兴传播平台。报业集团、广电集团要加快建设媒体融合新闻中心和媒体融合重点实验室，构建新型高效、技术先进的融媒体新闻采编平台，建设一批精品专栏和节目，重点打造

"读特""读创""壹深圳"等在全国具有显著影响力的新闻客户端，建设 CUTV 深圳台等具有聚合功能的网络内容服务平台和深圳 Zaker、深圳网易等移动新媒体集群。出版发行集团要加快构建数字出版生产流程，建设融媒体阅读创新实验室，将全民阅读 APP、掌上书城 APP 打造成为"互联网+读书"的重点平台。建设技术标准统一的内容、用户、云版权数据库，建立信息内容数据交换机制。积极融入"智慧深圳"布局，推进"互联网+家"项目建设，加快有线广电网络数字化、双向化、宽带化改造升级。

要打造价值产业链、区域多媒体集群、资本运营。并不是视频网站上有了电视的节目，在手机里能听到广播就是传统广电媒体与新媒体的融合——内容层面的进驻只是表层的融合，只有产业的融合才能达到真正的融合，也是最大的融合，产业的融合同时也需要技术、资本、内容等各种资源的融合，深层次的融合必须克服困难进行。

三 加强网络传播

习近平总书记在全国网络安全和信息化工作会议上的重要讲话，进一步体现了中央对网络工作的高度重视，必须深入学习贯彻习近平网络强国战略思想，深刻认识它的重大理论和实践意义，切实用它武装头脑、指导实践，构建强有力的网络传播体系，形成网络传播的清朗空间，打造新时代网络强市。

互联网技术融合了当前我们正在讨论的很多热点技术和领域，比如说人工智能、智能制造、大数据或者云平台。近几年出现了以物联网、云计算、大数据、移动互联网为代表的新一代信息技术，以前像新浪、搜狐、网易，现在像 QQ、微信，技术能力决定传播能力，传播能力决定影响能力。技术创新是推动传媒发展尤其是互联网国际传播力的重要动力。要充分发挥信息化驱动引领作用，发挥信息化对新旧动能转换的驱动作用，增创深圳发展新优势。各级领导班子、网信办、各区各部门都要各司其职、各负其责、密切配合，形成推动深圳网络传播事业发展的工作合力，为建设网络强市做出应有贡献。

首先，努力在国际网络传播技术领域实现更多"深圳创造"。整合互联网技术研发力量和资源，加大网络关键技术攻关力度；创新技术研发机制，加强政府部门、网络媒体、网络技术企业、高等院校和科研院所的交流合作；加快互联网核心装备技术国产化，提升互联网行业原始创新、集成创新和引进消化吸收再创新能力；为网络技术创新提供良好的社会环境，着力维护网络技术产权，保证网络信息安全、文化安全和国家安全。

其次，加快科技创新成果转化。积极运用现代科技手段优化新闻业务流程和产品体系，加大先进技术设施和设备的配备力度，使高新技术成为推动我国媒体创新和增强传播能力的强劲动力；加强技术交流合作，积极构建国际化、多元化的技术交流合作体系，加快推进技术标准体系建设，积极参与国际传媒领域相关标准制定，抢占传媒技术制高点，力争在国际新闻信息传播领域产生更大影响。

最后，重点网络媒体应积极运用新技术，着力提升国家传播力。西方一流媒体以雄厚技术实力作为其整体实力和核心竞争力的重要支撑，积极应用新技术优化其业务流程和产品体系。美联社在21世纪初推出"数字美联"计划，不仅把传统新闻产品平移到数字化平台上，还积极开发各种针对新媒体的新产品。

网络传播是一项长期任务，做好内容是关键。互联网内容建设是网络管理的核心与关键，加强互联网内容建设，内容创新永远在路上，不断推进网络内容传播力建设，讲好深圳创新故事。要创新改进网络宣传，运用网络传播规律，弘扬主旋律，激发正能量。进行网络内容建设，需要更新传播观念，树立新媒体理念与思维，充分发挥网络的及时性、开放性和交互性特征，调整传播策略，以新媒体为先进行传播。互联网和移动互联网的发展使受众群体发生流动，深圳网络传媒面对的不仅是2000万深圳市民，全世界人民都是深圳"网民"。因此，网络传播工作应时时"在线"，实现"网民在哪里，宣传报道触角就要伸向哪里"。目前，以"两微一端"（微博、微信、客户端）为代表的新媒体成为用户信息获取的主要平台，微传播[①]成为主流传播方式。因此，网络内容建设需要在网民聚集的

---

① 微传播的核心特征就是"微"，有广义与狭义之分。狭义的微传播是以微博、微信等自媒体为媒介的信息传播方式。广义的微传播是指以微博客、手机短信、彩信、飞信、QQ、MSN、户外显示屏、出租车呼叫台等为媒介的信息传播方式。

平台上建立起"阵地"，影响用户的信息获取内容。利用网络传播，特别是移动互联网传播的快捷性和广泛性，进行多对多式传播。

网络内容需要运用网络语言，通过网络化表达方式提升内容的传播力和影响力。网络话语体系建设，一方面要保证网络用语的科学性、准确性和先进性，以习近平新时代中国特色社会主义思想为指导进行信息传播。另一方面，进行网络信息的人格化表达构建，通过转变文风，以网民喜闻乐见的方式进行内容传播。例如，在政治传播中，把内容信息包装成贴近网民的形式，吸引力、亲和力和感染力大大提升。新传播技术提供了全视野和多角度的内容，增加了内容传播的新鲜性与趣味性，有利于吸引网民尤其是年轻网民关注，网民可以获得独特的个性体验。

要充分发挥互联网内容建设过程中的各方优势，不同网络传播主体在网络内容建设中占据不同地位，发挥不同作用。只有网络传播主体共同努力建设，才能充分发挥互联网的经济功用、社会功用、政治功用，保持网络空间清朗；才能提高互联网内容质量，提高互联网传播水平，为实现中华民族的伟大复兴提供强大的舆论保证。实施网络内容建设工程，推动优秀传统文化和当代文化精品网络传播，制作适合互联网和手机等新兴媒体传播的内容，鼓励网民创作积极健康的网络文化作品。支持重点新闻网站加快发展，打造一批在国内外有较强影响力的综合性网站和特色网站，广泛开展文明网站创建，推动文明办网、文明上网，督促网络运营服务企业履行法律义务和社会责任。加强网络法制建设，加快形成法律规范、行政监管、行业自律、技术保障、公众监督、社会教育相结合的互联网管理体系，加强对社交网络和即时通信工具等的引导和管理，规范网上信息传播秩序，培育文明理性的网络环境；依法惩处传播有害信息行为，深入推进整治网络淫秽色情和低俗信息专项行动，严厉打击网络违法犯罪；加大网上个人信息保护力度，建立网络安全评估机制，维护公共利益和国家信息安全。

四 拓展对外传播

深圳正大力拓展对外传播，"大外宣"工作格局初步形成，不断通过对外精准传播成功塑造深圳国际化城市形象，让世界听见深圳"好声音"。

(一) 加强三大集团外宣阵地建设

深圳报业集团所属《香港商报》要加强新媒体平台建设，在媒体融合上迈出实质性步伐，抓住粤港澳大湾区建设战略机遇，提升外宣品牌知名度与影响力。香港《经济导报》要创新报道形式和内容，更加贴近香港读者；发挥入台优势，扩大在台影响力。深圳新闻网要建设多语种对外传播平台。*Shenzhen Daily* 要高起点、高标准建设好，向世界全方位宣传展示与推广深圳城市形象。以深圳英文门户网站为依托，与谷歌合作，通过谷歌在海外网络主流渠道推介深圳，提升深圳的国际知名度和影响力。2018年3月深圳英文官方网站总访问量达到5.98万人次，超过北京英文官方网站5.78万人次的访问量，跃居地方政府英文网站访问量第一位。

深圳广电集团要更有力地面向港澳台、面向世界宣传深圳改革开放成就、展示深圳城市风采。在境外，深圳卫视国际频道实现在港澳、亚太、欧洲、北美等地区的有效覆盖，并在香港取得了收视排名位居国内落地香港外宣频道第一的较好成绩。对此，原国家新闻出版广电总局高度肯定，评价深圳卫视国际频道"改变了国内电视媒体在香港和海外的生存状态"。

深圳出版发行集团要实施文化"走出去"工程，加强国际出版交流合作，加强海天出版社版权输出力度，实施海天版图书"e借船出海欧美推广计划"，建设非遗数据库以及"走出去"的交流展示平台。加强与海上丝绸之路周边国家和地区的出版文化交流，策划出版中国传统海洋文明丛书和21世纪海上丝绸之路系列丛书，建立丝路共同体的基础性知识框架；与日本、韩国、中国香港、中国台湾等国家和地区的出版与设计机构合作，筹建亚太出版与设计联盟，建设"一带一路"出版与人文数据库。构建出版输出商贸平台，充分利用益文公司图书进出口资质，联合国内优秀出版发行企业组成展团，参与中国香港、中国台北、新加坡和马来西亚等国际华文书展；以中国香港、中国台湾、马来西亚、新加坡等地为基地，面向丝路国家，推动双边和多边在版权贸易、精品翻译、教材推广、网络游戏和出版物数据库推广、重点图书展会和出版本土化等方面开展交流与合作，构建有效的出版输出商贸平台。加强与联合国教科文组织的联系，传播深圳全民阅读事业成就，增进与深圳友好城市的阅读文化交流合作。

(二) 创新开展外宣主体工作

以创新为驱动,以城市为主体,活动为平台,媒体为渠道,整合全市外宣资源,形成工作集聚效应,增强外宣主体工作影响。

1. 利用品牌活动提升城市形象

每一个品牌活动都是城市的印记,一个个主题宣传串起来就是城市的形象。如:"一带一路"国际音乐季邀请俄罗斯塔斯社、奥地利国际广播电台、印度电视新闻台等进行专门采访,在博鳌论坛发放宣传册页,首次延伸至周边城市香港、广州投放地铁广告。新华社、中央电视台、人民日报社等中央媒体集中报道音乐季和深圳,CBS、NBC、《匹兹堡邮报》、《迈阿密先驱报》、《加拿大全国邮报》、韩联社等纷纷转载,各大媒体转载量2059篇,今日头条24小时阅读量达到1100万人次。

以设计为媒介推广深圳城市形象。在法国昂吉莱班举行的第十一届联合国教科文组织创意城市网络年会上,深圳作为中国第一个、全球第六个"设计之都"在大会主论坛和子论坛发言,向世界介绍深圳设计、深圳城市文化。在首尔举行的世界城市文化论坛上发言,向世界推介深圳城市文化。深圳设计周期间,主展览等45项活动均向媒体提供丰富的采访资源、背景材料,海内外众多媒体对首届深圳设计周给予充分肯定,55家媒体发表相关报道220篇,其中包括6家境外专业设计类媒体发表的消息和评论,引起业内关注。

"网宣+外宣"共同营销深圳城市形象。深圳发布厅联合深圳新闻网策划制作原创视频《外国人眼中的深圳》,推出后获得省内外媒体以及广大网友的热评和转发,一度登上新浪微博热搜榜。

2. 拓展外宣渠道

纽约时报广场、多伦多登达仕广场大屏幕和加拿大早间黄金时段的新闻栏目大力宣传深圳,"深圳形象"深入人心。通过全球创意城市网络、外事部门"城市+(city plus)"信息平台,延伸拓展外宣渠道。举办联合国教科文组织创意城市网络深圳创意设计新锐奖,邀请全球青年设计师齐聚深圳,进一步扩大深圳在全球创意城市网络的知名度和美誉度。进一步加强与外事部门合作,主动将外宣工作融合到"城市+(city plus)"信息平台,通过该平台向全球友城宣传推介深圳。

加强深港新闻界交流，组织世界传媒来深采访报道团，通过他们的渠道，向世界展示深圳城市形象与魅力。有关集中采访或者访问，均为相关地区、相关领域的意见领袖或者媒体精英，他们的亲身体会、广泛传播对深圳的城市形象提升有着持久性意义。

3. 优化外宣内容

优化外宣内容供给，制作一部新的城市形象宣传片，更新一本《深圳画册》，制作一本新的《深圳概览》和一份深圳宣传折页，印制一份深圳英文地图。优化图片库，邀请高水平摄影师对深圳文化活动，特别是纳入"城市文化菜单"的每一项活动都进行拍摄录制、整理入库。制作城市形象宣传片，介绍深圳的城市环境、营商环境、创新优势和发展战略，进一步展示深圳的美好形象，中央电视台国际频道播放《丝路古韵话鹏城》《深圳：创业之都》专题片，央视纪录片《这里是中国》积极推介深圳城市风貌，《魅力深圳》电视专栏持续在欧洲、澳大利亚播出，《设计深圳》《温暖深圳》等系列专题片传播深圳形象。

（三）健全大外宣工作机制

进一步深入发掘全市外宣资源力量，发挥各部门在各自领域对开展外宣工作的优势，整合经贸外宣、文体旅游外宣、教育外宣、科技外宣等资源，形成全市外宣一盘棋的工作格局，推动外宣工作全面开展。创新外宣途径，开辟"企业外宣"新道路。在全球化新形势下，越来越多的深圳企业"走出去"，影响力日益增强。这些"走出去"的企业，是深圳开展外宣的独特资源、优势资源。如以与比亚迪合作为突破口，在国际活动、品牌推广等方面开展互动，展示国家形象，展示深圳城市形象，实现共赢发展。

联合外宣、外事、文化、创新等有关资源，由过去的"单兵作战"转为"集团作战"，以融合科技与文化、传统与现代、线上与线上、政府与民间的模式，探索对外宣传与城市推介的新路子，赢得全球瞩目。深圳原创大型交响乐《人文颂》巡演全球，《人文颂》在联合国教科文组织总部成功上演，这是中国文艺团体首次应邀于"国际和平日"在国际组织总部亮相，对中国城市文化"走出去"，具有重要标志性意义。

在打造国际化城市当下，对外传播力需要深圳传媒强起来"走出去"，同时也要会用善用各国传媒资源，要瞄准一些关键性的指标，有针对性地工作，针对深圳传媒国外发行销售渠道不足、覆盖率不足、推广不力等，有针对地对传媒做大做强提供配套服务。针对西方传媒对深圳了解不够，报道有失公允，可以多邀请国外传媒到深圳来看一看，国际性的形象推广活动要多策划、树品牌。

第四节　案例

一　读特

读特新闻客户端是《深圳特区报》倾力打造的一款新闻类APP，是推动《深圳特区报》融合发展转型发展，高起点高标准建设的新闻客户端，是《深圳文化创新发展2020（实施方案）》确定的深圳建设媒体融合重点项目，其目标是成为"在全国具有显著影响力的新闻客户端"。截至目前，读特下载量超过130万次。

2016年3月28日读特新闻客户端隆重上线，时任广东省委副书记、深圳市委书记马兴瑞，广东省委常委、宣传部部长慎海雄，深圳市委常委、宣传部部长李小甘等领导和嘉宾出席上线启动仪式。其后，读特与宝安区委宣传部合办的宝安频道上线，随后相继上线了福田、罗湖、龙岗、坪山频道。继与各区展开合作之后，读特客户端进一步加强和中央媒体的联系，与人民日报媒体技术公司签署战略合作协议。

2017年，新闻机器人"读特"亮相全国两会，引起央媒和海外媒体的强烈关注。读特记者在全国两会上向总理提问。其后，读特APP 3.0版正式上线，亮出"读懂深圳，首选读特"的口号，集新闻、政务、资讯、服务于一体，拥有更强大的后台系统，用户体验更加方便快捷，初步搭建起一站式新闻资讯与政务服务新媒体平台。

读特不断加强与全市各单位沟通与合作，一是与市委组织部合办的"党建"频道上线，"党建"频道的做法受到省"两学一做"学习教育情况通报表扬、被中组部大组工网各地"两学一做"动态栏目刊登；二是与深圳市安全生产监督管理局合办的"安监"频道上线。2018年3月28日，读特上线两周年举办了读特深圳号入驻仪式。全市50家市直单位和各区宣传部领导出席入驻仪式。

读特注重通过竞赛提升技能，2017年11月21日，经过深圳市的初赛、复赛，广东省的半决赛和决赛，"读特探索移动时代智慧党建新途径"项目参加由广东省直机关工委、省改革办、省总工会、省妇联、团省委共同主办的广东省直单位第五届技能大赛暨市县机关工作技能邀请赛决赛，获得第一名，是深圳市参与五届比赛以来取得最好的成绩。

读特客户端注重视频报道，视频团队制作的《20年前这位中国军人在香港一句话震撼世界》被全国各大新媒体平台如新华社客户端、人民日报客户端、今日头条、一点资讯等大量转载、转发，全网阅读量超过1.2亿人次，创广东省单篇新闻作品阅读量新高。视频《梦中的桥》、H5《粤动我心声》入选《人民日报》"十九大融合报道精品100案例"。在成都举行的第五届中国网络视听大会媒体融合发展峰会上，2017全国党媒优秀原创视频评选揭晓，原创视频《"你们可以下岗 我们上岗"——20年前中英防务交接仪式亲历者揭秘》，获得十佳选题奖。

2018年2月9日，中国媒体融合年度先锋榜发布，共有3家中央媒体、10家地方媒体上榜，读特客户端是深圳市唯一入选的地方媒体。

图4-1 "读特"新闻客户端

二 深圳卫视《直播港澳台》

深圳卫视是深圳广播电影电视集团旗下的卫星电视频道，2004年6月

28日正式开播。短短10多年时间，全国覆盖人口近9亿。《直播港澳台》是深圳卫视历经12年打造的超强新闻航母战斗群。2006年5月1日开播，每天15分钟晚间黄金时间播出，节目团队从最初的寥寥几人到现在的百人规模，时长从每天15分钟的港澳台资讯到现在每周10小时的深度时评新闻，包括三档深度时评新闻《决胜制高点》《军情直播间》《关键洞察力》以及周末季播栏目，是现阶段全国最具特色的新闻栏目带。节目在全球政治经济热地华盛顿、台北、东京、北京、上海、香港六地设记者站。拥有一批年轻、专业、高颜值的强大记者，每日奔赴新闻现场，采集最鲜活素材。为观众呈现"四有"新闻。

有角度：今天的中国是世界第二大经济体，国际局势日益复杂，中国人越来越希望往外看，《直播港澳台》以深度评论和多元角度，给内地民众提供一个观察世界的新窗口。节目采用4D新闻策略：Difference 差异化：构建独特性，体现在新闻节目的发展方向、选题定位及日常采编操作；Desensitization 脱敏化：把握住敏感新闻报道的分寸，将敏感信息做"非敏感"处理；Diversity 多元化：多维视角与思维，在报道事件真相的时候会从多维角度看待问题；Depth 深度：深入了解事件，把新闻做好，做透。

有深度：是省级卫视中唯一拥有美国国务院和国防部采访证、唯一设立美国常驻记者站、唯一受邀报道国防部例行记者会的媒体。团队记者出现在每个重要的国内外事件现场，2017年境外采访高达百余人次，报道国家领导人的重要出访以及重大国际会议，等等。凭借独特视角和一手资料呈现鲜活报道，将"中国关注"带到了世界面前，在国际媒体和观众前惊艳亮相。节目嘉宾智库由460位专家学者构成，包括驻外大使、将军、国务院参事、海外学者、社科院研究员、国防大学教授等，很多人是国家党政机关及中央军委智囊团成员。

有市场活力：全国最具市场意识的新闻团队，为满足客户的创新需求及新闻栏目年轻化的尝试，自我突破，栏目与麦当劳创新打造"巨无霸说"，是兼顾观众和客户的市场化意识的新闻团队。"巨无霸说"以新闻+说唱的创新姿态，是与客户互动合作的一个良好示范案例。"巨无霸说"10秒左右的板块片头，融入麦当劳巨无霸素材、巨无霸说logo。片头由深圳卫视新闻中心为巨无霸量身制作。从"媒体巨无霸"的概念入手，打造"巨无霸说"全 3D 片头。

有影响力：涉军涉外报道稳居省级卫视第一，多次受到军方高度赞扬和大力支持，解放军空军政治部、海政宣传局、国防部新闻局专门发函感谢。中国军界三位知名发言人主动提出到栏目考察，就涉军报道和国防信息发布与栏目交流，听取意见。中宣部新闻局《新闻阅评》第 77 期评论主题表扬深圳卫视。2017 年出品八集系列片《深港同舟二十年》，呈现香港回归祖国 20 年来深港双城携手共进的岁月，获得原国家广电总局重大题材播出许可证，并获中宣部表扬。

《直播港澳台》收视全国同类栏目遥遥领先，同类型节目中稳居榜首。除了在电视端呈现，在微信、今日头条、微博上呈现精彩片段。微信公众号粉丝 21 万个，年阅读量 500 万人次！头条号粉丝 143 万个，年阅读量超过 10 亿人次！在今日头条每周发布的《电视节目头条号排行榜》上长期稳居榜首；《决胜制高点》《关键洞察力》等长期处于前十。《直播港澳台》脱颖而出，持续领跑的原因主要有以下几个方面。

第一，把握时势，开风气之先。当前中国处在一个复杂的转型期，各种矛盾问题突出，周边安全形势严峻而复杂，国民的心态也在急剧变化。新闻栏目及时把握时势，创新领跑。《直播港澳台》形态上从资讯播报类节目转向深度的时评类节目，内容上从传统的"港澳台社会时政新闻"转向"关注中国周边局势安全"，"关注国家核心利益"。以国际视角看中国的安全、外交及军事战略。

第二，前沿特色，"港澳台"气质。节目不管是语态、风格，主持人个性化，评论员多元化，还是观点新锐、节目包装的清新等，都与传统新闻栏目有"质"的差别，立足深圳和珠三角改革开放前沿，依托跟国际社会和西方世界直接连通、完全融合的港澳台地区，放眼中国周边从朝鲜半岛开始，沿东亚一直到南亚次大陆的弧形区域……确定对本区域的特别关注。以港台新闻起家，既兼具台湾的生动活泼与香港的严谨简洁，又具备深圳人的竞争意识，更不懈追求国际视野。

第三，深度评论，观点多元化。由资讯向深度转变，直播中引入卫星连线和在地评论的操作经验，发掘、培养和集聚了境内外一大批时事评论员、媒体人、相关领域问题专家学者，差异化的观点在节目中交汇交锋，为观众营造了一个多元化视角的舆论场。作为内地电视新闻最早开启大篇幅连线评论的时评节目。嘉宾的专业点评已成为观众们最喜爱的板块!"评论+深度化""观点+多元化"成就新闻的高度!

第四,炫酷3D,强视觉冲击。拥有省级卫视中最豪华虚拟演播大厅。三维虚拟演播室融合多种视听手段的同时,更采用先进视频技术,随着主持人的讲解,武器模型会清晰地层层拆解呈现,战局兵棋会详细地推演,武器更逼真,舞美更炫酷。

图4-2 深圳卫视《直播港澳台》

三 深圳新闻网

深圳是中国改革开放的窗口,深圳新闻网是深圳第一新闻门户网站。

深圳新闻网是经国务院新闻办批准，由广东省委宣传部、深圳市委宣传部主管，深圳报业集团主办的深圳唯一一家重点新闻网站，第一新闻门户，每天提供超过百万文字量的新闻和资讯，是深圳人温暖的网络家园，是全球网民了解深圳资讯的窗口。

作为深圳市唯一一家证照齐全的官方网站，深圳新闻网拥有互联网出版许可证、网络文化经营许可证、互联网新闻信息服务许可证、信息网络传播视听节目许可证、增值电信业务经营许可证、广播电视节目制作经营许可证等牌照。

深圳新闻网旗下拥有福田、罗湖、南山、盐田、宝安、龙岗、光明、龙华、坪山、大鹏、前海 11 个区级综合子新闻网站，拥有华南地区最大的城市论坛——深圳论坛，提供深圳报业集团旗下《深圳特区报》《深圳商报》《深圳晚报》《晶报》等报纸的数字报服务。网站内容涵盖全深圳，辐射全中国，拥有焦点、视频、专题、直播车、舆情、文化、评论、金融、鹏城眼等在内的 34 个频道，横跨九大行业，打造了《民生二维码》《在现场》《直播车行动》《鹏城眼》《星期三查餐厅》等一批有影响力和传播力的内容品牌专栏。

深圳新闻网拥有深圳最大的舆情分析系统和分析团队，为市委市政府、各政府部门和社会机构提供最权威的舆情服务。深圳新闻网深耕各级党政机关、企业的新媒体代运营服务，截至 2017 年年底，代运营或合作共建了 20 多个政府部门网站，代运营了深圳工会等近 100 个微信公众号，在深圳党政系统有巨大影响力。

深圳新闻网在全国城市网站中影响力巨大，是中国城市网站联盟的理事长单位，也是"一带一路"网盟的会长单位，荣获中国新闻工作者协会"新闻礼赞致敬媒体"称号，荣获中国新闻奖、广东新闻奖、深圳新闻奖等奖项。截至 2017 年年底，深圳新闻网全球网站三个月平均排名（ALEXA）1800 位，在中央网信办推出的城市网站传播力排行榜中，深圳新闻网长期位列第一，形成了自己的特点。

一是赢利能力强的深新传媒。深圳新闻网传媒股份有限公司（简称"深新传媒"，证券代码：871325）是一家以深圳新闻网（www.sznews.com）为平台，以新闻资讯、广告服务、舆情服务、网站建设及运维服务和信息技术服务为主营业务的互联网综合信息服务运营商。深新传媒作为深圳报业集团旗下的互联网企业，2017年6月挂牌新三板，成为广东省第一家依托传统报业集团，整合数字媒体业务，以原有新闻网站为载体登陆资本市场的媒体公司。深新传媒经营能力和赢利水平在全国城市同类网站中位居前列，近几年营业收入和利润均高速增长，利润连续多年突破1000万元。

二是提供高效的舆情服务。深圳新闻网舆情中心是深圳最权威和最专业的舆情监测、研究服务机构，也是全国知名媒体研究机构，提供舆情监测、智能分析、人工研判、处置引导、品牌活动、专业培训等一体化服务。经过多年积累，深网舆情中心建立起一支70多人的专家团队，其中舆情监测专员、舆情分析师、业务管理人员20多人，均来自国内知名高校，拥有不同专业背景；50余人的全国舆情专家库，涵盖高校学者、媒体人士、政协委员、人大代表、民间研究机构代表、网络大V等。

深网舆情中心下设舆情部和互动评论部，其中深圳论坛已成为华南地区最大的城市社区。作为中心核心业务，舆情信息服务更是在近些年取得长足进步与发展，其中核心项目"深圳市网络舆情应对能力排行榜"被纳入政府各部门、各区绩效考核的体系当中，出品的"深圳政务新媒体排行榜""深圳各区网络形象排行榜"成为政府各部门、各区绩效考核评估体系"加分项"的参考指标。

深网舆情中心运营了深圳首个舆情专业研究和服务机构——深圳舆情研究院。深圳舆情研究院2016年11月由中国城市新闻网站联盟和深圳市网络媒体协会共同发起主办，由深圳新闻网承办，舆情中心具体运营，旨在策划和执行各类舆情研究、社会调查、媒体活动，提升深圳城市治理水平和舆情服务水平。

三是运营"两微一端"新媒体。深圳新闻网微信公众号、官方微博是具有官方媒体背景的内容发布平台，微信公众号在深圳微信影响力排行中名列媒体类第一，官方微博影响力也居深圳媒体前列，在《网络传播》城市新闻网站传播力排行榜（微博单项）排名稳定居前三位。

深新传媒拥有全国首个城市级的自媒体内容平台——"@深圳"。通过技术创新，深新传媒将不同形态和载体的深圳党政自媒体和民间自媒体内容，融合连通于一个虚拟内容平台上，共同打造深圳城市级的自媒体内容平台。"@深圳"平台2016年9月上线，目前进驻自媒体260多家，覆盖了深圳自媒体公众号和APP客户端的2200万粉丝群。

四是构建"三圈合一"的新传播生态圈。深圳新闻网通过资本运营手段，下好未来移动战略转型之棋。计划通过资本运营用3—5年构建"三圈合一"的新传播生态圈，打造一个以内容资讯为主的核心圈，以自主传播渠道为辅的传播圈，以资本、技术、人才、品牌等为配套的支撑圈。

核心圈注重实现新形态内容生产，守好网络舆论阵地，全力打造集资讯、服务、论坛于一身的全新"见圳"客户端，打造深圳综合移动门户。传播圈计划用2—3年实现自主渠道传播，按不同产品线特点传播给不同的受众群，实现全网分众式渠道覆盖。支撑圈拟用3—5年完成布局，利用资本运营来实现资金、技术、人才和品牌的有效支撑。

图4-3 深圳新闻网挂牌新三板

四 城市英文门户网站"EYESHENZHEN"

"EYESHENZHEN"网站由深圳市委宣传部主办、*Shenzhen Daily*承办，2016年5月9日正式上线，是《深圳文化创新发展2020（实施方案）》首个完成的重大项目，也是华南地区首个城市对外英文门户网站。上线两年以来，网站不断发展壮大，根据国际权威第三方平台SimilarWeb的统计，

2018年3—5月网站访问量连续三个月超过14万人次，稳居国内城市英文网站前列。

第一，以网络为载体，打造城市品牌。"EYESHENZHEN"直译为"聚焦深圳""观察深圳"。"EYE"由 Equality（平等）、Youth（年轻）、Excellence（卓越）三个英文单词的首位字母组成，寓意深圳的城市特色和价值追求。"EYESHENZHEN"的主色调摒弃了传统政府网站喜欢用的红色、蓝色，选用深圳市花勒杜鹃的颜色，明快热烈，洋溢着亚热带风情，令人眼前一亮。从 LOGO 到富有冲击力的首页大图再到各种指示图标，网站设计形成了自己的一套视觉体系。这套体系应用于网站及相关的社交媒体矩阵，集中打造"EYESHENZHEN"品牌。栏目设置方面，网站设置了新闻报道、涉外服务、文化艺术、多彩深圳、经贸投资、创新深圳、旅游天堂七大频道，同时针对不同用户需求，设置了来深游客、来深投资者、在深外国人三个不同的登录入口，为用户提供精准的信息服务。网站涉外服务栏目和深圳各区、出入境、医院、学校的英文网站实现互联互通，形成了立体信息网络。网站也开设栏目大力弘扬"送人玫瑰，手有余香""来了就是深圳人"等"深圳十大观念"。这些发端于深圳的观念充分体现了深圳良好的市政服务、人文情怀和这座城市海纳百川、英雄不问出处的包容精神。

第二，以柔性为包装，传播刚性内核。内容创作方式上注重将"刚性内核"与"柔性包装"相结合，一方面牢牢把控稿件的导向和立场，另一方面在内容呈现上用外国读者更喜闻乐见的方式，力图改变过去"传而不通"或"通而不受"的尴尬局面。在稿件题材的选择上，坚持正面宣传为主，体现新时代我国经济社会发展成就，展现深圳"改革开放窗口""创新之城""设计之都"的城市形象。同时积极配合市里重大活动，对"深圳文化菜单"中的每场重要活动都做了大量报道，引导国际社会关注深圳，给深圳"点赞"。网站重视视频内容的创作，特别注重通过传统文化的传承等柔性手段来提升我国的对外传播实力。成立了专门的视频团队，该团队以每周1—2个的频率创作中英双语小视频，使"EYESHENZHEN"网站成为以深圳为主题的规模最大、最有影响力的原创双语视频来源。2018年4月深圳"'一带一路'国际音乐季"的开幕音乐会视频得到联合国教科文组织文化助理总干事班德林的大力夸赞。

第三，以报纸为依托，形成报网互动。"EYESHENZHEN"网站背靠 *Shenzhen Daily*，充分利用报纸的采编力量，形成良好的报网互动。一般而言，国际受众更加注重人文性、实用性，更易接受真实的情景和典型的案例。因此，网站非常注重讲述人文故事。网站采编团队联合报纸的采访部门共同挖掘了大量"深圳故事"。如《外国人在深圳》栏目，采访在深圳各行各业外籍人士，通过外籍人士之口来传播深圳，起到事半功倍的效果；《企业家》栏目，讲述在深企业家的创业故事，彰显深圳"创新之城"的城市名片；《文化人物》栏目，采访大量深圳文化名人，体现深圳的文化软实力。

第四，以网站为中心，构建外宣矩阵。在深圳市委外宣办的支持下，网站与谷歌进行合作，结合深圳品牌活动，向全球200多万个谷歌合作网站进行推广。深圳"文化菜单"重大活动期间，网站推出专题报道，并将这些专题报道推送到海外合作网站，从而达到推广"EYESHENZHEN"网站，推广深圳"文化菜单"，进而推广深圳国际形象的三重目标。网站充分利用社交媒体，先后开通了微博、微信、今日头条、Facebook、Twitter、YouTube等新媒体账号。以微信为例，网站上线当天即同步开通了"EYE-SHENZHEN"双语微信公众账号，目前账号已经有2万多个活跃粉丝，其中大部分是居深外籍人士。此外，网站还成立了自己的粉丝微信群，群内90%以上是在深外籍人士，群里气氛活跃，每天都有人发言，网站编辑也经常在群里发布各种便民信息和网站稿件。"All Shenzhen Public Buses Go Electric"这条新闻，网站首发后，被知名环保机构Climate Reality等多个机构转发，在Facebook的阅读量迅速达到49万人次。

第五，以活动为抓手，提升网站黏度。网站注重线上线下结合，举办各种涉外活动，调动各行业外籍人士积极参与。网站举办的"居深外国友人中文演讲暨中华才艺大赛""外眼看深圳""外笔写福田""酒店行业国际礼仪大赛""传统节庆外国人摄影大赛"等活动，已经成为外籍人士耳熟能详的品牌活动。网站常年组织各种体验活动，带领外籍人士深入了解深圳文化。迄今为止已经组织了"手打牛肉丸""蹦极运动""蜡染画""太极拳""包粽子""攀岩""无人健身仓""中医针灸""拔火罐"等体验活动。这些互动性和参与性极强的活动，喜闻乐见，以小见大，既向外籍人士展示了博大精深的中华文化，也丰富了他们的业余生活，受到外籍人士的好评。

图4-4 深圳英文门户网站上线仪式

资料来源：孙玉臣摄。

第五章　建设高水平的公共文化服务体系

改革开放40年来,文化在引导社会、教育人民及推动发展方面发挥了积极的作用。广大人民群众的文化获得感和认同感不断提升,文化创新和创造活力极大激发,文化软实力和文化自信显著增强。人民的精神文化需要是美好生活构成的重要组成部分。党的十九大报告提出,"满足人民过上美好生活的新期待,必须提供丰富的精神食粮";而"完善公共文化服务体系,深入实施文化惠民工程,丰富群众性文化活动"是推动文化事业发展的重要路径。

第一节　现代公共文化服务体系与城市发展

公共文化服务体系建设是我国文化建设的重要组成部分,也是社会发展的一项重要任务。构建现代公共文化服务体系,保障人民群众的基本文化权益,是服务型政府的重要职能。党的十八届三中全会将加快构建现代公共文化服务体系纳入全面深化改革全局,党的十九大也再次强调,要加快构建把社会效益放在首位、社会效益和经济效益相统一的体制机制,不断丰富公共文化服务的内容、创新供给方式是供需对接的实现路径。

一　现代公共文化服务体系特征及其对城市发展的作用

(一)公共文化服务基本概念的提出及发展

2005年党的十六届五中全会通过的《中共中央关于制定国民经济和

社会发展第十一个五年规划的建议》中，第一次出现了"加大政府对文化事业的投入，逐步形成覆盖全社会的比较完备的公共文化服务体系"的政策表述。2006年中央发布的《国家"十一五"时期文化发展规划纲要》专辟一章，就"公共文化服务"问题做出重点论述。此后，出台了一系列关于公共文化服务体系建设的政策。2012年党的十八大对公共文化服务体系建设提出要求："要重点推进文化惠民工程，加大对农村和欠发达地区文化建设的帮扶力度，继续推动公共文化服务设施向社会免费开放……加大重大文化工程和文化项目建设，完善公共文化服务体系，提高服务效能。"党的十八届三中全会通过的《中共中央关于全面深化改革若干重大问题的决定》提出了构建现代公共文化服务体系的重大任务，这是中央文件首次提出构建现代公共文化服务体系的表述。为推进落实，2015年中共中央办公厅、国务院办公厅颁布了《关于加快构建现代公共文化服务体系的意见》（中办发〔2015〕2号）。2016年12月25日第十二届全国人民代表大会常务委员会第二十五次会议通过《中华人民共和国公共文化服务保障法》（以下简称《保障法》），并于2017年3月1日起正式施行。至此，公共文化服务体系建设开启了从行政维护到法律保障的新阶段。

《文化部"十二五"时期公共文化服务体系建设实施纲要》（文公共发〔2013〕3号）界定"公共文化服务体系"为："以公共财政为支撑，以公益性文化单位为骨干，以全体人民为服务对象，现阶段以保障人民群众看电视、听广播、读书看报、进行公共文化鉴赏、参与公共文化活动等基本文化权益为主要内容，向社会提供的公共文化设施、产品、服务及制度体系的总称。"随着社会不断发展，这一概念在《保障法》中得到进一步阐释："由政府主导、社会力量参与，以满足公民基本文化需求为主要目的而提供的公共文化设施、文化产品、文化活动以及其他相关服务。"构建覆盖全社会的现代公共文化服务体系，要始终贯彻坚持社会主义先进文化前进方向，坚持以人民为中心，坚持以社会主义核心价值观为引领的首要的、基本的原则。目标是要通过以文化人、教育引导、实践养成、制度保障等方式，实现好、维护好、发展好广大人民群众的基本文化权益。

(二) 公共文化服务体系与我国服务型政府建设

改革开放以来,为适应社会主义市场经济发展的要求和社会发展的变化,开始了持续不断的政府行政管理体制改革。建设服务型政府的任务可归纳为四个方面:一是转变职能,实现政府职能向创造良好发展环境、提供优质公共服务、维护社会公平正义转变。二是机构改革,加强公共服务部门建设,实现政府机构设置向精简、统一、效能转变。三是制度建设,推行政府绩效管理和行政问责制度,健全对行政权力的监督制度,实现行政运行机制和政府管理方式向规范有序、公开透明、便民高效的转变。四是依法行政,维护社会公平正义,实现政府组织机构、人员编制和工作方式向科学化、规范化、法制化转变。[①] 提供公共文化服务是现代服务型政府的重要职能。《保障法》进一步规范和界定了各级政府在公共文化服务中的权力和责任,并为地方政府在建设现代公共文化服务体系过程中,行政权力不越位、不错位、不缺位提供了基本的法律依据。《保障法》要求:"县级以上人民政府应当将公共文化服务纳入本级国民经济和社会发展规划,按照公益性、基本性、均等性、便利性的要求,加强公共文化设施建设,完善公共文化服务体系,提高公共文化服务效能";"省、自治区、直辖市人民政府根据国家基本公共文化服务指导标准,结合当地实际需求、财政能力和文化特色,制定并调整本行政区域的基本公共文化服务实施标准"。

(三) 公共文化服务的政府供给与社会化供给

公共文化服务的公共品性质及其对公民文化权益的保障功能,决定了政府作为责任主体,在公共文化服务体系建设中扮演了核心角色。但基于政府资源和能力的有限性,又决定了政府在公共文化服务体系建设中不能采取大包大揽的传统模式,必须通过公共文化服务的社会化供给,形成政府力量和社会力量的互补,化解我国公共文化服务体系建设中供给主体结构过于单一所带来的困境。[②] 公共文化服务的社会化供给也是经历了逐步

[①] 高小平:《从服务型政府建设历程看行政管理体制改革的深化》,《中国发展观察》2008年第6期。
[②] 毛少莹等:《公共文化服务概论》,北京师范大学出版社2014年版,第276页。

发展的过程，是中国改革开放以后经济社会快速发展后的内在要求。《保障法》中明确提出公共文化服务是以"政府主导、社会力量参与"的方式实施的，"国家鼓励和支持公民、法人和其他组织参与公共文化服务""国家鼓励社会资本依法投入公共文化服务，拓宽公共文化服务资金来源渠道""国家采取政府购买服务等措施，支持公民、法人和其他组织参与提供公共文化服务"等，将鼓励和支持社会力量参与上升为法定原则。公共文化服务的社会化供给既是政府转变职能的要求，又是国家推动文化治理体系和治理能力现代化的集中体现。

建立文化治理能力现代化的过程中，社会组织的现代化转型发展对于构建治理的多元参与主体极为关键。需要通过相关法律法规来维护公共文化领域建设的内外部秩序，使多元主体的合作机制得以保障。现代化转型要求社会组织必须增强其参与能力，突破将行业协会、联合会等文化社会组织仅定位为"桥梁"功能的局限，赋予其本身更多的文化主体性价值，完成从被动接受到主动参与的转化，焕发社会潜在创新力。当前文化领域公共政策制定、执行、评估过程中，社会参与的管道和方式仍存在单一、不足等特点。文化社会组织成长过程中普遍受专业人才匮乏所制约，组织运营管理也缺乏创新工具及方法的使用，逐步摸索中的各类伙伴关系还未能形成稳固的长效合作机制等。这些问题的存在，决定了改革社会组织登记管理制度并不能完全解决文化社会组织的发展瓶颈，当下更为重要的是需要建立现代化的社会组织管理体制，实现从"准入监管"向"过程监管"转变。[1]

（四）现代公共文化服务体系对城市发展的作用

为了弥补市场失灵，以及市场不能在公共领域高效发挥作用的缺陷，现代公共文化服务体系建设把标准化、均等化作为保障人民群众基本文化权益的政策目标，为公民接触文化艺术提供了平等机会。国家每年大量公共财政预算经费投入公共文化设施、文化产品、文化活动以及其他相关服务。在满足公民基本文化权利的同时，也是政府对公民素养及人力资本的

---

[1] 任珺：《文化流动与文化公共领域治理模式转型》，载《中国文化产业评论》第22卷，上海人民出版社2016年版，第68页。

投资。从人类文明发展历程来看，人的创造性经验往往是从参与文化艺术创作、参与文化艺术欣赏过程中获得的。人们对音乐、戏剧、表演、绘画等艺术欣赏及其他审美文化消费的意愿，取决于人们对文化艺术所具备的知识与理解。而文化艺术趣味也往往是通过公共教育与实践经验而获得的。只有扩大文化艺术接触渠道及选择机会，丰富文化生态的多样性，才能有效激发个体的创造力与社会的整体活力。现代公共文化服务体系承担了民众文化价值建构、文化艺术趣味及创造力培育的社会重任，通过各类公共文化设施（博物馆/纪念馆、图书馆、文化馆/群艺馆、美术馆等）及丰富多彩的群众性文化艺术活动，鼓励并促进公众介入或参与到广泛的文化艺术活动中，让文化艺术实践与地方再造、文化传承及民众日常社区生活紧密联系在一起。世界文化与发展委员会指出，文化多样性不仅有关个体或群体差异，同时也是一种创造力来源。因此，政府对新的实验艺术形式和表现形式的支持不应仅被视为一种消费补贴，而应被视为人类发展投资。[①] 关照到中国语境下，现代公共文化服务体系实际上也是为了人的全面发展及人的创造力培育所做的制度设计。人力资本是影响城市可持续发展的重要因素，它与创新创业紧密联系在一起，决定着城市的整体竞争力。

二 新时代推进现代公共文化服务体系建设必须处理好的关系

习近平总书记在党的十九大报告中指出："中国特色社会主义进入新时代，我国社会主要矛盾已经转化为人民日益增长的美好生活需要和不平衡不充分的发展之间的矛盾。"正确认识当下我国社会主要矛盾发生的新变化，深刻理解"满足人民过上美好生活的新期待，必须提供丰富的精神食粮"，破解新时代矛盾，需要重点处理好文化发展中的四大关系。

（一）尊重文化需要与引导文化需要并行发展的关系

近年来，我国城镇居民文化消费规模日益扩大，呈现一些新的特点，

---

① 联合国教科文组织编：《重塑文化政策——为发展而推动文化多样性的十年》，意娜译，张晓明审校，社会科学文献出版社2016年版，第2页。

即文化消费结构有所变化，文化服务消费超过文化产品消费；文化消费形态呈现多样化趋势，融合时尚、科技、体验等多种元素的新兴文化消费方式不断涌现。① 城镇居民文化消费开始呈现由消遣型、娱乐型向发展型、智能型方向发展，尤其深圳已经进入一个更加重视后物质主义的时代，由"物质文化生活"向"美好生活"迈进。有研究通过对城镇居民消费构成的分析，发现文化消费在消费支出中所占比重在提高，并已经进入更加注重品质的消费阶段；② 有研究也显示：收入水平、受教育程度和公共文化投资对文化消费均具有显著的正向作用，其中收入水平的驱动力最大。③ 这些新现象要求我们必须正确认识人民群众文化需要的变化，注重满足人民群众更加便利的不同层次、多元化、个性化文化消费需求，不断充实文化消费的内容，丰富文化消费的形式，发展积极的文化消费热点及健康消费观念，以适应城镇居民文化消费结构的新要求。新时期我们的公共文化服务体系在保障基本文化需求的同时，也要注重个人文化能力的成长及新的健康需求的培育，引导大众追求真善美，追求精神层面的满足和愉悦。

（二）文化领域治理模式共治与共享协同发展关系

坚持发展为了人民、发展依靠人民、发展成果由人民共享，使全体人民在共建共享发展中有更多获得感。当前文化领域的供给正从"生产者单一，生产者主权"向"生产者多元，消费者主权"逐步转化。这一发展趋势不仅要求文化产品及服务的供给方要像需求方那样思考，而且更为重要的是更多的主体成为生产者。这需要我们能够正确对待社会真实需求以及社群能动者的创造性和行动。当前在深圳，已经出现许多社会创新的力量，它们解决了很多传统公共文化服务供给模式不能解决的问题。引发了我们对城市快速发展中不断呈现的新问题的思考，改变我们以往处理问题的方法。强调"共治"就意味着我们要建立从"文化福利"走向"文化赋权"的发展策略，接近、使用文化产品及服务，自由参加社会文化生活

---

① 李蕊：《中国城镇居民文化消费：现状、趋势与政策建议》，《消费经济》2014年第6期。
② 同上。
③ 扈瑞鹏、马玉琪、赵彦云：《中国城镇居民文化消费的空间分析——基于混合地理加权回归模型口》，《消费经济》2016年第6期。

的权利,是公民发展交流、创造能力、塑造自我以及成就自我的基本条件。1992年联合国《经济、社会和文化权利国际公约》在重修第十五章时,加强了对文化参与权利、接近和使用文化的权利的阐释。[①] 要真正实现广大人民群众积极参与文化生活,便利地、主动地参与到文化决策过程中,平等地接近和使用文化产品及服务,必须要破除民众文化实践方面的障碍。尤其要关注基层社区文化发展问题及弱势群体的基本文化权益问题。文化领域"共治"与"共享"协调发展的最终目的是加强对城市软资产的整合。

(三) 公共文化服务与文化产业融合发展关系

文化产品及服务的公共性特征决定了文化承载诸种社会功能。因此,既要提高公共文化服务的质量,也要提高市场中文化产品的质量。公共文化服务与文化产业之间是相辅相成、共同促进的关系。无论是公共产品还是准公共产品都应坚持社会效益放在首位,坚持以人民为中心,增强民众参与文化生产的意愿和积极性,这是激发全民族文化创新创造活力的根本。在强调大力发展文化产业时,应明确发展不只是自身的经济产量问题,还关涉更多的社会问题。需要采用不同于一般产业的公共政策去引导文化产业社会价值的实现,且不违背文化产业自身发展规律。随着市场经济的深度发展,我们可以发现社会和经济领域往往融合在一起,难以截然分开,公共文化服务领域与文化产业领域的边界也在模糊。公共文化领域需要适度采用一定的市场机制作为手段去刺激其发展,提高资源配置的效率。深圳这些年的实践也证明,用市场的或者非市场的方式来激发人的创意、提高人的素质都是可行的,而营利企业和非营利组织也都是服务于创意的组织形式。这就需要我们必须重新设计制度安排,打破原有的僵化界限;同时,也要防止过度市场化所带来的公平正义价值的沦陷。如何处理好文化民主理念同效率法则之间的平衡关系?这一世界性的问题在中国同样也存在。能否处理好决定着我们是否能为世界提供中国的经验(深圳经验)。

---

① 任珺:《公共政策视域下的文化权利保障》,《中国社会科学报》2013年9月6日。

（四）文化产品供给质量与双效统一并进发展关系

文化产品具有传播意识形态思想、价值理念和思想文化的功能。但当今世界，传统的长辈总结式教导手段在全球化市场及现代生活中很难发挥思想统治的作用。文化是一种基于个人和群体实际生活感受的现实选择，与每一个个体的切身利益、个人追求、生活方式有着千丝万缕的联系。[①] 无论是作为公共福利性质的，还是作为商品流通的文化产品及服务，更多的是通过潜移默化地影响人们的日常生活方式，来发挥其意识形态功能的。因此，提高文化产品供给质量，并不是"头痛医头，脚痛医脚"的方法能够予以解决的。需要我们创新文化管理体制机制，改变意识形态管理方式，通过立法方式，依法规范意识形态领域的发展。通过立法调整市场主体的行为、调整市场主体之间的关系、调整市场的竞争秩序，等等。催化文化中介组织的成长，通过行业协会，加强行业自律管理，而不是行政管理。西方国家在经历放松管制的同时，也加强了意识形态领域的立法限制，而立法以外的政府随意干涉则会受到指责。例如，英国直接或间接管理出版的法律除了宪章性文件外，还有《版权法》《淫秽出版物法》《青少年有害出版物法》《官方机密法》《诽谤法》《图书贸易法》《图书贸易限制法》等相当完备的法律体系。[②] 我国当前文化领域大部分都是部门行政法规和规章性文件，立法层次较低，相互间又缺乏协调，导致政府管制缺乏有效的法律支撑。遇到问题时，依行政命令或长官意志加以解决，随意性太大，造成行业风险也很大，社会资本也不敢轻易涉入，限制了"生产者多元"的发展，也无法激活优质生产要素。我们要坚持政府引导和市场主体双向合力，既要保证文化领域健康、有序发展，又要增强文化市场的生机和活力、繁荣文化生态，实现社会效益和经济效益相统一。既要打破公共文化服务领域"保基本"等同于"低质量"的理解误区，又要警惕文化市场中的文化安全问题。

[①] 孙英春、王祎：《软实力理论反思与中国的"文化安全观"》，《国际安全研究》2014年第2期。

[②] 孟迎辉、邓泉国：《西方国家对意识形态的管制措施及启示》，《党政干部学刊》2009年第8期。

第二节　公共文化服务体系建设的深圳模式与存在问题

自成立经济特区以来，深圳市委、市政府高度重视文化发展，特别是实施"文化立市"战略和开展"文化强市"建设以来，深圳文化发展迅速，公共文化服务体系建设水平位居全国前列。公共文化服务设施网络基本形成，尤其"图书馆之城"建设成果显著；公共文化产品和服务供给能力不断提高，基本满足了多层次、多样化的公共文化需求；品牌活动影响日益扩大，首推"城市文化菜单"收录了国际化、标志性的品牌文化活动28项，开启"月月有主题、全年都精彩"的市民文化生活新模式。深圳公共文化服务体系建设也存在诸多不足的地方，与国际城市相比还存在差距；公共文化领域涉及的深层次矛盾和难点问题需要大力解决，文化创新环境还有待进一步优化。

一　发展经验

自2003年深圳提出"文化立市"战略15年以来，深圳文化建设成就显著。2005年启动，每3年评选一届的全国文明城市评选活动，深圳已连续五届入选，突出反映了深圳城市整体文明水平一直走在全国前列。近年来，深圳出台了一系列公共文化服务体系相关政策：《关于加快构建现代公共文化服务体系的实施意见（2016—2020）》《深圳市基本公共文化服务标准》《深圳市推进基层综合性文化服务中心建设实施意见》《向社会力量购买公共文化服务指导性目录》等。深圳文化科学发展的体制机制日益健全，文化创造活力充分焕发，现代公共文化服务体系建设取得突出成绩，多次受到上级有关部门的肯定：福田区2016年成功创建为第二批"国家公共文化服务体系示范区"，罗湖区"零玖剧场《军哥剧说》"列入第三批"创建国家公共文化服务体系示范项目"，罗湖、南山、宝安区各有一个项目列入省级公共文化服务体系示范项目，福田区图书馆理事会改革列入全国试点，宝安区"文化春雨行动"获评国家文化创新工程项目，同时被评为全国文化志愿服务示范项目，宝安、南山、罗湖、福田和盐田等5个行政区先后获得"全国文化先进区（先进单位）"称号。公共文化服务体系建设的主要成效体现在以下四个方面。

（一）基本形成全覆盖的公共文化设施网络

文化设施特别是基层文化设施是提供公共文化服务的物质基础和基本阵地。通过加大文化投入和强化管理，深圳基本形成全覆盖的公共文化设施网络。目前全市拥有公共图书馆620座，其中市级公共图书馆3座，区级公共图书馆8座，街道及基层图书馆609个，馆舍总面积约35.53万平方米，馆藏总量3282万册（含电子文献1049万册），"城市街区24小时自助图书馆系统"自助机240台，并与深圳图书馆等234家公共图书馆实现统一服务；全市共有文化馆（站）65个，其中市文化馆和福田、罗湖、盐田、南山、宝安、龙岗六个行政区文化馆全部达到国家一级馆，达标率100%，55个基层文化站全部跻身省一级以上文化站行列，馆站总面积296761平方米；全市已登记在册的博物馆45个，文物藏品6万多件，其中已确定为三级以上文物4863件，2015年全市各博物馆共举办各类展览100多个，接待观众达405万人次；全市现有国家级美术馆1家，市级美术馆（院）5家，区级美术馆（院）8家，2015年举办美术展览320个，服务观众逾280万人次；全市共有专业艺术表演场馆12家，总座位数约13827个，全年舞台艺术类演出8700多场次，服务观众近600万人次。据《深圳市近三年来公共文化服务改革发展的市民满意度调查报告》（以下简称《调查报告》）① 结果显示，近三年来市民使用过的公共文化设施种类相对较丰富，其中以去过书城（书店）、文化广场（公园）和图书馆（阅览室）的比例相对较高，分别有74.06%、73.56%和73.36%的受访者去过上述文化设施，市民普遍认为目前深圳市公共文化设施建设满足了其精神文化需求，其中有8.85%的受访者认为极大满足，60.44%的认为比较满足。

---

① 深圳市万人市场调查股份有限公司：《深圳市近三年来公共文化服务改革发展的市民满意度调查报告》，2016年。

（二）群众性文化活动丰富多彩

通过对市民文化需求的调查研究，及时根据文化需求变化创新服务内容与形式，力求让群众喜闻乐见。策划实施周末、流动和高雅艺术三大系列文化活动，满足了不同层次的文化需求。所组织的周末剧场、周末音乐会、周末电影等，丰富群众周末文化生活。开展流动演出、流动电影、流动展览、流动讲座等，把优质文化资源送到基层群众和劳务工身边。实施市民艺术素养提升工程和高雅艺术票房补贴办法，推出"美丽星期天""戏聚星期六""音乐下午茶""剧汇星期天""粤剧在周末""艺术大观园"等品牌文化活动，广大市民免费或以较低票价就可以享受到高雅艺术。深圳在公共文化服务领域所取得的成绩得到上级有关部门的肯定和表彰，关山月美术馆被命名为首批全国9家重点美术馆之一，深圳市群艺馆与6区文化馆均被评为国家一级文化馆，等等。据《调查报告》结果显示，大部分市民认为公共文化活动能够满足其精神文化需求，超五成受访者认为上述公共文化活动能满足其精神生活需求（认为极大满足的有5.37%，比较满足的有45.53%），一般满足的占比为42.74%。

（三）有针对性的参与性文化公益活动深入民心

近年来，深圳培育打造了以促进学习型城市建设为重点的"深圳读书月"；以提高市民文化鉴赏品位为重点的"市民文化大讲堂"；以倡导高雅文化为重点的"深圳大剧院艺术节""中外艺术精品演出季""文博会艺术节"和"交响音乐季"；以面向来深建设者为重点的"外来青工文体节"；以面向社区居民为重点的"鹏城金秋社区文化艺术节"；以面向中小学生为重点的"少儿艺术花会暨学校艺术节"；以促进市民创意潜能发挥为重点的"创意十二月"；以传承地方文化特色为重点的"深圳（罗湖）粤剧节"；以保护文化遗产、弘扬历史文化为重点的"文化遗产日"系列活动；以普及高雅艺术为归旨的"美丽星期天"等有针对性参与性的公益文化活动。此外，福田区"莲花山草地音乐节"、南山区流行音乐节、盐田区海洋文化论坛、龙岗区"乐杜鹃""迷笛""热波"和"草莓"四大音乐节等活动影响力持续扩大。上述公益性文化活动坚持创新出彩，突出精品性、创意性和参与性，深受市民欢迎，成为深圳的文化盛事。如深圳读书月迄今已成功举办18届，在全国同类活动中启动早、范围广、影响大，获得了中央及有关部委领导的高度肯定。为提升"深圳读书月"活动影响力，在印发《关于深入开展全民阅读活动，推进学习型城市建设的若干意见》、着力建立全民阅读长效机制的基础上，2015年市人大常委会审议通过《深圳经济特区全民阅读促进条例》，为全球全民阅读典范城市建设奠定坚实的法律基础，开创全国阅读立法先河。据《调查报告》结果显示，有70%左右的受访者知道该条例及其重要内容（如深圳读书月），说明其在市民中的知晓度较高。

（四）公共文化服务特区一体化逐步推进

以经济特区扩容为契机，加快推进公共文化服务均等化，着力构建普惠型全覆盖的公共文化服务体系。制定深圳市文化体育设施建设专项规划，确定深圳美术馆新馆、深圳市群众艺术馆新馆及深圳图书馆调剂书库等市属文化设施选址规划在原特区外区域，加快推进各区级文化设施建设。全市240台自助图书馆服务机近一半布点在原特区外。拓展特区外文化活动空间，积极在工业厂区开辟文化活动场所，运用屋村会所良好的硬件设施开展文化活动，形成覆盖行政性社区、厂区和大型屋村三类社区公共文化服务新模式。大力实施流动文化服务工程和外来工文化服务工程，以原特区外为主要阵地深入开展流动大舞台、流动展览、公益电影放映等文化活动，把优质文化资源送至原特区外。办好外来青工文体节，丰富外来工精神文化生活。推进深圳读书月、深圳合唱节、鹏城金秋社区文化节等全市性重点文化活动向原特区外倾斜，将全市70%以上公益电影放映场次安排在原特区外，让原特区外市民更好地享受公共文化服务。据《调查报告》结果显示，对于深圳原特区内外公共文化的服务水平和建设标准，60%以上的受访者认为一体化水平近三年来有较高提升。

二　存在问题

（一）问题表现

首先是文化发展不平衡不充分的问题。"不平衡"现象主要表现在：

存在原特区内外公共文化基础设施布局、设施机构、服务半径、活动总量质量的不均衡，以及特区外偏远厂区和工业区的外来务工者与一般市民获得的公共文化服务的不均衡。分级财政体制导致文化投入多少不统一、投入方向不一致和投入结构不明确，市、区之间以及各区之间的公共文化服务未能均衡发展。"不充分"现象不仅表现在财政文化投入总体上仍显不足，财政文化投入未能适应城市经济社会发展方面；而且从城市定位及城市形象来看，与国际一流城市及国内一线城市相比，深圳的文体设施无论在硬件上还是软件上均存在较大差距，十分缺乏具有全球及区域影响力的标志性文体设施。

其次是提升文化发展质量和效益的问题。公共文化服务机构的效能及活力不足，直接造成公共产品的供给不足和服务范围覆盖率不高。公共文化领域大部分资源仍处于政府主导下配置和运行，资源垄断、固化配置的公共文化产品供给模式，容易导致供非所需，供给效率低下。各类公共文化机构开放意识、分享意识不强，造成跨部门、跨领域、公私合作伙伴关系难以建立；对政府依存度较高，资金来源单一，社会参与机制尚不完善，社会参与文化建设的活力虽然比以往有很大提高，但文化参与主体能动性尚未有效激发。基层专业性文化人才严重短缺，影响专业服务质量提升。这方面的问题很多难以量化数据的形式显现，但与广大人民群众的文化获得感和认同感密切相关。从整体上看，深圳作为中国一线城市及迈向国际化现代化创新型城市，其文化的影响力却相对滞后，缺少具有世界性的文化成果或文化产品。

（二）成因分析

根据表5-1、图5-1和图5-2，可发现：全国地方财政对文化体育与传媒事业投入，总体上呈上升趋势；而深圳地方财政中"文化体育与传媒支出"总量及占财政总支出比重先降后升又小幅下降（见表5-1）。造成这一现象的最主要原因是：深圳财政支出增长较为迅速，而文化体育和传媒支出则不稳定，这就更加突出文化体育和传媒支出占比递减显著、波动较大。这也反映了当社会经济增长较快时，可能会造成一些发展不均衡的现象，长远看也可能会引发一些社会问题。坪山、光明、大鹏等新建区2016年度文体传媒公共支出分别为0.77亿元、0.92亿元、0.6亿元，占其一般公共支出比例分别为0.73%、0.93%、0.86%，均不足1%，与原特区外宝安、龙岗及特区内福田、南山、罗湖无论在总量还是在一般公共支出占比均有显著差距（见图5-1、图5-2）。[①] 因此，深圳应增加在文化领域的财政投入，与地方经济社会发展同步，加大力度注重建设与深圳经济发展相匹配的城市文化。

表5-1　　　　2010年至2015年深圳市文化体育与传媒支出情况

年份	2010	2011	2012	2013	2014	2015
地方财政文化体育与传媒支出（万元）	567668	460504	328388	329433	565498	527260
文化体育与传媒支出占总支出比例（%）	3.79	2.58	1.75	1.61	2.15	1.36

资料来源：《深圳统计年鉴2016》，我国的文化体育与传媒支出包括文化事业费、文物事业费、体育事业费、广播影视事业费、新闻出版事业费以及其他文化体育与传媒支出六大款项。

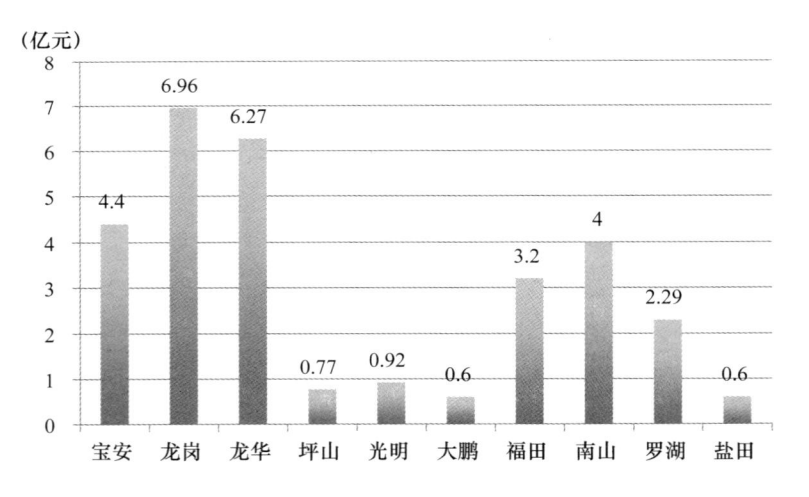

图5-1　2016年各区文体传媒支出

（单位：亿元）
- 宝安：4.4
- 龙岗：6.96
- 龙华：6.27
- 坪山：0.77
- 光明：0.92
- 大鹏：0.6
- 福田：3.2
- 南山：4
- 罗湖：2.29
- 盐田：0.6

资料来源：深圳各区统计报表。

---

① 深圳市政协：《加快提升原特区外公共文化服务质量》调研报告，2017年，未刊稿。

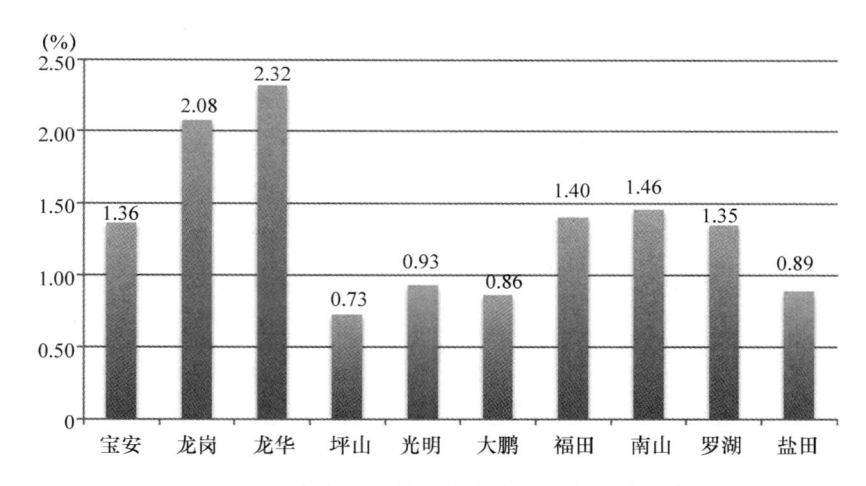

图 5-2 2016 年各区文体传媒支出占一般公共支出比例

资料来源：深圳各区统计报表。

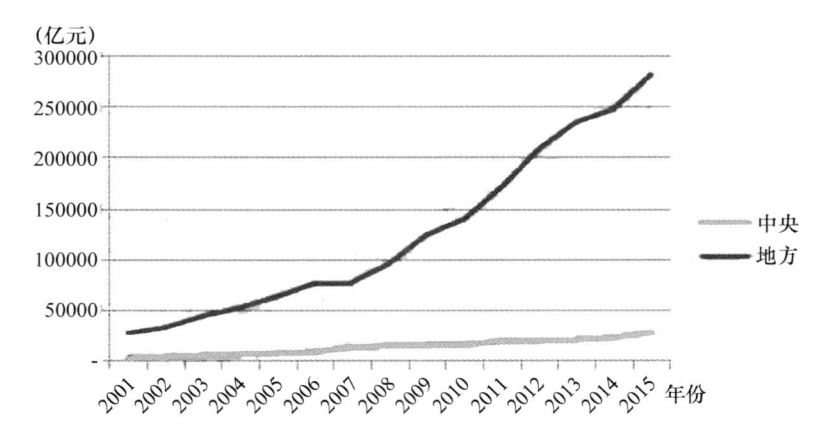

宝安 1.36；龙岗 2.08；龙华 2.32；坪山 0.73；光明 0.93；大鹏 0.86；福田 1.40；南山 1.46；罗湖 1.35；盐田 0.89。

图 5-3 2001—2015 年中央和地方财政文化体育与传媒支出趋势

资料来源：《中国财政统计年鉴（2001—2015）》。

国家统计局调查大队住户抽样调查结果显示：深圳居民文化消费水平仍然不高，虽然 2013 年和 2014 年文化娱乐支出占比开始超过教育支出占比，但整体上家庭教育文化娱乐消费占家庭消费性支出比例与发达国家和地区相比，还有一定差距，甚至近些年呈现递减态势（见表 5-2）。从中国城市横向比较来看，据深圳大学《2017 中国城市创意指数》（CCCI2017）

研究报告显示：深圳人均可支配收入排名全国第12，但城镇居民教育文化娱乐支出却排名第27，甚至在城镇居民教育文化娱乐支出占总支出的比例上，深圳只排名第47，说明深圳人有消费能力，但这些钱花在教育文化娱乐方面的比重还非常低。这与深圳是移民城市，流动人口占比较大有关，对许多流动人口来说，深圳是一座"淘金之城""落脚城市"。深圳文化事业费总额（亿元）排名第6，但文化事业费占财政支出比重（%）排名第47，说明深圳文化事业投入力度远远不够，深圳还要继续加大文化事业的投入。由此，可以初步判断深圳居民文化消费意愿不稳定；文化产品供给效率及质量还有待提高，文化产业面临着需求拉动力不足的问题；大文化领域"文化体育与传媒"方面的财政投入还应加大力度；文化领域发展不仅要关注供给侧改革，还要在需求侧管理上发力。当然这里也还存在一些外部阻碍文化消费水平发展的问题和因素，譬如一线城市生活成本急剧上升影响居民消费结构（受医疗、养老、住房等支出挤压），城市人口素质，快节奏生活方式及"加班文化"严重压缩居民闲暇时间，等等。

表5-2　2010年至2015年深圳市家庭教育文化娱乐支出主要指标

年　份	2010	2011	2012	2013	2014	2015
教育文化娱乐总支出（元）	2653.23	2890.26	2960.13	3015.14	2559.83	2678.62
文化娱乐支出（元）	671.91	752.93	546.78	—	1394.09	1456.79
教育支出（元）	1064.65	1225.94	1406.47	—	1165.74	1221.33
家庭教育文化娱乐消费比例（%）	11.63	12.00	11.08	10.46	8.87	8.28
家庭文化娱乐消费比例（%）	2.95	3.13	2.05	—	4.83	4.50

资料来源：《深圳统计年鉴2016》，由于2013年启动住户调查一体化改革的时间较晚，故2013年部分详细分组数据暂无。

（三）国际比较[①]

伦敦发展署委托的研究报告显示，以城市文化设施、所举办文化活

---

① 本段内容主要来自深圳市社科院编《文化创新发展与深圳现代化国际化创新型城市建设研究报告》，2016年12月，课题组长：张骁儒、王为理；课题组成员：周笑冰、任珺、杨立青、钟雅琴。

动、文化消费人群数量、文化多样性指数以及自发组织的文化活动等指标衡量，在伦敦、纽约、巴黎、东京和上海5个城市中，伦敦拥有更多的博物馆、画廊、剧院、音乐厅、音乐演出场所、公共图书馆和电影放映厅。在伦敦，你可以拜访四处世界遗产，更多的公园和公共绿地可供休憩，每年200场的大小主题节日和庆典以及城市多元化的文化氛围吸引着无数人前往并流连忘返。在5个城市中，伦敦吸引了最多数量的外国学生，大约有8.57万名的国际学生聚集在此；5万名艺术类院校学生更将伦敦视为朝圣之地，其人数大约是排名第二的上海数量的5倍。伦敦也因此成为最受欢迎的旅游目的地，每年大约有1560万的外国游客纷至沓来。伦敦本身也是个热衷文化消费的大都市。数据显示，有几乎一半（42%）的伦敦人在去年一年至少参观过一次博物馆或画廊，纽约人在这一点上不相上下，但巴黎和东京就略显逊色。在昂贵的观看剧院演出这一消费项目上，伦敦人也显得更加慷慨。伦敦人比生活在纽约和巴黎的人们更爱阅读；他们爱音乐，会花更多的时间从广播、电视和网络上获取信息。但是，伦敦并非处处胜人一筹。纽约众多的音乐厅，电影节和在影院上档的影片数量都使对手伦敦失色；巴黎是爱书者的天堂，云集了数量最多的书店；东京酒吧夜生活丰富，电影发布的数量也高于伦敦；上海和东京人每天花在阅读上的时间也胜过伦敦。

在伦敦发展署委托报告研究框架基础上，《世界城市文化报告2015》发布了对全球23个主要城市当年文化相关统计数据的结果，包括城市中博物馆数量、音乐厅数量、剧场年观看人次、前五大博物馆美术馆年访问量、国际游客到访量以及文化产业从业人员占比等（见表5-3）。

表5-3 深圳与国际一流城市文化数据统计对照表

城市	博物馆数量（座）	音乐厅/剧场数量（座）	剧场影院年观看人次（人次）	前5大博物馆美术馆年访问量（人次）	国际游客到访量（人次）
伦敦	215	245（音乐厅）	22000000	30541459	17400000
纽约	142	453（音乐厅）、640（剧场）	13100000	11292181	11805400
巴黎	313	490（剧场）	55500000	26582854	15500000

续表

城市	博物馆数量（座）	音乐厅/剧场数量（座）	剧场影院年观看人次（人次）	前5大博物馆美术馆年访问量（人次）	国际游客到访量（人次）
上海	120	214（剧场）	46280000	9313940	7913000
深圳	37	40（音乐厅+剧场）	29420000	1560000	1661200

注：依据《世界城市文化报告2015》① 整理而成。

表5-3中相关数据从不同侧面反映了深圳与国际一流城市的文化差距。博物馆数量、音乐厅数量等集中反映了城市的文化硬件水平和文化供给能力，伦敦博物馆和音乐厅数量共计460座，纽约博物馆、音乐厅和剧院总计高达1235座，巴黎两项相加为803座，三大城市在博物馆、音乐厅、剧院等典型文化设施上占据绝对优势，上海也拥有共计334座博物馆和音乐厅，此外上海还拥有历史或文化遗产单位2049家。而深圳的博物馆、音乐厅、剧场等合计仅77家，为上海的23.05%，伦敦的16.74%，巴黎的9.60%，与纽约相比，更仅达纽约的6.23%，差距悬殊。

剧场（影院）年观看人次和前五大博物馆、美术馆年访问量则较直观地反映了城市文化消费的水平和层次。深圳剧场（影院）年观看人次在5城市中排名第3，主要得益于电影院线的票房统计，这反映了深圳在文化产业上有一定程度的竞争力，但与巴黎、上海差距明显。而从前五大博物馆、美术馆年访问量看，深圳年访问人次仅1560000，是纽约的13.81%，巴黎的5.87%，伦敦的5.11%，与上海相较也仅为上海的17.09%，这直观反映出深圳市民文化生活品质还处于较低水平，与国际一流城市相比有巨大的提升空间。

而国际游客到访量则直接反映了一座城市文化资源、文化生活、文化环境上的国际影响力。伦敦、巴黎作为老牌文化名城在文化影响力上占据绝对优势，而纽约作为美国第一大都市拥有对国际游客巨大的文化吸引力。上海作为中国大陆最繁华、国家化程度最高的城市，每年吸引的国际

---

① Bloomberg Philanthropies BOP Consulting, "Mayor of London", *World Cities Culture Report 2015*, London, 2016.

游客数量是深圳的近 5 倍。深圳建设与现代化国际化创新型城市相匹配的文化强市任重道远。

第三节 推进公共文化领域供给侧结构性改革

当前供给侧改革已被确定为我国"十三五"时期的发展主线。针对公共服务事业供给侧改革，杨宜勇、邢伟在《公共服务体系的供给侧改革研究》一文中指出，"改革基本取向应侧重四方面：第一，推进政社分开，加强政社合作，政府将社会事务的微观管理切实移交给社会力量。第二，区分营利性和非营利性，承认并解决好合理回报问题，分类实施扶持政策。第三，公办机构承担托底功能，社会办机构满足多样化需求，实现发展格局的动态调整。第四，推动公办机构改革，推动社会组织发展，实现社会力量的培育和壮大"[①]。公共文化服务属于公共服务体系的一部分，存在的问题及改革的方向，两者是基本一致的。具体落实到深圳实际，尤需在文化资源整合、均衡发展及创新发展上发力。

一 打造城市文化地标，推动文化资源流动

英国著名城市史专家彼得·霍尔（Peter Hall）在《文明中的城市》一书中指出，全球城市发展经历了技术—生产创新、文化—智能创新、文化—技术创新三阶段，在后两个阶段中，文化因素的效果将愈发明显。文化已成为当代社会生产力的重要因素，文化对于增进城市竞争力的推动作用已得到高度重视和统一认识。资源的流动及全球性文化市场，以一种空前规模影响着全人类的日常生活。一流城市高度重视城市文化创新发展战略正是适应这一世界潮流的表现。美国学者迈克尔·波特在《什么是战略？》一书中对"战略"做了新的阐释：一是"创造一种独特、有利的定位"；二是"在竞争中做出取舍"；三是在"各项运营活动之间建立一种组合"。对照三个要点可见：采用文化创新发展战略的城市，首先，十分注重发现城市的创新空间和创新方向，并在周边城市圈、城市群和城市带

---

① 杨宜勇、邢伟：《公共服务体系的供给侧改革研究》，《学术前沿》2016 年第 3 期。

的范围内，使之获得新的核心定位，成为一个全球文化生产网络中的重要节点。[①] 其次，在区域文化上既能继承传统，作自我肯定及独特性表达；又能在全球开放格局中进行自我超越并努力创新。最后，都将文化创新作为融汇区域创新战略中各类要素的连接点，为培育文化创新提供重要的社会氛围和人文导向。

  大伦敦的两任市长利文斯通和约翰逊分别在2004年、2008年及2010年推出了三份文化战略，重点强调"保持伦敦作为世界文化之都的地位"。如何保持世界文化之都地位？伦敦采取的战略重点是突出世界贸易与商业活动中心的地位，保持与生俱来的文化多样性及其所带来的活力与创造力。巴黎市政府自2001年，每年发布《文化政策》作为文化行动纲领，有计划地推动"全球文化与创意之都"的建设目标。通过加强文化活力推动了巴黎文化产业的转型；让所有人都能进入文化资源，以提高全民素质，刺激文化产品的生产和消费；丰富文化艺术活动让城市空间更有魅力。21世纪初，新加坡从工业经济向知识经济转变过程中，充分意识到投资文化艺术可以提高城市创新能力。自1999年以来，新加坡以五年为一个阶段，先后推出了"文艺复兴城市计划"三期战略任务。实施过程中新加坡十分注重将艺术、经济、科技相结合的发展路径，通过建设杰出的"全球艺术城市""全球文化和商业设计中心""世界媒体城"，确立新加坡独特的文化内容、充满活力的可持续性发展系统，并以文化软实力带动全局发展。尽管纽约市政府并没有专门制定文化发展战略，但近些年也确立了打造世界文化城市的目标，使文化的作用领域获得扩大和增强。[②] 纽约市政府通过各种公私伙伴关系有效整合了丰富多样的资源，保持了纽约持续创新的可能性。美国纽约大学教授托马斯·班德，在华东师范大学思勉人文高等研究院一次演讲中指出：纽约为什么和美国其他城市不一样？主要因为其在文化和经济上与世界有广泛而密切的联系。纽约的创新文化特色在于其大众化、民间化、生活化、实践化和自由多样，这一特殊性形

---

  ① 高福民、花建主编：《文化城市：基本理念与评估指标体系研究》，商务印书馆2012年版，第19页。
  ② 凯特·D.莱文：《纽约：城市文化建设及其面临的挑战》，《毛泽东邓小平理论研究》2012年第6期。

成了有活力的、开放性的城市文化,也形成了美国独特的现代主义的艺术风格。纽约的文化又具有本土特征和世界主义特色,二者相得益彰,共同奠定了纽约成为世界性文化都市的基础。[①] 从以上城市的战略定位,我们可以发现文化创新成为世界城市大竞争中最具竞争意义、发展潜力和时效性的要素,文化创新既是目标也是手段,我们理应加强重视。

文化核心区是指城市最具代表性的文化艺术集聚区域,是国际大都市标志性文化打造的战略中心。花建教授认为,一个城市如果文化创新活力不强,需要从它的文化基础设施和交流能力上寻找其改进的突破口。一流城市高度重视文化核心区建设,即是看重文化核心区承载的文化生产力及文化影响力。文化核心区集中展示了一座城市的文化多元及文化包容,或是本地文化的繁衍不息,或是外来文化的扎根生长,成为一座城市的独有特征及魅力所在。文化核心区往往借助标志性文化设施及文化艺术节庆活动,会聚创意人才,辐射创新观念,成为一座城市人文精神所在。

2004年颁布的《伦敦:文化大都市》,在文化发展空间策略方面,提出两类文化区域——战略文化区域和发展文化区域——的打造。前者是作为伦敦文化的标志性区域,包含一系列具有国际影响力的文化机构。如伦敦西区文化艺术集聚区,它是与纽约百老汇齐名的世界两大戏剧中心之一。每年8月底最后一个周末伦敦西区诺丁山地区举行的诺丁山狂欢节是欧洲规模最大的街头文化艺术节。沿着泰晤士河南岸,还有世界上最知名的泰特当代美术馆、伦敦艺术节中心、莎士比亚环球剧场以及英国最知名的两大剧院新维克、老维克;世界上最负盛名的剧院之一——英国国家剧院也坐落在此。战略文化区域是伦敦主要的观光吸引点,它为英国产生了较大的经济社会贡献。发展文化区域则为创意产业的工作者提供居住和工作空间相对集中的区域,作为艺术活动的集聚地区,成为文化活动的触发点。此后2010年推出的《文化大都市——伦敦市长文化战略》再次提及文化空间布局,专门单列了"基建、环境与公共空间"部分,规划要通过公共艺术、大型活动及节日等让城市空间焕发出生机。当时伦敦不仅将奥运会作为宣传伦敦的多彩文化与国际主义精神的千载难逢的机会,更是将

---

① 托马斯·班德、姜进:《从纽约的历史看创新文化的生长》,《文汇报》2009年3月10日。

其作为平衡城市文化与建设资源的重大机遇，通过奥运会设施建设及相关活动的举办，为伦敦东区注入发展资源，也为伦敦城市留下了可持续发展的公共空间、经济业态及文化遗产。

纽约是美国的文化中心，大量文化设施都同曼哈顿岛主干道的走向平行，形成非常著名的艺术区。在沿河、沿海的岛缘部分，集中了最主要的文化建筑和设施。如主要博物馆位于第五大道，第五大道也被称为"艺术馆大道"，因为大都会艺术博物馆、惠特尼美术馆、古根哈姆美术馆、库珀·休伊特设计博物馆等著名的美术博物馆都聚集在第五大道的中央公园周围。仅大都会艺术博物馆的参观人次每年就达到 675 万，并连续两年被旅游网站 Trip Advisor 评为全球最佳博物馆。剧院则集中在时代广场和百老汇地区，该区域是纽约的文化娱乐中心。这些拥有全球高知名度的文化设施及集聚区每年吸引着大量的旅游者和当地居民前往。美国倪德伦环球娱乐公司总裁小罗伯特·倪德伦认为，百老汇对纽约经济的影响不仅在于票房创造的价值，还包括解决无数就业机会，最重要的是，艺术提升了纽约市民的生活质量和文化水准，让他们以生活在纽约而自豪。

东京围绕东京湾建设很多现代文化设施，如迪士尼乐园、热带植物园和跨海观景大桥等，形成著名的海湾夜景。市中心的景点及设施基本沿快速轨道交通山手线成组团式分布，其中穿插了许多民俗、商业、娱乐和传统文化项目。由于大量古迹和现代文化设施的相互交融，使得东京成为文化氛围十分浓厚的国际城市，既保留了东方的传统特色，又流行各种国外时尚风格，兼收并蓄，极富文化创造性。[①] 巴黎左岸艺术区，是由塞纳河左岸圣日耳曼大街、蒙巴纳斯大街和圣米歇尔大街构成的，一个既集中了巴黎城创建初期的历史遗迹，又集中了咖啡馆、书店、画廊、美术馆、博物馆的文化圣地。塞纳河左岸可以说是一处强力体现巴黎艺术生命，使巴黎人引以为豪的地方。直至今日，它那辉煌的历史、艺术的声名仍然使它立于众多巴黎艺术之地的重心位置，并对世界产生影响。从城市发展历程来看，文化设施的空间生产、文化资源的战略应用，以及对空间所承载的文化资源的优化配置，成为城市文化发展战略中不可缺少的重要一环。文

---

① 王颖莹：《上海国际大都市文化设施发展策略与实施建议》，《规划师》2014 年第 1 期。

化核心区建设即体现于此。

深圳应通过政策支持和引导,争取让城市文化设施和文化活动达到国际一流水平的眼光和战略规划,建设国际一流的文化核心城区,打造国际一流的消费、娱乐、文化艺术中心。可考虑在中心城区或后海湾区打造文化艺术与经济完美融合的新的文化艺术区,以此为依托,把深圳建设成为中国的当代艺术中心。通过建立一流文化机构和平台,吸引一流文化人才,开展一流文化活动,创造一流文化产品和文化品牌,聚集文化发展要素,形成强大的文化原创、文化生产、文化输出和文化传播能力,代表国家抢占国际文化话语权,形成中国文化的辐射中心之一。深圳需要打破资源垄断和固化配置,允许文化载体——人的自由流动,鼓励创新组织参与解决社会问题,鼓励企业增强整合全球文化资源的创新能力。让公共文化领域资金来源更为多元化,活跃更多的新生力量参与公共文化产品供给,包括市场、各类社会组织及公民个体力量。创造条件进一步拓展公共空间,公民主体间的人文社交不再只局限于传统公共空间,网络空间、社区型公共空间在日常生活中扮演越来越重要的角色。

二 提升原特区外文化发展质量,推动公共文化服务均衡发展[①]

(一)以"均等服务"为导向,实现公共文化服务的一体化

中央《关于加快构建现代公共文化服务体系的意见》明确要求统筹推进公共文化服务均衡发展,提出要促进城乡基本公共文化服务均等化、保障特殊群体基本文化权益。深圳要加强公共文化服务均等化的制度设计,以均等化的顶层制度优化完善公共文化服务政策措施,以全面均等服务促进标准规范服务。深圳需要重点解决原特区外人民群众日益增长的美好精神生活需求和原特区外公共文化服务体系不平衡不充分的发展之间的矛盾。

(1)创新公共文化服务的财政投入模式和方式。加大原特区外公共文化服务财政投入,实现原特区外地区公共文化服务设施的布局配置与其区域面积、人口规模、经济社会发展水平、人民群众文化需求相匹配的格局。借

---

① 本段主要内容来自深圳市社科院《深圳市现代公共文化服务体系改革发展评估报告》,2016年11月,课题组成员:王为理、杨立青、任珺。

鉴中央财政对地方公共文化服务体系支持的财政政策，制定深圳市级财政对基层公共文化服务的支持政策措施，明确市财政对基层公共文化设施建设和重点服务的财政分担比例，完善补助机制和奖励机制。（2）按照特区一体化规划，加快原特区外的市级公共文化设施的建设进度，抓紧推动深圳图书馆调剂书库、市美术馆新馆、市群艺馆新馆建设，实现市级设施逐步向原特区外的转移和服务。（3）加快完善社区文化设施。争取在"十三五"期间全面完成深圳社区图书馆、社区文化广场100%的建设使用目标。（4）结合城市更新，政府文化部门与其他部门协调配合，共同促进基层公共文化设施的空间扩容与更新改造。（5）创新社区公共文化服务运行模式。探索将社区文化设施通过政府采购或定向委托方式委托社工服务机构或物业管理公司管理，解决长期以来社区文化服务不稳定不持续问题。（6）将社会创办运营的文化场馆纳入统一的公共文化服务实施范围，政府通过适当方式委托上述场馆承担政府资助的公益文化服务项目，政府通过一定方式对场馆服务提供补助。（7）通过创新供给机制解决高品质、品牌化公共文化产品稀缺等问题。着力打破文化建设中的条块分割和机构障碍，解决跨部门、跨领域的难点问题，促进市、区合作；跨部门（文化、教育等）合作；跨公共文化机构（美术馆、博物馆、文化馆站、社区活动中心等）合作。（8）实施文化产业园区和商业综合体公益服务计划。鼓励推动文化创意产业园区通过设立博物馆、陈列馆、公益创意活动、公益创意素养培训、体验工作坊等形式提供公共文化服务。充分利用商业综合体遍布全市各区的布点经营优势，推进公共文化服务项目与商业公共空间的结合，将公共文化活动引入商业空间，提高公众对公共文化活动的关注度和参与度。

（二）以"标准服务"加强资源保障，提高原特区内外服务质量

中央《关于加快构建现代公共文化服务体系的意见》明确要求建立基本公共文化服务标准体系，确立国家基本公共文化服务指导标准，明确政府保障底线，做到保障基本、统一规范。建议深圳相关部门自觉坚持以改革的思维、以法治的思维来研制和推进公共文化服务的"深圳标准"，建立面向全市的公共文化服务总体标准及系列分类服务标准，做到"有法可依""有标可依"，以法治的、先进的、规范的、常态的、持续的、完备的"深圳标准"引领和促进深圳现代公共文化服务体系建设。深圳公共文

化服务标准既要遵循国家的标准，同时又要体现特区特色，符合特区的实际情况。建议从基本公共文化标准服务研制出发，根据场馆阵地服务、虚拟空间服务、基层基础服务、群体重点服务等分类制定相关细化的标准，形成标准服务体系和实施规划步骤。（1）完善《深圳市基本公共文化服务标准》。依照国家基本公共文化服务体系的五项基本文化权益标准，根据深圳的现实情况和需求实际，结合未来社会变化和市民需求趋势，在深入调查论证的基础上继续完善深圳的基本公共文化服务标准。（2）全面梳理场馆阵地文化服务标准及落实程度，结合深圳实际情况，提出修改和完善现有服务标准的内容和计划，有的标准健全规划内容纳入文化发展"十三"规划。这些标准包括图书馆服务标准、文化馆服务标准、博物馆服务标准、美术馆服务标准。（3）健全建立虚拟空间文化服务系列标准。目前深圳的图书馆、博物馆已基本实现实体与虚拟的相结合，下一步的重点是推进文化馆、美术馆的虚拟空间服务阵地建设。（4）创新研制基层基础公共文化服务标准。可由市级文化部门指导区级文化部门推进研制，包括街道文化站服务标准、社区文化活动室服务标准、文化广场服务标准。（5）研制重点群体公共文化服务标准。建议总结多年来深圳推出的针对外来工文化服务和社区居民文化服务的经验，将已形成规律性、规范化、持续性的服务项目转换提升为标准化服务，包括研制《深圳市外来工文化服务标准》《深圳市社区居民公共文化服务标准》。（6）研制推行公共文化服务绩效评估标准。通过设立评估标准，重点评估政府及公共文化服务机构、公共文化服务项目等完成实施情况，可以由主管部门评价、专家评价、公众评价、财务评价等方式进行综合评估。（7）探索深圳特色的"试标创标"。探索提升深圳公共文化服务的创新实践，在全国率先推出深圳特有的公共文化创新服务系列标准。比如：建议研制《深圳市公益文化培训服务标准》，将目前的免费文化培训项目完善提升，形成标准化的常态服务。（8）鼓励各区积极主动地根据辖区公共文化服务的需求和特点，创新研制适合本区实际的区属标准，市级文化主管部门应给予鼓励和支持。

三 创新公共文化服务机制，优化文化供给结构

（一）创新利用市场机制，优化文化供给结构

目前公共文化产品供给效率不高与公共文化服务领域行政主导模式有关，固化的行政路径依赖严重影响了供给质量的提高。放松管制，通过降低市场进入壁垒发挥企业、第三部门等社会力量的效率优势，使文化领域多元供给结构能够更加灵活地应对民众文化需求的快速变化。现代公共文化服务体系所提供的产出供给，表现为一系列公众文化生活的形式与内容，它不以营利为导向，但又会与市场运营机制形成一些联结点和交集，需要公共财政对此给予必要的支持，并动态优化公共文化领域与市场机制的对接和互动。① 我们要明确利用市场机制（作为手段）的目的是优化供给结构，提高供给效率与质量，同时也要加强政府监管，防止市场"唯利是图"倾向。

（二）优化公共文化服务，积极引导文化消费

居民文化消费动力不足，文化消费在整个消费结构中处于较低层次的状况，抑制了文化产品供给质量与效率的提高。其深层原因既与我国经济社会发展程度、国民收入水平有关，同时又与当前我国公共文化服务体系供给内容、供给方式密切相连。人们对音乐、戏剧、表演、绘画等艺术欣赏及其他审美文化消费的意愿，取决于人们对文化艺术所具备的知识与理解。而文化艺术趣味往往是通过公共教育与实践经验而获得的。政府对文化艺术的资助要转化为对公民素质的投资。公共文化产品的供给应主动通过思想精深、艺术精湛、制作精良的优秀公共文化产品来引导人们的价值观，改变其观念、触动并发生新的需求，推动民众产生新的生活习惯，激活巨大的文化消费潜力。② 加大公共文化投资，均衡各区公共文化供给；加强公共文化服务体系各类公共文化机构之间的统筹与协调，不断提升公共文化服务效能和水平。推进并完善图书馆、文化馆市、区、街道、社区

---

① 贾康：《构建现代公共文化服务体系的财政支持保障政策》，《中国财经报》2014 年 8 月 19 日。

② 王为理、任珺：《农民工公共文化服务供给侧改革探析》，《特区实践与理论》2017 年第 2 期。

总分馆制及馆站联盟。建设全市公共图书馆统一服务平台；推行以市少儿图书馆为总馆，与全市中小学图书馆联通的总分馆制，推进文献及活动资源共享和流通。

（三）建立质量监测系统，提高文化供给效率

深圳市社科院在《"深圳质量"监测情况报告》（以下简称《报告》）中提出：文化发展质量是指一个国家或一个地区的文化生活品质、文化竞争力和文化影响力。其中，文化生活品质是一个国家或地区提供和满足现代文化生活需求的能力和文化消费水平达到或保持的水平，包括文化供给能力、文化消费水平和文化需求能力；文化竞争力是一个国家或一个地区在国际国内文化市场上占有的份额和地位以及提高市场份额和地位的能力，包括文化市场竞争力、文化效率竞争力和文化资源竞争力；文化影响力是一个国家或一个地区对国际国内文化市场和文化生活的客观影响的大小，包括文化市场影响力、文化资源影响力和文化环境影响力。鉴于数据的可获得性，《报告》着重从文化供给能力与需求能力两方面来衡量深圳文化发展质量。指标体系由文化供给能力与文化需求两个方面二级指数共4个指标构成。"文化发展质量指数"可从宏观层面监测深圳文化发展质量，然而今后若要加强供给侧监管，还需建立文化产品供给方微观质量监测系统，以提高文化供给效率。

表 5-4 文化发展质量指数

一级指标	二级指标	三级指标	指标来源
文化发展质量	供给能力	人均公共图书馆藏量（册）	民生净福利指标体系
		人均公共文化设施与体育用地面积（平方米/人）	建设幸福广东指标体系
		文化产业增加值占 GDP 比重（%）	文化现代化的评价指标体系
	需求能力	家庭教育文化娱乐消费比例（%）	文化现代化的评价指标体系

资料来源：《深圳质量评价指标体系》，深圳市社科院 2015 年版。

（四）强化跨界整合发展，突破文化发展困局

公共文化领域仍存在条块分割、多头管理等问题，各类公共文化资源缺乏有效整合，整体效益得不到充分发挥。随着公共领域与私人领域的边

界在模糊，融合发展使得文化政策跨域整合思维成为现代化治理的必备手段。时代发展中公共文化机构功能与角色也不断被赋予新的内涵，我们需要用一种开放且多元的视角处理公共文化机构与所服务社区的关系。需要我们把政府"有形之手"和市场"无形之手"结合起来，解决文化产品和服务供需矛盾问题。促进文化部门与教育部门的合作，将深圳市的各类博物馆、图书馆、书城、美术馆视为学校教育的"第二课堂"，引导全市幼儿园、中小学与博物馆、美术馆等文化机构建立长期合作互动机制。促进文化部门与城市公园管理部门的合作，将现有公园注入文化资源，提供更加丰富的公共文化服务。鼓励有条件的公园进行设施更新改造，在保留现有绿色植被的基础上强化文化服务功能。将书店、艺术品展示空间、电影院、小剧场、教育培训机构等与餐饮休闲、零售等商业设施有机结合，打造文化消费综合体，是近年来新出现的经营模式，它迎合了消费者一站式文化消费的需求。可考虑通过政策性引导，在"文化消费综合体"中设置社区公共图书馆，设置社会力量运营的小型美术馆、博物馆、书店、小剧场等文化机构，提高公众对公共文化活动的关注度和参与度。鼓励推动文化创意产业园区通过设立博物馆、陈列馆、公益创意活动、公益创意素养培训、体验工作坊等形式提供公共文化服务。

（五）推动文化科技融合，培育新型文化业态

随着中国新媒体用户数量持续迅猛增长，日常生活中通过新媒体娱乐消遣、社会交往，并获取文化艺术线上线下信息，将十分普遍。文化资产和产品的非物质化让网民中的每一个人都更容易接触到。这种易接近性使创作和流通从现实世界向虚拟世界持续转移。利用数字时代这一特征，开发技术并积极应用于公共文化服务体系建设及文化产品创设，将有助于文化服务、资产和产品供需的增加，扩大文化资源的共享范围，也有助于较为便捷地破解各阶层市民接近文化艺术的各种不便。深圳在科技创新方面有显著优势，"十二五"期间重点发展的十大行业中，新媒体及文化信息服务业、创意设计业所创造的增加值占比较高，为深圳引领文化科技融合打下坚实的基础。将信息技术、数字技术、网络技术等现代科技和传播手段应用于公共文化服务，成为我国构建现代公共文化服务体系的必然要求和战略选择。深圳应加强公共数字文化建设，探索文化数字资源库建设，

传承人类文化与文明，将更多优秀的文化内容、文化资源为"深"所用。

第四节 案例

一 特色文化街区

近年来，深圳因地制宜发展特色鲜明、产城融合、充满魅力的特色文化街区。充分发挥市、区两级积极性，以街区所在区政府为主体，按照"都市风范、文化内涵、产业特色、市场需求"的要求，以及错位发展、体现特色的原则，推动大鹏所城、南头古城、大芬油画村、观澜版画基地、甘坑客家小镇、大浪时尚创意小镇、大万世居、蛇口海上世界、华侨城创意文化街区、笋岗工艺美术时尚街区等特色较为明显、文化内涵丰富的文化街区，进行规划定位和完善提升，打造代表深圳文化形象的"特色文化街区"，形成新的城市文化景点。

大鹏所城：位于大鹏新区，占地 11 万平方米，是明清两代中国南海海防军事要塞，明清两代共有 13 个将军在此驻防，享有"将军城"的美誉；是全国保存最完整的明清海防卫所，是研究明代卫所制度的重要样本；保存了独特的民俗文化，是岭南文化的重要组成部分。将规划创建国家 5A 级景区，以大鹏所城为核心联合国内明清海防遗存共同申报世界文化遗产，以"文化+旅游+城镇化"为理念，打造大鹏所城文化遗产小镇，建设鹏城文化主题演艺公园。

南头古城：位于南山区，占地面积约 7 万平方米，自明万历元年（1573）设新安县至 1953 年的 380 年间，一直是行政治所，统辖深圳—香港地区，是深圳市文物保护单位最集中的地区之一，深圳最著名的历史文物旅游景点之一。将规划打造成体现深港澳同源文化，文物保护完好，人文景观丰富，独具传统文化与商业氛围，空间环境与服务设施良好的城市传统风貌展示区。

大芬油画村：位于龙岗区，核心区域面积约 40 万平方米，以原创油画及复制艺术品加工为主，附带有国画、书法、工艺、雕刻及画框、颜料等配套产品经营，是全球重要的商品油画集散地。将规划打造成集展示、特色交易、观光、休闲于一体的文化艺术小镇，成为代表深圳国际化城市形象的新文化景点。

观澜版画基地：位于龙华区，总规划面积达140万平方米、中心区面积31.6万平方米，将版画村和客家古村落完美融合，使客家文化主题融合到现代景观元素中，是集原创、收藏、展示、交流、研究、培训和产业开发为一体的中国版画事业与产业并进的发展基地。将规划打造成为享誉世界的国际版画学术中心、惠民服务多样化的公共文化服务平台和领先全国的智能化版画服务平台。

甘坑客家小镇：位于龙岗区，占地总面积18万平方米，以"文化+旅游+科技"理念进行布局，由客韵古镇、主题乐园、特色酒店、文化博物馆四大板块组成，是集深圳本土民俗、田园休闲、生态度假、文化展示、科普教育为一体的多元复合型旅游目的地。将规划打造集国家5A级旅游景区、国家生态旅游示范区、国家历史文化名镇、国家级文化产业示范园区等国家级名片的"中国文创第一镇"。

大浪时尚创意小镇：位于龙华区，核心区面积302万平方米，是知名时尚服饰品牌集群区，包括时尚设计研发、展示销售、教育培训、文化艺术、潮派生活、互联网与传媒以及旅游休闲七大产业板块。将规划建设成为现代化、国际化、创新型时尚硅谷，形成"宜创、宜业、宜居、宜游"的局面。

大万世居：位于坪山区，占地约2万平方米，是全国最大的方形客家围之一，是展现客家文化的生动的活化石，是客家近代史的体现，可以感受客家文化氛围，体验客家人的生活习俗。将规划提升周边环境和配套设施，打造成品牌特色文化旅游景区。

蛇口海上世界：位于南山区，总建筑面积100万平方米，包括海上世界广场、伍兹公寓、招商局广场、金融中心、太子广场、希尔顿酒店、15公里滨海休闲长廊、文化艺术中心等。将致力规划打造成为文化艺术、休闲娱乐、集商务办公、餐饮购物、酒店、度假于一体的国际滨海人文时尚综合体。

华侨城创意文化街区：位于南山区，园区占地面积约15万平方米，以"当代艺术、创意设计、先锋音乐"为主要文化特色，分为南北两区，南区是创意休闲产业聚集区，以创意设计、艺术文化、时尚休闲为主题；

北区是以创意设计为主的潮流前沿地带和艺术创作的交易、展示平台，是融合"创意、设计、艺术"于一体的创意产业基地。将规划打造成集中展示中国文化创意产业最新发展成果和形象的窗口，引领及展示中国乃至全球的艺术先锋观念和艺术人文实践，成为南中国最具特色的创意文化园。

笋岗工艺美术时尚街区：位于罗湖区，集聚区经营面积超过 40 万平方米，由艺展中心和笋岗工艺城两部分组成，前者涵盖家居饰品、文化艺术品和软装行业的各种业态；后者包括家居饰品、工艺礼品、文玩珠宝、创意办公四大板块，具备展示交易、创意设计、艺术交流、文化分享、总部集群、孵化空间等全业态功能。将规划建设世界一流空间饰品产业园，成为该行业全国最具人气和规模的一流名企名家和设计师的集聚园区和价值演绎地。

图 5-4　大芬美术馆

二　"一区一书城、一街道一书吧"

深圳出版发行集团履行文化国企社会责任，坚持社会效益优先、兼顾经济效益，主动将企业发展战略融入深圳城市发展规划。集团立足深圳特区一体化、公共文化服务均等化的总体发展要求，提出了"一区一书城，一街道一书吧"发展战略：深圳书城作为市重大文化基础设施，在满足市民群众精神文化生活需求、促进特区一体化与公共文化服务均等化、推动现代化国际化创新型城市建设等方面发挥着重要作用；特色书吧作为重要的基层公共文化设施，主要选址于社区、高校、医院和产业园区等公共场所，对深入推进全民阅读、增加基层文化设施供给、提升基层文化产品和服务质量有着重要的意义。

"一区一书城，一街道一书吧"被市委市政府列入市"十三五"规划和全市文体惠民工程：为推动深圳书城建设，市委市政府承诺对原特区外深圳书城给予培育期内每年500万元的专项补贴，对规划建设的深圳书城龙岗城、龙华城、湾区城、光明城、大鹏城与数字书城总部基地等六个项目按照1∶1比例给予逾20亿元的资金支持，并对中心书城维修改造、南山书城维修改造、清水河基地更新、深汕合作区等项目给予支持；为推动特色书吧建设，市委市政府在场租、水电、管理费等方面给予特色书吧十年期三免政策支持或同等资金资助，国家文化产业资金也向"社区书吧连锁网点建设项目"提供300万元补助。

在深圳出版发行集团的逐步推进下，结构合理、层次清晰、大书城和小书吧互为呼应的深圳公共文化服务平台和全民阅读设施体系已初步建立。现已建成的深圳书城罗湖城、南山城、中心城、宝安城，均被评为新华书店80周年"百佳文化地标"；深圳书城龙华城已于2017年9月动工建设，深圳书城龙岗城于2018年7月正式开业；深圳湾区城、光明城、大鹏城与数字书城总部基地等市级公共文化设施也已纳入"十三五"及"十四五"前期规划。现已建成落地的31家特色书吧遍布罗湖、福田、南山、宝安、龙岗、光明、龙华等区域，并成功实现向河源、东莞等市外地区的输出；预计到2020年，全市共将完成布局建设特色书吧100家。

同时，集团把书城、书吧建设与运营上升到了涵养城市文明、提振城市精神、培育城市气质的高度，不断创新手段、优化服务，使深圳书城、书吧群落成为最能体现深圳精神与文化气质的公共文化服务设施。深圳书城突破以买书卖书为主要功能的传统书城运行模式，打造了以"积极休闲"和"能动生活"为特征的一站式综合性文化生活空间，呈现全新的阅读体验，构建休闲、怡情、雅兴的休闲生活方式。其空间项目组合除了图书、音像、文具等核心层产品销售，教育培训、创意文化等紧密层文化项目外，还提供餐饮、咖啡、休闲、娱乐等配套服务，并积极举办图书推荐、讲座展览、音乐欣赏、文艺沙龙等公益文化活动，是一个集阅读学习、展示交流、聚会休闲、创意生活于一体的复合式城市文化生活空间。在深圳书城，人们可以阅读、购物、听音乐、看电影、观展览，也可以与孩子亲子共读、合作创意DIY，与朋友家人分享美食、品茶喝咖啡、参与艺文活动，甚至闲逛发呆。深圳书城满足了个体多样化的文化需求，释放出强大的公众吸引力、文化影响力和发展力，实现了社会效益与经济效益的良性循环。

为充分发挥全民阅读主阵地作用，深圳书城积极依托公共空间开展"深圳晚八点""沙沙讲故事""深圳讲书会""地铁阅读季"等品牌文化活动，近年来又重点打造"亲子阅读中心""文明阅读小义工""小桔灯童书会""学童书苑"等一批亲子阅读品牌，极大地丰富了市民读者的精神文化生活，广受欢迎与好评。此外，深圳书城不断增强阅读引领能力，积极实施优品战略，持续优化卖场陈列布局，建立常备品清单系统实时跟踪、更新机制，重点推出"深圳书城选书""读书月年度十大好书""名家名社专架"等导读服务，有效提升了城市阅读品位。

特色书吧在空间规划和功能布局上主要包含出版物专区、文化创意精品区、阅读活动区、配套服务区四大区域，有着丰富的品类和业态，是社区公共文化服务和交流的窗口。书吧藏书丰富，品类多样，不仅有经典专著、国内外畅销书籍以及外文原著等，还有各式各样创意精品，并定期举办各种沙龙讲座、签名售书、纪录片专场等活动，是丰富社区文化生活、提升整体环境品质的阅读生活交流的平台。

为切实打造充满人文关怀的公共文化阅读空间，特色书吧坚持面向基层、服务群众，广泛深入社区、工业区，为居民提供一站式、便利性的公共文化阅读服务。历经探索发展，书吧不再仅是图书卖场、图书阅览室，还完善了借阅等文化服务功能，成为市民分享阅读、聚会休闲的社区型文化生活空间，成为传播公共文化、提升文化品质的重要载体，有效承担了社区图书馆职能。

图 5-5 深圳大学简阅书吧

三 "全城一个图书馆"

"文化+科技"是深圳地区图书馆事业持续发展的核心理念之一。深圳各级各类型图书馆在全市改革创新的大潮中，充分发挥科技在服务创新中的引领作用，研制并应用一系列闻名全国的技术创新成果，合作共建多层次、多元化的科技应用体系，一体化、智能化、全域化的全市公共图书馆服务体系已粗具规模，体现出鲜明的技术发展特色，为市民带来服务的改变，成为深圳改革开放历程中公共文化发展的重要里程碑。

第一，全市共建技术平台，推进服务一体化。统一服务是城市公共图书馆服务一体化的重要标志，也是深圳"图书馆之城"建设的关键任务。一站式检索、一证通行、通借通还是统一服务的核心内容。从 2009 年起，深圳市、区公共图书馆共同搭建统一技术平台，将市、区、街道、社区图书馆，以及城市街区自助图书馆通过网络连接起来，遵循统一服务规则，使用统一管理系统，让市民无障碍地享受全市图书馆服务。依托"图书馆之城"网络数据中心，截至 2018 年 6 月，全市共计 285 家实体公共图书馆、244 台城市街区自助图书馆和 41 台光明新区 "24 小时书香亭"加入统一服务；统一服务注册读者数量达185万人，超过全市各级公共图书馆读者总量的80%。2017年，统一服务全年外借文献达1236.75万册次，其中跨馆还书达184.21万册，充分体现了一体化服务给市民带来的便利。推进全市公共图书馆联合采编是统一服务的进一步深化，依托ULAS采编子系统，深圳大学城图书馆和各区图书馆相继加入联合采编，促进了馆藏互补和资源流动。

第二，率先应用RFID技术，实现全城自助服务。RFID技术是图书馆引入物联网应用的关键技术，在全城一体化服务和提升文献管理质量方面效果十分明显。市、区馆及主要基层图书馆全面应用RFID技术，截至2017年年底，主要市、区公共图书馆已拥有自助办证机42台，自助借还书机151台。城市街区自助图书馆项目是RFID技术综合应用的典型范例。光明新区50台自助"书香亭"加入统一服务，成为自助图书馆发展的新模式。截至2018年6月，城市街区自助图书馆累计借还图书达2000万册次。预借服务正是"文化创新发展2020"提出的"订单式"图书馆服务。截至2018年6月，城市街区自助图书馆累计预借送书132万册次，其中2017年预借23万册次，同比上升19.6%。

第三，跨系统图书馆合作，开展多层次联合服务。"深圳文献港"是深圳"图书馆之城"建设的重要组成部分，是区域图书馆资源共建共享更具挑战的创新和实践，在全国图书馆界具有广泛影响。"深圳文献港"是由深圳图书馆、深圳大学城图书馆、深圳大学图书馆创建，并联合深圳市各类型图书馆共同建设的综合性文献信息资源服务平台。2017年4月，"深圳文献港"3.0正式推出，推出"深圳学者知识库"，实现了6个合作馆馆藏中外文纸质及电子资源、免费开放获取资源等全类型文献信息资源的统一检索，包括1299万册（件）中外文纸本馆藏和400多种数据库。

第四，实现全域图书馆服务，提升读者服务体验。通过社交软件、移动APP等信息技术手段创新服务模式，实现服务方式与内容的数字化、移动化和便捷化是"文化创新发展2020"对图书馆的工作要求。《深圳"图书馆之城"建设发展规划（2016—2020）》明确提出打造"微图书馆之城"，近年来，深圳图书馆重点打造由微信公众号、支付宝城市服务构成的图书馆移动服务平台，涵盖发现图书馆、读者活动日历、预借、转借、新书直通车、移动支付等功能。包括:"无证"化图书馆服务,读者使用支付宝城市服务或"深圳图书馆·图书馆之城"微信服务号绑定读者证,即可生成专属二维码,代替实体读者证使用,在业界属领先水平。文献全流程移动服务,在通过自助图书馆开展预借服务的基础上,深圳图书馆推出"快递到家"服务;通过微信或支付宝实现所借文献的自由交换,无须到图书馆办理借还手续;深圳图书馆推出"新书直通车——你选我送、先阅为快"服务,读者通过网站、微信服务号,可浏览最新出版并经筛选的图书。移动支付解决服务难题。2016年5月深圳图书馆在支付宝城市服务中实现移动支付,成为首家引入移动支付的图书馆。2017年11月深圳图书馆移动服务门户月访问量达129.7万页次,首次超过网站月访问量126.4万页次。

第五,打造公共文化数据平台,创新服务推广模式。深圳图书馆在承担国家文化科技提升计划项目"公共图书馆现代科技应用研究"基础上,围绕"图书馆之城"统一服务等业务,持续开展"大数据"研究,构建起实用化的"图书馆之城"大数据分析与监控平台(简称 EasyLod),并全面投入使用。EasyLod 在帮助各馆分析本馆数据的同时,还提供全市图书馆宏观数据,实现区域比较分析,满足可视化数据展示,支持个性化服务,等等。

第六,聚焦调剂书库建设,打造智慧型图书馆。"深圳市图书馆调剂书库"是"图书馆之城"建设新的增长点,规划建设3个具有代表性和影响力的智能化项目,即智能立体书库系统、大型分拣系统、文献调阅系统。智能立体书库系统采用智能化的立体储存技术,满足不少于350万册的文献快速存取;大型分拣系统设置不少于60个目的地,高速分拣文献,促进文献流转;文献调阅系统按指令将读者所需文献送达各个楼层,实现快速服务。3个系统之间的协同工作是难点,也是体现智能化水平的关键。随着调剂书库定位升级为第二图书馆,其智能化建设也从书库管理延展到服务区,一个现代化、智慧型的大型公共图书馆将呈现给全体市民。

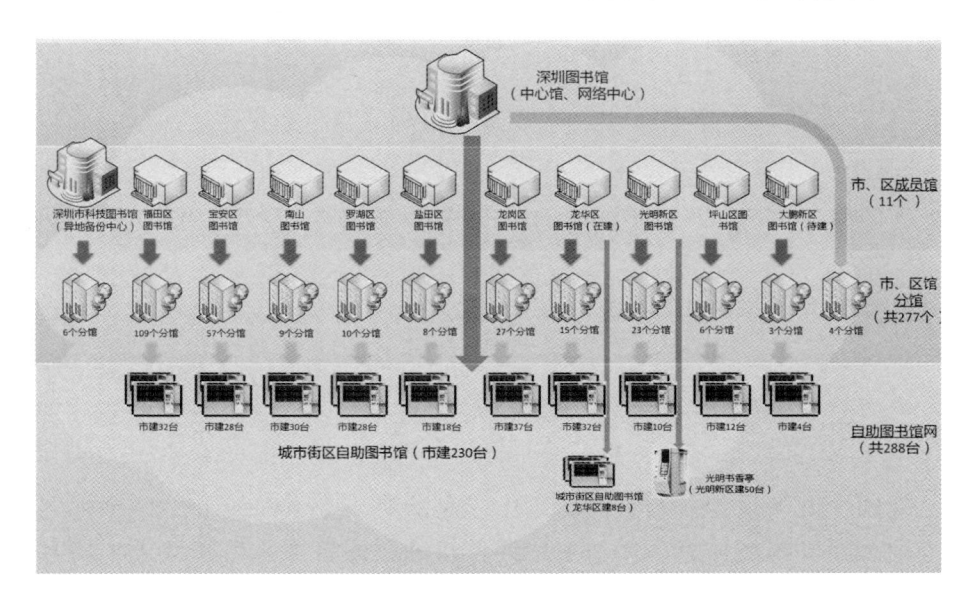

图 5-6　依托统一技术平台，实现深圳全市公共图书馆统一服务

第六章 推动文化创意产业质量型内涵式发展

党的十九大报告强调要推动文化产业发展,并明确提出"健全现代文化产业体系和市场体系,创新生产经营机制,完善文化经济政策,培育新型文化业态",这些要求已成为习近平新时代中国特色社会主义思想的重要内容,并为新时代加快文化创意产业发展提供了重要的理论指南和行动纲领。遵循党中央的决策部署,深圳在2005年提出将文化产业打造成为第四大支柱产业,在2011年提出将文化创意产业纳入六大战略性新兴产业之一,并在2015年提出文化创意产业要走质量型内涵式发展新路,为深圳文化创新发展提供了有力支撑和强大后劲。

第一节 文化创意产业与城市发展

城市是大部分人赖以生存的空间,文化创意产业是人们在城市这个空间里的一种新兴行为,虽不古老,却因其"文化"属性极富内涵,充满故事,值得研究。

一 文化创意产业的概念与特征

关于"文化"的定义,众说纷纭,莫衷一是,这本身已成了一种文化。同样,"文化创意产业"概念也没有统一的说法,出现过"文化产业""创意产业""内容产业""版权产业""体验产业""休闲产业"等多种概念及不同解读。概括起来,大致可以分为以英国为代表的"创意型"，以美国为代表的"版权型"，以及以中、日、韩为代表的"文化型"三派。

"文化创意"自古便有，但从政府官方层面，将其作为"产业"被单独提出来，却只是近二十年的事情。20世纪90年代末，英国政府听取了被誉为"现代文化创意产业之父"的约翰·霍金斯的建议，开始大力扶持创意产业，正式拉开了全球各地发展文化创意产业的大幕。在这一点上，中国的起步并不晚。1998年8月，原文化部成立了文化产业司，标志着我国文化产业进入了"从自发到自觉"的新阶段。2000年10月，中共十五届五中全会通过了《中共中央关于制定国民经济和社会发展第十个五年计划的建议》，提出要"完善文化产业政策"，首次正式使用了"文化产业"这一概念。2002年，党的十六大进一步把文化区分为文化事业和文化产业，强调一手抓公益性文化事业，一手抓经营性文化产业。2004年3月29日，国家统计局颁发了《文化及相关产业分类》标准，首次对文化产业进行了权威界定，将文化及相关产业定义为"为社会公众提供文化、娱乐产品和服务的活动，以及这些有关的活动的集合"，是"从事文化产品的生产、流通和提供文化服务的经营性活动的行业总称"。直到现在，在国家层面，"文化产业"仍是官方的唯一标准提法。

不过，中国不少城市在落实国家关于文化产业决策部署的同时，还充分发挥各地资源和特色优势，打出了发展"文化创意产业"的旗号。特别是，北京、上海、深圳、杭州等我国几个文化产业最发达的城市，无一例外地均以"文化创意产业"为主要提法。2006年9月，《国家"十一五"时期文化发展规划纲要》发布，"文化创意产业"这一概念首次出现在国家重要文件中。它只出现在"以建设文化创意产业中心城市为核心，加快产业整合，形成长江三角洲、珠江三角洲和环渤海地区三大文化产业带"和"促进各种资源的合理配置和产业分工，加快文化创意产业园区建设，使之成为文化创意产业的孵化器"这两句话中，在一定程度上，这也说明了当时国家对地方自主提出并发展"文化创意产业"的默许与鼓励。

关于"文化创意产业"的定义和范围，各地并无统一。2007年，北京市发布《北京市文化创意产业分类标准》，认定"文化创意产业"，"指以创作、创造、创新为根本手段，以文化内容和创意成果为核心价值，以知识产权实现或消费为交易特征，为社会公众提供文化体验的具有内在联系的行业集群，包括媒体业、艺术业、工业设计业、建筑设计业、时尚创意业、网络信息业、软件与计算机服务业、咨询服务业、广告及会展服务业、休闲娱乐服务业、文化创意相关产业等"。2011年，深圳发布《深圳文化创意产业振兴发展规划（2011—2015年）》，界定"文化创意产业"，是"指以创作、创造、创新为根本手段，以文化内容、创意成果和知识产权为核心价值，以高新技术为重要支撑，为社会公众提供文化产品和服务，引领文化产业发展和文化消费潮流的新兴产业，包括新闻出版、广播影视、创意设计、文化软件、动漫游戏、新媒体、文化信息服务、文化会展、演艺娱乐、文化旅游、非物质文化遗产开发、广告业、印刷复制、工艺美术等"。2015年，上海市在《上海市文化创意产业分类目录》中规定"文化创意产业"，是指"以人的创造力为核心，以文化为元素，以创意为驱动，以科技为支撑，以市场为导向，以产品为载体，以品牌为抓手，综合文化、创意、科技、资本、制造等要素，形成融合型的产业链，融合文化产业与创意产业发展的新型业态，包括媒体业、艺术业、工业设计业、建筑设计业、时尚创意业、网络信息业、软件与计算机服务业、咨询服务业、广告及会展服务业、休闲娱乐服务业、文化创意相关产业等"。

虽然各地对"文化创意产业"的定义和统计标准不完全相同，但是对"文化创意产业"的认识基本一致，"创意""科技""新兴"等都是高频关键词。归纳起来，对比其他传统产业，文化创意产业一般具有高知识性、高附加值、高融合度、高辐射力等特征。

一是高知识性。文化创意产业是知识密集型产业，虽然不排除体力因素，但是以脑力劳动为主，其生产过程有很强的创造性。文化创意产品一般是以文化、创意理念为核心，是人的知识、智慧和灵感在行业中物化的、外在的、可见的表现。文化创意产业与信息技术、传播技术和自动化技术等联系密切，呈现高知识性、高智能化的特点。比如电影、电视等产品的创作是通过与光电技术、计算机仿真技术、传媒等相结合而完成的。也就是说，文化创意产业具有较高的门槛，空有"一腔热血"和"蛮力"显然不足以迈进文化创意产业的大门。

二是高附加值。文化创意产业处于技术创新和研发等产业价值链的高端环节，是一种高附加值的产业。同样的产品，一旦赋予文化内涵和创意设计，就会产生与众不同的文化体验。这样的产品就不能再简单按照成本加利润来定价了，其产品价值可能就会有几十倍、几百倍的升值增幅。注入创意设计或科技元素的文化创意产品，其附加值难以估算，会明显高于普通的产品和服务。

三是高融合度。文化创意产业作为一种新兴的产业，它是经济、文化、技术等相互融合的产物，具有高度的融合性、较强的渗透性和辐射力，为发展新兴产业及其关联产业提供了良好条件。2014年，国务院专门出台了《关于推进文化创意和设计服务与相关产业融合发展的若干意见》（国发〔2014〕10号），提出要"统筹各类资源，加强协调配合，着力推进文化软件服务、建筑设计服务、专业设计服务、广告服务等文化创意和设计服务与装备制造业、消费品工业、建筑业、信息业、旅游业、农业和体育产业等重点领域融合发展"。如此打破行业和地区壁垒，如此宽领域、深领域的融合，这是其他产业少有的，也充分说明了文化创意产业的高融合度特点。

四是高辐射力。文化创意产业在带动相关产业发展、推动区域经济发展的同时，还可以辐射到社会的各个方面，全面提升人民群众的文化素质。当前，文化创意产品遍及城市社区的各个角落和人们生活的各个环节，一个看似平淡无奇、其貌不扬的物品，可能都被贴上了创意设计的元素。也就是说，你可能不是从事文化创意产业，但你的思想观念和行为举止，都会受到文化创意产业的直接或间接的影响。

二 文化创意产业对城市发展的作用

美国城市地理学家芒福德曾说："城市是文化的容器。"[①] 城市不仅是经济的发展体，更是文化的共同体，文化建设是城市化发展的灵魂。文化创意产业是生产内容产品、创造精神财富的产业，不仅直接贡献于经济增长，而且在提升发展质量中发挥越来越重要的作用，能够提高人的精神境界、生活质量和幸福指数，提升城市文化品位、创新活力和影响力，缓解

---

① ［美］刘易斯·芒福德：《刘易斯·芒福德经典著作系列：城市文化》，宋俊岭等译，中国建筑工业出版社2009年版。

社会矛盾、促进社会和谐,这是城镇化、现代化的重要保障。

一是有助于促进城市经济发展。文化创意产业虽然起步较晚,但现在已经是城市经济发展的重要组成部分,文化创意企业也成了市场的重要主体。文化创意产业的发展是对壮大城市经济规模和效益具有重要的助推作用。特别是当文化创意产业成为城市经济的支柱产业时,它对城市经济的影响就更加突出了。无论是国家还是地方城市,文化创意产业发展增速均高于同期 GDP 增速,所占 GDP 的比重在逐年增加,文化创意产业对国民经济增长和城市经济发展的贡献也在逐年增大。文化创意产业是以创意、创新为核心资源的智慧型产业,是绿色环保的新型产业,具有很强的渗透性和带动性。相比其他产业,加快发展文化创意产业能更好地促进供给侧结构性改革,促进创新要素自由流动和聚集,推动经济高质量发展,推动经济体系现代化,推动创新、协调、绿色、开放、共享发展。

二是有助于优化产业结构。近年来,经济发展的文化成分越来越浓,知识型经济越来越占主导地位。传统产业面临着一个增加产品的文化附加值甚至向文化产业转型的问题。从当前经济发展的趋势来看,传统产业从产品的策划、设计、加工、生产、包装、营销、消费、再利用等各个环节,都存在着文化创意元素的渗透。消费者对产品的品牌、款式和消费过程,也越来越注重其文化内涵和创意价值。从某种程度上来看,现在基本上所有的消费行为都可以理解为文化消费或具有文化意义上的消费。从具体的产业看,包括农业、制造业、交通运输业等在内的传统产业,都可以通过注入文化元素来提升产业竞争力,甚至一个局部小改变,就会带来整个产品甚至产业的大提升。深圳市 2017 年第三产业占 GDP 的比重首次突破六成,而十年前这个数字还不到四成。这种产业结构的质变,文化创意产业发挥了重要作用。

三是有助于提高城市品位。英国社会学家帕特里克·格迪斯在其著作《进化中的城市》中提道,"城市必须不再像墨迹、油渍那样蔓延,一旦发展,他们要像花儿那样呈星状开放,在金色的光芒间交替着绿叶"①。如

---

① [英] 帕特里克·格迪斯:《进化中的城市:城市规划与城市研究导论》,李浩等译,中国建筑工业出版社 2012 年版。

果说，高楼大厦、水泥道路就是"墨迹、油渍"的话，那么，文化就是这座城市的"花儿"和"绿叶"，而且是永不枯竭的花叶。随着城镇化和全球化进程的加快，各地的城市在外观上有趋同的态势，而仍能让我们辨别不同的，便是文化了。借助强大的文化创意产业，纽约的"百老汇"、洛杉矶的"好莱坞"、巴黎的香榭丽舍大街乃至小城市戛纳的电影节等都成了城市的文化标识，也是城市的品位所在。可以预见，将来城市的发展之道，纵有万千种，但文化却是难以逾越的上佳选择。

四是有助于满足人们精神文化需求。随着人民群众物质生活的不断改善，精神文化需求日益旺盛，呈现多方面、多层次、多样化的特点，到2020年我国将全面建成小康社会，提高国民素质和社会文明程度、实现文化小康是其中的重要内容。2017年我国人均GDP已超8836美元，而像深圳这样的一线城市已达2.71万美元，居民消费由生存型、温饱型全面转向小康型、享受型，精神文化需求更呈现"井喷"之势。文化创意产业能够提供丰富的文化产品和服务，可以更好地满足人民日益增长的美好生活需要，也有利于人的身心和谐。从这个角度看，文化创意产业既是产业，也是民生，抓文创是抓发展，也是抓民生、抓民心。

第二节 深圳文化创意产业发展特点

深圳是一座年轻的城市，没有深厚的历史文化底蕴，却与新兴、活力、时尚的文化创意产业一拍即合，擦出了让人惊艳的火花。我们可以从简单的纵向回顾、横向对比来描绘深圳文化创意产业的画像。

一 历程回顾

虽然深圳提出"文化创意产业"概念是最近十来年的事情，但并不表示深圳在此之前没有文化创意产业。回顾改革开放以来特别是党的十八大以来深圳文化创意产业发展的历程，按时间顺序进行纵向梳理，大致可以分为以下三个阶段。

（一）第一个阶段（约2002年之前）：自发阶段

作为改革开放的最前沿和市场化改革的试验田，深圳从诞生之日起就为中国从计划经济向社会主义市场经济转型探路破冰,精神文化产品也在改革开放的大潮和市场经济的热浪中"蠢蠢欲动",文化市场应运而生。在深圳文化市场中起步最早、发展最快的产业非文化娱乐业莫属。1980年,全市第一家帐篷歌舞厅在西丽湖出现,1981年西丽湖歌舞厅诞生。此后,各类文化设施和娱乐场所如雨后春笋般涌现在市场上。截至2002年年底,全市共有歌舞娱乐场所480家,电子游戏经营场所134家,音乐酒吧67家。按照当时常住人口来计算,基本是万人配置一家歌舞娱乐场所。深圳歌舞娱乐业成为深圳文化市场的领头羊,引领了文化消费时尚,激发了文化消化热点,极大丰富了市民精神文化生活,是当时深圳文化产业发展的重要阵地。

文化旅游也是深圳文化产业的急先锋。深圳有两大标志性事件不得不提。一是1979年秋西丽湖度假村(原名"西沥水库度假村")的创建。该度假村隶属深圳市旅游集团公司,是中国改革开放后创建的第一家旅游度假村,曾被评为广东"岭南八景"之一,也曾被誉为深圳市早期旅游景点"五湖四海"之首。另一个标志性事件就是1985年华侨城集团的成立。华侨城集团是经国务院批准成立的大型国有企业,是以家电电子、文化旅游、房地产和酒店业为主导产业的大型投资控股企业集团。1989年9月,华侨城创建了第一座世界上规模最大的缩微景区——锦绣中华,开创了国内人造主题公园先河。随后,又相继建成了中国民俗文化村、世界之窗、欢乐谷,还建成了何香凝美术馆、华夏艺术中心等,几乎是建一座成一座火一座,并组建了华侨城控股股份有限公司,华侨城在A股成功上市,形成了我国规模最大的文化旅游产业集群。至2002年年底,华侨城各景区共接待游客7600多万人次,营业收入累计56.7亿元,利润累计17.7亿元,成为我国文化旅游的标杆。

深圳文化产业的这个阶段主要还停留在自发阶段,政府部门的宏观调控和政策引导还不多,但是文化市场和产业观念已经出现,初步形成了以大众传媒、印刷制作、文艺演出和文化娱乐、文化旅游为重点的产业群体。2002年深圳主要文化产业的年产值258.05亿元,增加值78.47亿元,约占深圳当年GDP(2265.82亿元)的3.48%,远高于全国水平。其中,印刷制作、文化旅游、报刊业、广电业、文化娱乐业年总产值171.72亿元，占全市文化产业总产出的96.34%，印刷业产值占全国印刷总产值的20%。截至2011年，深圳有各类文化经营单位5600余家，从业人员逾15万人。

(二) 第二个阶段（约2003年至2011年）：自立阶段

2003年，中宣部召开文化体制改革试点工作会议，深圳被列入全国首批8个文化体制改革综合试点地区之一。也是在2003年，深圳市委三届六次全会明确提出了"文化立市"发展战略，调整成立"市文化体制改革和文化立市工作领导小组"，下设文化产业发展工作推进组等10个工作组，推动文化产业发展摆上了市委市政府重要议事日程。经过两年的酝酿和准备，2005年5月，深圳市第四次党代会第一次提出要把文化产业打造成为继高新技术、金融、物流三大支柱产业之后的第四大支柱产业，明确要求"搭建文化产业发展平台，积极培育传媒印刷、创意设计、动漫游戏、影视音像、文化旅游等文化产业，提高文化产业竞争力"。11月，深圳市召开了特区成立以来第一次文化产业专项工作会议，提出深圳文化产业发展的总体目标和战略思想。12月，市政府发文设立市文化产业发展办公室，为市政府直属的正局级行政事务机构，具体负责协调推进全市文化产业发展和文化产业会展平台建设。同年，深圳市出台了《中共深圳市委深圳市人民政府关于大力发展文化产业的决定》《深圳市文化发展规划纲要（2005—2010）》，并在随后不久陆续制定了《深圳市人民政府关于扶持动漫游戏产业发展的若干意见》《深圳市人民政府关于建设文化产业基地的实施意见》《深圳市人民政府关于加快文化产业发展若干经济政策》等政策文件，还设立文化产业发展专项资金，用于支持符合国家规定和列入深圳市产业发展目录的文化产业门类、项目、基地和企业的资助。所以说，有人将2005年称为深圳的"文化产业年"，不无道理。

在此期间，2004年11月，深圳市在中宣部和国家有关部委以及广东省的大力支持下，成功举办了首届"深圳国际文化产业博览会"。2006年举办第二届，更名为"中国（深圳）国际文化产业博览会"，2007年举办第三届，又更名为"中国（深圳）国际文化产业博览交易会"并沿用至今。文博会是我国唯一的国家级、国际化、综合性文化产业展会，也是深圳文化产业发展、城市建设发展最重要的平台和品牌之一。自2004年首届创办以来,文博会从无到有、从小到大,展会规模、效益和影响不断提升,前十届累计成交额逾 10000 亿元、出口交易额逾 1000 亿元,有效促进了中国文化产业发展,推动中国文化产品和服务逐步走向世界,是名副其实的"中国文化产业第一展"。

作为全国文化体制改革综合试点地区之一,深圳文化创意产业发展还承担着为国家破冰探路、积累经验的使命。除了文博会,由中宣部等牵头指导的深圳文交所、中国文化产业发展投资基金、国家级文化和科技融合示范基地等国家级文化产业服务平台相继落户深圳。

在政府的大力推动和市场的不断完善下,涌现出华强文化、雅昌、环球数码、A8 音乐、大芬油画村、田面"设计之都"产业园等一大批市场实力主体。经常有人戏说,很多好的文化创新企业不知道什么时候就"冒"出来了,可见深圳文化创意市场之活跃。

对于深圳文化创意产业来讲,2011 年又是一个重要时间节点。2011 年 8 月,胡锦涛同志来深出席第 26 届大运会期间,专门考察了深圳市文化建设发展,要求深圳争当文化产业发展的领头羊。就在 10 月 15 日党的十七届六中全会开幕当天,深圳市政府正式出台《深圳文化创意产业振兴发展规划》及其配套政策,成为深圳市继生物、互联网、新能源、新材料之后出台的第五个战略性新兴产业发展规划。该规划提出,"瞄准文化创意和科技创新两大主攻方向,重点发展创意设计、文化软件、动漫游戏、新媒体及文化信息服务、数字出版、影视演艺、文化旅游、非物质文化遗产开发、高端印刷、高端工艺美术等十大产业",争当文化产业发展的领头羊。

(三)第三个阶段(约 2012 年至今):自强阶段

2011 年《深圳文化创意产业振兴发展规划》及其政策的出台实施,无疑为深圳文化创意产业注入了一剂强心针。对于广大文化创意企业来讲,他们更期盼的具体政策支持终于从 2012 年开始陆续落地。首先是《深圳市文化创意产业发展联席会议制度》和《深圳市文化创意产业发展专项资金管理办法》的出台,明确了协调运作机制和资金管理机制。从 2011 年起市财政每年拿出 5 亿元扶持资金,再加上各区的各类扶持资金,总额每年超过 8 亿元。接着是制定完善了《深圳市原创文化创意项目研发资助计划操作规程》《深圳市文化创意项目贷款贴息和保险费资助计划操作规程》《深圳市优秀新兴业态文化创意企业和文化出口企业 10 强发布操作规程》《深圳市非物质文化遗产产业化项目资助计划操作规程》《深圳文化创意产业园区认定办法及入驻的中小文化创意企业房租补贴操作规程》《深圳市原创动漫产品、影视产品、舞台演出剧、出版物资助操作规程》《深圳市原创动漫产品、影视产品、舞台演出剧精品奖励操作规程》《深圳市原创出版精品奖励操作规程》《深圳市文化创意产业重大活动资助操作规程》《深圳市文化创意产业核心技术研发资助操作规程》《深圳市文化创意公共技术服务平台资助操作规程》11 个操作规程。如此规模的扶持力度，如此细化的操作规程，在全国都是领先和罕见的。

在各方面的高度重视和大力支持下，经过十多年的快速发展，深圳文化创意产业规模和竞争力迅速进入全国前列。2017 年，全市文化创意产业实现增加值 2243.95 亿元，增长 14.5%，占 GDP 比重达 10%，位居全国城市第一方阵，成为全市支柱产业、战略性新兴产业和带动经济快速健康发展的重要引擎。按照国家统计局的统一口径，深圳文化产业增加值占全市 GDP 的比重为 7.5%，较杭州市的 9.8%、北京市的 8.5% 略低，高于上海市的 6.5% 和广州市的 5.3%，总规模则仅次于于北京市、上海市，居第三位，高于杭州市、广州市。依托资本、技术、信息等要素市场和良好的发展环境，集团化、规模化发展的文化企业数量不断增加。据统计，截至 2017 年底，深圳文化创意企业近 5 万家，从业人员超过 90 万，其中规模以上企业 3155 家，境内外上市企业 40 多家；华侨城、大芬村、雅昌、腾讯等 14 家企业和园区先后被评为"国家级文化产业示范基地"，产业集聚辐射功能显著增强。

除了规模的壮大，深圳还充分发挥高科技城市、金融中心城市和滨海旅游城市特色，促进文化创意和设计服务等相关产业的融合，促进各种文化要素、生产要素的频繁流动和聚集，形成了"文化+科技""文化+旅游""文化+创意""文化+金融""文化+互联网""文化+电商"等产业发展新模式、新业态。"文化+"成为深圳文化创意产业这个阶段的重要特征，领先全国。同时，"走出去"步伐加快，深圳核心文化产品出口额每年约占全国的 1/6，已经成为我国文化贸易的黄金口岸和推动中华文化"走出去"的桥头堡。华强方特实现了我国自主品牌文化主题公园向国外输出,《熊出没》等动漫产品出口到100多个国家和地区;洛可可设计在伦敦开设分公司,TTF公司在巴黎成立高端珠宝品牌总部;雅昌、中华商务等荣获全球印刷界最高奖"班尼"金奖100多座。"深圳品牌""深圳设计"正成为国际文化市场上的一支新生劲旅。可以说,深圳加快文化创意产业创新发展,有基础、有条件、有优势,文化创意产业进入了提升质量、丰富内涵、优化结构、转型升级的新阶段。

二 优势特点

深圳在文化积淀并不深厚、文化资源并不丰富的情况下,走出了一条文化创意产业发展新路,成为颇具竞争力、影响力的创意城市和设计之都,得益于这座城市独有的优势,具体体现在以下几个方面。

(一) 作为移民城市的观念优势

任何一场社会革命都是从观念变革开始的。思想认识不到位,一切革新都只能引而不发。我国在较长一段历史时期,尤其是在计划经济年代,政府对文化事业往往是只投入不产出,"文化搭台,经济唱戏"在一定程度上也反映出文化对经济的附庸关系。作为年轻的移民城市,深圳向来就有敢为天下先的创新精神,改革开放后曾开办了第一家金融证券交易所、第一个股票市场、第一家房地产公司、第一个民间银行等。深圳的创新不仅体现在经济体制上,也体现在文化体制上,文化产业迸发出源源不断的活力。人民开始发现,文化不仅不是只有投入的"无底洞",也可以是产生巨大效益的"摇钱树",发展文化产业开始显现出勃勃生机。越来越多的人重视和关注文化创意产业,认识越来越深,观念越来越新,进而付诸行动。于是乎,深圳热土上便有了全国第一家只允许外商进入的歌舞厅、第一槌"文稿拍卖"、第一座主题公园、第一家文化科技型企业等。这就是观念的力量。

(二) 作为区域经济中心的市场优势

市场是产业发展的导向,也是产业发展的决定性因素。据深圳市统计局2018年2月的初步核算并经广东省统计局核定,2017年全市生产总值22438.39亿元(含R&D支出纳入GDP部分,含深汕特别合作区),按可比价格计算，比上年（下同）增长8.8%，超过广州成为全国大中城市第三位；全市规模以上工业增加值8087.62亿元，增长9.3%；全市固定资产投资5147.32亿元，增长23.8%；全市社会消费品零售总额6016.19亿元，增长9.1%；全市进出口总额28011.46亿元，增长6.4%，占同期全国进出口总值的10.1%，连续25年位列内地大中城市首位；全市一般公共预算收入3332.13亿元，同口径增长10.1%，其中税收收入2654.89亿元，增长11.7%；人均GDP达18.31万元，按2017年平均汇率折算为2.71万美元；居民人均可支配收入52938.00元，比上年名义增长8.7%，人均消费支出38320.12元，增长5.0%。另据初步统计，深圳2017年年末常住人口1252.83万人，实际管理人口超过2000万人。这样的城市规模、经济体量和发展态势，为文化创意产业发展奠定了坚实的社会经济基础，也提供了现实和潜在的广阔市场。

（三）作为地处粤港澳大湾区的区位优势

从地理和区位来看，深圳地处珠江三角洲大经济圈的核心地带，也是粤港澳大湾区的重要节点，两小时车程可以直达广州、佛山、珠海、东莞、惠州、中山等广东最发达的城市，两小时高铁可以出省前往周边省份。截至2017年年底，深圳机场国内客运通航城市增至116个，国际客运通航城市达到36个，其中洲际客运通航城市共10个，国际航空枢纽地位和竞争力稳步提升，深圳飞世界变得越来越方便。2017年深圳机场运送旅客达4561.1万人次，同比增长8.7%，旅客吞吐量位列国内机场第五。便利的海陆空交通，为人流、物流、资金流、信息流提供了畅通无阻的基础，也为文化交流和对外文化贸易创造了便捷条件。当然，深圳还有一个内地其他城市无法复制的优势，就是毗邻香港。香港是国际化大都会，既是创意城市、动感之都，也是文化桥梁枢纽。深圳一方面可以向香港学习，从早期的"前店后厂"，到后来的深港合作、深港融合，都体现了深圳与香港"一衣带水"的紧密关系。比较典型的就是深圳印刷业。20世纪80年代，香港近60%的印刷企业搬迁到深圳，其中就有香港九大印刷上市公司和生产基地落户深圳，使得深圳的港资印刷厂达到上百家，雇用印刷工人十几万人。来自香港的资金、人才、技术和管理使深圳印刷业从一开始就处在一个相当高的起点上，成为全国印刷重镇。另一方面，深圳还可以通过香港,走向亚太,连接世界,推动中华文化更好地"走出去"。现在,深圳文化创意企业在谋求发展时,基本上都会想到和借力"香港"因素。

(四)作为高科技城市的技术资源优势

资源是产业发展的基础。深圳并不讳言缺乏深厚的历史文化资源,但却培育出令人羡慕、可以促进文化创意产业快速发展的营养土壤,这就是高新科技。高新技术产业是深圳第一大产业,2017年全市高新技术产业产值突破2万亿元,达到21378.78亿元,同比增长11.22%;实现增加值7359.69亿元,同比增长12.19%;全市专利申请量17.7万件,授权量9.4万件,同比分别增长34.8%和25.6%;发明专利申请量6万件,授权量1.9万件,同比分别增长22.6%和7.1%;PCT国际专利申请量2万件,占全国43.1%;有效发明专利维持5年以上的比例达86.3%,位居全国大中城市第一。深圳充分发挥高科技产业和互联网比较发达的优势,迅速成长起一批以高新技术为依托、数字内容为主体、自主知识产权为核心的高成长型文化科技企业,"文化+科技"成为深圳文化创意产业发展的突出特征和重要标志。创意设计业走向国际舞台,成为名副其实的"设计之都"。"文化+旅游""文化+金融"等新模式不断完善,时尚创意等新业态形成了较强的竞争优势。

三 横向对比与短板分析

在看到成绩的同时,也要清醒看到存在的不足和问题。特别是站在世界文化创意产业发展的维度来看,与伦敦、洛杉矶、东京等先进城市进行横向比较,深圳到现在为止仍是学习者、追赶者。

仅以伦敦市为例[①]。作为文化创意产业的首倡者,伦敦市在推动文化创意产业上一直领先于全球。为了实现成为世界创意文化之都的发展目标,伦敦市本身一方面通过成立"大伦敦市政府"(GLA),在创意文化发展战略上确立了市长负责制,在"顶层设计"上实现管理体制的创新,以

---

① 王林生:《伦敦城市创意文化发展"三步走"战略的内涵分析》,《福建论坛》(人文社会科学版)2013年第6期。

有效加强对各方面资源的整合;另一方面以市长文件的形式制定明确了"三步走"的文化发展战略。2004年4月,大伦敦市政府公布了伦敦发展历史上第一份文化发展战略草案,即《伦敦:文化之都——发掘世界级城市的潜力》。2005年3月,伦敦市还筹划设立了"创意之都基金",为那些有才华和创意的个人提供资助,以激发他们的创意潜力,使他们的创意能够尽可能地发挥出来。2008年11月,伦敦市公布了第二份关于伦敦文化发展的战略草案,即《文化大都市——伦敦市长2009—2012年的文化重点》,以奥运会的举办为契机,对2009年至2012年三年的文化发展重点进行了具有针对性的部署。草案确立了以下12个要点:(1)维持伦敦全球卓越的文化中心的地位;(2)塑造面向2012年及更为持久的世界级文化;(3)加强对年青一代的艺术和音乐教育;(4)提高艺术覆盖面和参与率;(5)加大对伦敦外围区域的文化供给;(6)为新人提供发展之路;(7)创造一个充满生气的公共空间;(8)支持草根文化;(9)推介伦敦;(10)为创意产业提供有针对性的支持;(11)维护文化在建筑领域中的地位;(12)加大政府对伦敦文化的支持力度。2010年6月,伦敦市公布了第三份文化战略草案,即《文化大都市——伦敦市长文化战略草案:2012年及其以后》,草案从6个方面预设了未来伦敦创意文化的发展路径,分别是:(1)保持世界文化之都的地位;(2)拓展民众参与优秀文化的渠道;(3)强化文化的教育培训;(4)增强基础设施、环境和公共空间的建设力度;(5)筹办2012伦敦文化盛典;(6)实施文化传播战略。从上述三份战略草案,伦敦的文化多样性和文化活力在有步骤、有秩序、有重点的实施与推动下得到充分展现和释放。伦敦市支持产业集聚区建设,拥有全英国40%的艺术基础设施、2/3的电影制作岗位、70%的电视制作公司、3/4的广告业岗位。伦敦贡献了全国设计业总产值的50%、音乐产业总产值的70%、出版业总产值的40%,以规模优势赢取国际竞争力。

深圳的文化创意产业发展与建成现代化国际化创新型城市和竞争力影响力卓著的创新引领型全球城市的目标要求相比,与市民日益增长的精神文化需求相比,与国内外先进城市相比,仍存在不少短板和制约因素,有些方面还有较大差距。

第一,产业结构仍需优化。近年来,深圳创意设计、文化软件、动漫游戏等新型业态成长较快,占到文化创意产业增加值的约50%,但传统文化制造业在产业结构中仍占据重要地位,在深圳认定的"百强文化企业"中,珠宝加工、印刷包装等制造类企业数量占到了近一半,从事文化内容及文化服务等高增值业务的文化企业所占比例较低。特别是影视、出版等核心内容产业,大多企业规模较小,资源分散,缺少一批具有产业带动作用的龙头企业,文艺精品创作生产能力较弱,新闻出版、广播影视产业在文化创意产业中的比例仅占不足5%。从发展趋势看,虽然产业结构在逐步优化,但产业转型升级的效果还没有充分显现出来,文化创意产业作为战略性新兴产业对经济发展的引领作用还有待加强。

第二,规划空间资源紧缺。产业规划用地增量不足一直是制约文化创意产业发展的重要因素。一方面,具有较大成长潜力的文化企业用地问题解决起来难度越来越大,对企业扎根深圳发展造成不利影响。另一方面,对引进和规划建设新的重大项目而言,深圳一直缺少能够供大型文化企业和企业集团集聚发展的文化产业总部基地,重大文化产业项目在深圳落地远比在内地困难,对文化创意产业的可持续发展形成较大制约。

第三,创新模式有待深化。深圳虽然成功探索出"文化+科技"等新型产业业态,但随着虚拟现实、人工智能、大数据、物联网、区块链等新技术的迅猛发展,业态融合不断深入,产业和产品迭代速度加快,市场竞争日趋激烈,原有的思维和理念已经不能适应新阶段的要求,甚至一些创新模式也有逐渐固化的趋势,昨天的创新很可能成为明天的陈迹,因此,产业创新从整体上看必须持续不断地突破和提高。

第四,产业人才较为缺乏。文化人力资源现有的总量、结构、水平,以及文化创意产业人才培养体系、认定机制、管理制度等,都不能满足产业迅速发展的要求。高端创意人才匮乏,文化金融、市场营销管理等复合型人才短缺,在很大程度上制约了产业发展的后劲。

第五,文化消费有待提升。据调查,深圳居民人均文化教育娱乐消费支出占人均消费支出的比重从2015年的8.3%上升到2017年的9.3%,但与发达国家还有较大差距。在高质量全面建成小康社会的进程中,要以高品质的文化产品和服务扩大引导文化消费,更好地满足居民精神文化需求，同时以文化消费巨大潜力的释放推动文化市场扩容，为文化创意产业持续发展提供绵延不绝的动力。

明显的优势和明显的劣势，要求我们在客观审视和总结深圳文化创意产业发展现状的基础上，在新的发展阶段坚持问题导向，找准切入点，采取新举措，努力推动文化创意产业实现新发展。

第三节　走质量型内涵式发展新路

从2015年开始，深圳市提出文化创意产业要走质量型内涵式发展道路。这是深圳站在新的历史起点上，按照产业发展规律和深圳城市发展阶段特点，做出的重大战略选择，是深圳文化创新发展的重要组成部分。

一　"质量型"和"内涵式"发展

所谓"质量型"发展，是相对数量型发展模式而言的。发展是有阶段的，需要循序渐进，需要因时而调、因势而变。在文化创意产业发展的初始阶段，首先要面对的是生存问题，有一个从无到有、从少到多的过程，追求数量、追求规模成为文化创意产业初期发展的必然选择。但是，随着产业的发展、规模的壮大，文化创意产业就不能再片面追求数量、追求规模了。经过改革开放40年的发展，深圳文化创意产业已经成为重要的国民经济支柱产业，具备了相当规模和基础。这个时候提出质量型发展，既恰逢其时，也十分必要。

所谓"内涵式"发展，则是相对外延式发展模式而言的。外延式发展强调的是数量增长、规模扩张、空间拓展，主要是适应外部需求表现出的外形扩张。内涵式发展主要通过内部改革，激发活力、增强实力、提高竞争力，强调的是结构优化、质量提高、实力增强，发展更多源自内在需求。文化创意产业走内涵式发展道路的目的是，实现从依靠招商引资和优惠政策向依靠科技创新、结构优化和质量提升转变，从注重硬环境向注重优化配置科技资源和提供优质服务软环境转变。

"质量型"发展和"内涵式"发展，两者既有区别也有联系，互有交叉，各有侧重。将"质量型"发展和"内涵式"发展共同作为深圳文化创意产业发展的基本路径，是深圳城市发展模式的一种选择。简单来说，就是深圳文化创意产业发展，不要粗放型的，要集约型的，不要依靠增加要素的投入，通过外延扩大再生产来实现经济增长，而是要依靠科学技术进步、劳动力素质和质量的改善，通过内涵扩大再生产和提高综合要素生产率来实现经济增长。通过综合要素生产率的提高，降低对稀缺要素的需求，减少物耗和能耗，减少废物的产生，以支持经济社会的可持续发展。

二 新路方向

正是基于对深圳文化创意产业发展现状的全面考量，以及对"质量型"和"内涵式"的深刻认识，深圳市做出了自己的路径选择。2015年8月，深圳市召开文化创意产业发展情况座谈会，首次提出了文化创意产业"要走一条质量型内涵式发展之路"。2015年年底出台的《深圳文化创新发展2020（实施方案）》，首次在文件上予以确立，要"创新产业发展模式，构建以质量型内涵式发展为特征的现代文化产业体系"，并提出了五方面重点任务和举措。一是培育新型文化业态，推动产业结构优化升级。包括要丰富产业文化内涵，加大对优秀原创作品采购、扶持和奖励力度，引导提升网络文化产品的格调品位，提高文化产业的社会效益和价值导向功能，打造文化产业的"深圳质量"。二是培育文化领军企业，做强做大市场主体。包括重点支持30家掌握核心技术、拥有原创品牌、具有较强市场竞争力的龙头文化企业和企业集团，争取有1—2家企业跻身"世界500强"，有2—3家企业入围全国"文化企业30强"。三是实施"大项目驱动"行动，优化产业空间布局。四是创新文博会办展办会机制，打造国际知名展会品牌。五是完善深圳文交所、国家级文化和科技融合示范基地、国家对外文化贸易基地（深圳）、中国文化产业投资基金、广东国家数字出版基地深圳园区等国家级产业服务平台，集聚盘活文化市场要素资源。这五项举措，都已经在推进过程中，不少已经取得了实质性成效和突破。

当前，我国文化创意产业正迎来一个加快发展的黄金时期，面临着极好的机遇和有利条件。深圳有一定的先发优势，但不必然具有领先优势，各地发展文化创意产业都拿出了新招、亮出了新牌。2016年，北京市着力构建发展速度与质量、发展规模与效益相统一的"高精尖"文化创意产业体系，制定实施全国首个省级文化产业发展指导目录，完善产业政策体系，改善产业营商环境，优化空间布局；上海市在2017年12月出台了《关于加快本市文化创意产业创新发展的若干意见》（简称"上海文创50条"），明确提出加快文创产业创新发展是事关上海长远发展的一项重大战略任务；浙江省2017年出台《关于加快把文化产业打造成为万亿级产业的意见》，提出建成全国文化内容生产先导区、文化产业融合发展示范区和文化产业新业态引领区的发展目标。全国竞相出台新政策、新措施的态势形成了倒逼机制，必将激发各地文化创意产业发展的内生动力。

在新的竞争形势下，深圳如果还是停留在原地，没有一些新招、实招、妙招，就一定会处于下风，失去发展的先机。另外，目前我国文化消费市场更加统一开放，国家鼓励文化创意企业跨地域、跨行业整合，而基于互联网的数字文化产业等新型业态的发展更是早已突破地域的局限，这也为深圳文化创意企业利用先发优势做大做强提供了广阔空间。如何在文化创意产业发展的新征程中继续勇立潮头、发挥引领作用，关键在于能够拿出什么样的新作为，怎样在更高的站位和层面上深入思考谋划深圳文化创意产业未来的发展。

三　新路举措

党的十八大以来，习近平总书记多次就文化建设发表重要讲话，要求加快发展现代文化产业，推动文化产业成为国民经济支柱性产业。党中央相继出台了一系列促进文化产业振兴的政策措施，支持力度之大前所未有。2018年3月7日，习近平总书记在参加十三届全国人大一次会议广东代表团审议时发表了重要讲话，要求广东"在构建推动经济高质量发展的体制机制上走在全国前列，在建设现代化经济体系上走在全国前列，在形成全面开放新格局上走在全国前列，在营造共建共享社会治理格局上走在全国前列"。习近平总书记对广东提出"四个走在全国前列"的目标，要求比以往更高、更具体，定位也更清晰。加快文化创意产业创新发展是落实好总书记"四个走在前列"最新要求的重要举措，同时也是落实"一带一路"倡议、粤港澳大湾区建设和"双创"等国家战略的题中应有之义。

2018年1月召开的市委六届九次全会以习近平新时代中国特色社会主义思想为指导，提出深圳要率先建设社会主义现代化先行区，到2020年基本建成现代化国际化创新型城市，高质量全面建成小康社会；到2035年建成可持续发展的全球创新之都，实现社会主义现代化；到21世纪中叶，建成代表社会主义现代化强国的国家经济特区，成为竞争力影响力卓著的创新引领型全球城市。加快文化创意产业创新发展是深圳率先建设社会主义现代化先行区的有力支撑。在新的历史阶段，加快文化创意产业创新发展，就是要结合深圳实际，贯彻落实市委的工作部署，为文化创意产业发展注入新的内涵、新的活力、新的动能，从而更好地发挥深圳经济特区在文化建设领域的引领作用。

当前和今后一个时期，深圳文化创意产业发展要全面贯彻党的十九大精神，以习近平新时代中国特色社会主义思想为指导，牢牢把握"一带一路"倡议、粤港澳大湾区建设和"双创"等国家战略，按照市委六届九次全会的部署要求，进一步实施好《深圳文化创新发展2020（实施方案）》，坚定文化自信，加快推进供给侧结构性改革，坚持创意引领、科技支撑的发展特色，完善文化经济政策，创新产业发展模式，培育新型文化业态，努力构建以质量型内涵式发展为特征的现代文化产业体系。到2020年，全市文化创意产业增加值突破3000亿元，占本市生产总值的比重超过10%，文化创意产业的战略性新兴产业和国民经济支柱产业地位进一步强化，推动深圳成为创意创新引领潮流、文化科技特色鲜明、文化形象开放时尚、文化产业充满活力的国际文化创意先锋城市，为深圳率先建设社会主义现代化先行区、奋力向竞争力影响力卓著的创新引领型全球城市迈进提供强有力的文化支撑。要实现这一发展目标，必须坚持"四个引领"，在关键环节和重点领域实现新突破。

第一，坚持价值引领，在弘扬社会主义核心价值观上实现新突破。文化创意产业具有意识形态属性和产业属性双重属性，文化产品和文化服务承载的是思想观念和价值选择。党中央反复强调，发展文化产业要坚持把社会效益放在首位，实现社会效益和经济效益相统一，这不仅仅是针对国有文化企业提出的要求,而是对包括民营企业在内的所有文化企业的基本要求。特别是从事出版传媒、影视演艺、动漫游戏等内容生产的文化企业,这一点尤为重要,文化创意产品关乎政治安全和意识形态安全,关乎价值导向和世道人心,对此要有十分清醒的认识和高度的社会责任感。即使是从经济效益的角度看,一本书、一部电影、一部电视剧,只有具备深刻的思想、感人的故事、生动的情节,才能受到消费者的欢迎和市场的青睐。

坚持价值引领,关键是扶持和做强做优内容产业。要牢固树立内容为王的理念,始终坚持中国特色社会主义文化发展道路,坚持以人民为中心的创作导向,坚持思想精深、艺术精湛、制作精良相统一,不断提升文化产品的内涵和质量,推出更多高品位、高水准的精品力作,满足人民群众多样化精神文化需求,发挥社会主义核心价值观的引领作用。在这一轮完善文化创意产业扶持政策中,要加大对优秀原创作品的创作生产资助和奖励各个环节的支持力度,鼓励文化企业以中华优秀传统文化、革命文化和社会主义先进文化为源泉加强内容原创和产品研发,引导提升网络文化产品的格调品位,以内容优势赢得产业发展优势。

第二,坚持创新引领,在推进文化业态和模式创新上实现新突破。改革创新是党中央赋予深圳特区的重要使命,也是深圳的立身之本,是深圳的根和魂。发展文化创意产业,尤为重要的是要树立改革创新的意识。只有不断进行创新才能有效地赋予文化以新的理念、新的动能和新的前景。要深入推进文化体制改革,鼓励"大众创业、万众创新",推动文化创意产业产品、技术、业态、模式和管理全方位创新,进一步解放和发展文化生产力,激发全社会文化创造活力。

创意设计和科技创新是深圳文化创意产业的两大核心优势,要以此为产业创新的立足点和发力点,着力培育"文化+"和"互联网+"新型业态。一是加快发展时尚创意产业。要着力提升"深圳设计周""深圳环球设计大奖"等重大创意设计活动的国际知名度,打造更具时代引领性的深圳设计品牌。要坚持设计支撑,大力实施设计提升行动,推动创意设计和工匠精神的结合,鼓励企业开发中国风格、中国味道、中国品质的文创产品,促进中华优秀传统文化的创造性转化、创新性发展。二是加快发展数字文化产业。加强大数据、云计算、物联网、虚拟现实、人工智能等核心、关键、共性技术在文化领域的研发运用,为文化创意产业发展提供有力的科技支撑。充分利用数字化资源、智能化处理、网络化传播等技术,支持数字创意内容精品生产,大力开发适宜互联网、移动终端等载体的数字文化产品,提升影视、动漫、游戏等产业数字化发展水平。加快发展网络文化、电子竞技等新兴产业,打造产业新亮点。促进高科技在演艺娱乐、文化旅游、工艺美术、印刷复制等传统文化行业中的应用,推动线上线下融合发展,提升传统文化行业的创新能力。

第三,坚持市场引领,在建设现代文化市场体系上实现新突破。良好的市场环境是深圳文化创意产业在历史文化资源相对比较贫乏的条件下能够快速发展、后来居上的重要基础,也可以说是一条重要经验。竞争越激烈、产业创新转型的要求越高,就越是要适应社会主义市场经济发展要求和文化发展规律,尊重市场自身的调节作用,不断提高文化资源配置效率。一是完善文化市场准入机制。坚持"非禁即入"的原则,着力创新文化生产经营机制,鼓励民营资本投资发展文化创意产业,促进各类市场主体自主经营、公平竞争,公平才能出效率。二是打造富有竞争力的文化市场主体。要针对发展中的短板,推动规划建设文化创意产业总部基地,吸引国内外龙头文化企业把总部或地区总部、高附加值的制造环节、研发中心、采购中心和服务外包基地设在深圳。重点支持一批掌握核心技术、拥有原创品牌的龙头文化企业和企业集团,争取有更多企业进入全国"文化企业30强",甚至跻身"世界500强"。同时,支持小微创意企业快速成长,在互联网、人工智能、大数据等领域推动新技术与文化制造业、创意设计业和生活服务业相融合,加快培育一批"独角兽"文化企业和上市公司,让深圳诞生更多的大疆、柔宇、优必选。三是规范发展文化创意行业组织。文化类社会组织是文化市场体系建设的重要组成部分,具有很强的意识形态属性,党中央对此高度重视,2017年专门就加强文化领域社会组织建设出台了文件。目前,深圳市注册的文化行业组织有近50家,总体的发展势头较好,也在各自行业领域内发挥了积极的作用,但还有差距,主要是比较分散,服务能力也不够强,特别是缺少一个文化创意产业全领域、全行业、权威性、引领性的公益性服务平台。接下来,有必要按照党中央的有关要求，参考宁波市等城市的先进做法，推动成立深圳市文化创意产业发展促进会，作为地方性的行业非营利组织和党委、政府推动文化创意产业发展的重要工作抓手，接受深圳市委宣传部、市文体旅游局的指导和委托，主要发挥行业研究、行业服务、行业自律和政策建议咨询等功能，并承接政府的部分职能转移，更好地发挥文化社会组织对深圳市文化创意产业发展的促进作用。

第四，坚持政策引领，在营造良好的产业发展环境上实现新突破。文化经济政策是党委、政府调控引导文化创意产业发展的重要手段，党的十九大把完善文化经济政策作为推动文化事业和文化产业发展的一项明确要求。要结合国家现行对文化发展的税收、金融、土地等各项优惠政策，有针对性地研究制定符合深圳市文化创意产业规律的政策措施，推动出台更有针对性、更有力度的财政、金融、土地等方面的经济政策。

要根据文化创意产业发展的最新态势和内在需求确定政策扶持的重点。首先，重点支持落实国家战略。深圳文化创意产业在"一带一路"倡议、粤港澳大湾区建设、供给侧结构性改革、"双创"等国家战略中究竟应该处于怎样的定位、发挥什么样的作用，要进一步深入研究，并在政策配套上给予支持。其次，重点支持内容生产和业态创新。抓住内容和创新两个关键点，做到精品迭出、创新活跃、业态领先，深圳的文化创意产业就能始终立于不败之地。再次，重点支持产业平台建设。要不断加强文博会、国家级文化和科技融合示范基地、深圳文交所、中国文化产业投资基金、广东国家数字出版基地深圳园区的服务功能，提升其国际化、市场化、专业化水平。推动深圳国家对外文化贸易基地、深圳国际版权交易中心等投入实质运营，并且在促进文化产品和服务出口、加强版权保护和交易上率先探索，形成有效的服务机制和商业模式。作为重要的突破口，要加大文化金融融合的力度，着力打造三个新的文化金融服务平台：一是在中国建设银行深圳分行试点设立文化创意产业特色支行之际，通过建立政府风险资金池等政策给予支持；二是加强文化产权交易机构、文化产业基金、金融机构的合作，推动建立文化金融联盟；三是推动深圳文交所建设好文化金融服务中心。最后，重点支持产业发展空间需求。年度新增建设用地指标要适当向文化创意产业倾斜，要充分利用城市更新政策，加强文化创意产业的空间布局规划，通过推动城市更新扩大文化创意产业发展空间。要增强现有文化创意产业园区的集聚功能，优化产业集群，构建文化创意产业功能区，促进相关资源及产业生态链的整合与完善，营造集约、专业的文化、艺术、时尚与产业融合的生态环境。各区要走特色化、差异化发展之路，结合文化创意产业功能区建设和重大文体设施建设，按照有"都市风情、文化内涵、产业特色、市场需求"的思路，推动规划建设一批特色文化街区和文化小镇，打造国际知名文化创意区域，形成相互呼应的城市文化群落。

发展文化创意产业，营造氛围和环境十分关键。要进一步深化文化体制改革，坚持"非禁即入"的原则，放宽市场准入，鼓励民营资本投资发展文化创意产业。继续营造公平的竞争环境，发挥好市场配置资源的积极作用，激发文化市场活力。加强文化市场监管和执法，强化知识产权行政与司法保护，持续不断地依法打击各种侵权行为和违法行为，营造规范健康的产业营商环境，让深圳成为文化创新创业的热土。采取有针对性的政策措施鼓励和引导文化消费，以文化消费推动文化市场扩容，带动高品质的文化产品和服务生产。

第四节　案例

一　文博会

中国（深圳）文化产业博览交易会（以下简称"文博会"）是我国唯一的国家级、国际化、综合性文化产业展会，自 2004 年首办以来，至 2018 年已经成功举办了 14 届，有效促进了中国文化产业发展，推动中国文化产品和服务逐步走向世界，是名副其实的"中国文化产业第一展"，是我国文化体制改革不断深化和文化产业跨越式发展的精彩缩影。

早在 2002 年，深圳市就提出了创办文化产业交易会的想法。经过深入调研论证，并逐级请示报批，终于获批举办。2004 年 11 月 18 日至 22 日，首届文博会在深圳高交会馆（原址位于深南中路）隆重举办。当时有 700 多家企业参展，其中包括来自海外 50 多个国家和地区的 102 家企业，合同成交额和意向成交额达到 356.9 亿元人民币。首届展会的成功得到了党中央领导同志的充分肯定,明确从第二届开始,文博会由中宣部牵头协调,由文化部、广播电影电视总局、新闻出版总署、广东省人民政府和深圳市人民政府共同主办,让中国第一个国家级、国际化、综合性的文化产业博览会永久落户深圳。2006 年,为更好地承办文博会,推动文博会专业化、市场化、国际化运作,由深圳报业集团、广电集团和出版发行集团共同出资成立文博会公司,成为文博会的唯一常年具体承办和招商招展机构,按市场化规律运作文博会。2011 年 10 月,党的十七届六中全会召开,文博会被写入中央全会审议通过的《中共中央关于深化文化体制改革、推动社会主义文化大发展大繁荣若干重大问题的决定》。该决定特别指出,要"进一步完善中国国际文化产业博览交易会等综合交易平台",文博会的国家级战略地位进一步确立。

继首届初创起步、二届基本成型后,从第三届开始,一年一度的文博会均于 5 月中旬在深圳会展中心举办,规模不断扩大,效果不断提升,可谓一年一个进步、一届一个台阶。第十四届文博会于 2018 年 5 月 10—14 日召开。据统计,该届文博会主会场、分会场、相关活动的总参观人数达 733.258 万人次,同比增长 10.08%;专业观众达 127.565 万人次,占观众总数的 17.39%,同比增长 7.84%;国际化程度进一步提升,共有 21386 名海外采购商参加展会,比上届增加 1370 人,来自 101 个国家和地区。除了规模可观,该届文博会还呈现出以下特点:一是突出展示改革开放 40 年来我国文化产业发展所取得的成就,举办了庆祝改革开放 40 周年文化精品展,中国"文化产业第一展"的地位进一步巩固;二是突出深化中外文化交流合作,国际化程度进一步提升;三是突出创意设计内涵,更加贴近人民群众对美好生活的需求;四是突出展示"文化+"新业态,产业引领示范效应不断提升;五是突出提升专业化服务水平,引领产业高端发展作用进一步增强。

分会场模式是深圳文博会的重大创新和亮点。从首届至今,历届文博会均在主会场外设立分会场,每届均有新面孔亮相,数量和质量逐年不断提升。第十四届文博会认定设立了 67 家分会场,遍布全市各区(新区),各分会场精心策划准备了 300 多项产业特色鲜明、文化内涵丰富、交易功能突出、公众参与度高的展览、论坛、拍卖、签约、大赛、项目推介等展示交易活动。本土文化创意企业借助文博会这一国家级平台、通过参与分会场这一载体形式，得到了充分展示和有力提升。

配套活动是文博会的重要组成部分。14 届文博会中，由各主承办单位主办的文博会配套活动数以百计，涉及文化产业的各个领域。其中，以中宣部牵头主办的文化发展战略论坛最为权威和重要。从已经举办的 14 届文化发展战略论坛情况来看，大致可以划分为两个阶段，前 5 届为论坛形式，由中宣部改革办、广东省委宣传部、深圳市委共同主办，每届与会领导和专家均围绕一个主题进行研讨，研讨成果结集出版；最近 10 届为座谈会形式，规格和规模进一步提升，由中宣部主办，中央领导同志出席并发表重要讲话，对我国文化改革发展重大问题进行研究部署，深圳市主要领导曾多次在会上发言介绍深圳文化建设做法和经验。

表 6-1　　历届文博会主要数据统计

届数	时间	成交额（亿元）	出口额（亿元）	参展商（个）	海外采购商（名）	分会场（个）
第一届	2004 年 11 月 18—22 日	356.9	—	700	102	1
第二届	2006 年 5 月 18—21 日	275.4	100	1000	600	6
第三届	2007 年 5 月 17—20 日	499.13	134.65	1639	9500	18
第四届	2008 年 5 月 16—19 日	702.32	129.63	1687	12000	24
第五届	2009 年 5 月 15—18 日	880.69	87.66	1708	15000	30
第六届	2010 年 5 月 14—17 日	1088.56	114.06	1797	10680	35
第七届	2011 年 5 月 13—16 日	1246.85	124.11	1896	12000	40
第八届	2012 年 5 月 18—21 日	1435.51	115.22	1928	16081	40
第九届	2013 年 5 月 17—20 日	1665.02	123.82	2118	16347	43
第十届	2014 年 5 月 15—19 日	2324.99	161.38	2263	17696	54
第十一届	2015 年 5 月 14—18 日	2648.18	164.85	2286	18542	61
第十二届	2016 年 5 月 12—16 日	2032.014（实际成交额）	176.972	2297	19523	66
第十三届	2017 年 5 月 11—15 日	2240.848（实际成交额）	—	2302	20016	68
第十四届	2018 年 5 月 10—14 日	—	—	2308	21386	67

图 6-1　第十三届文博会（会展中心门前广场）

二　华强方特文化科技集团

华强方特文化科技集团股份有限公司（以下简称"华强方特"）是深圳土生土长的优秀文化创意企业，是最早探索"文化+科技"发展模式的龙头领军企业，打造了方特主题公园、"熊出没"等多个全国知名文化品牌，多次荣获全国"文化企业30强"等，是深圳文化创意产业发展的一面旗帜。

1999年，深圳华强集团有限公司为应对全球电子信息产业发展寒流，收购更名成立了"方特智能公司"，主要从事计算机系统集成以及相关的应用软件开发。方特智能公司先后自主研发了虚拟仿真、多屏同步播放技术、视景仿真技术、数字悬浮成像等多种技术，成功开发了世界首创的环幕立体电影技术及 FANTAWILD 4D 影院。2001年起，华强集团先后成立特种影视专业制作公司"华强方特（深圳）电影有限公司"、投资运营公司"方特投资发展有限公司"，正式拉开了华强全面进军高科技文化旅游领域的帷幕。2002年，华强集团提出"方特欢乐世界"以及"高科技主题乐园"的发展计划。2007年10月，首个方特文化科技主题乐园——芜湖"方特欢乐世界"落成开园。2007年年底，整合方特智能、方特电影、方特投资公司等多家公司，正式成立华强方特文化科技集团股份有限公司，在全国率先创新提出"文化与科技融合"的发展战略，确定将文化科技产业作为集团的发展方向，推动文化科技产业创新发展，并持续加快"走出去"的全球化战略步伐。2008年，华强方特（深圳）动漫有限公司成立，正式全面进入动漫领域。

华强方特在国内率先实施文化与科技融合发展战略，根植中国文化，深化创新引领驱动，提升文化表现力和附加值，业务涵盖"文化科技主题乐园"和以特种电影、数字动漫、主题演艺、文化衍生产品为主的"文化内容产品及服务"两大类，构建优势互补的全产业链和多元产业布局，形成多样化的中国文化传承、展示、传播平台。

华强方特是国内唯一一个具有成套设计、制造、出口大型文化科技主题乐园的全产业链运营企业，2016年方特主题乐园入园游客3000多万人次，位列全球第五。华强方特投入运营"方特欢乐世界""方特梦幻王国""方特东方神画""方特水上乐园"四大品牌20余个主题乐园，形成文化旅游支柱和特色文化旅游品牌；还输出到乌克兰、中东等国家和地区。华强方特全新打造"美丽中国·文化产业示范园"项目，包含"华夏历史文明传承主题园""复兴之路爱国主义教育基地""明日中国主题园"三大主题园区，其中第一部曲"方特东方神画"已在宁波、芜湖、厦门、济南等地盛大开业。

华强方特自主研发的特种电影系统输出到40多个国家和地区，配套4D影片每年出口20余部。方特动漫作品已推出10部"熊出没"系列电视动画片，在国内200多家电视台及新媒体热播，多次央视夺冠，囊括央视少儿频道开播以来收视前三名，长居中国动漫网络排名第一，"熊出没"成为最具影响力的中国动漫品牌；还发行覆盖美国、意大利、俄罗斯等100多个国家和地区，进入Nickelodeon、Disney、Sony、Netflix等国际主流媒体网络。五部"熊出没"系列动画电影国内上映总票房近20亿元，其中2018年上映的《熊出没 变形记》电影票房突破6亿，"熊出没"系列动画电影成为中国最成功的系列动画电影作品。方特动画电影代表中国动漫电影的超高艺术水准走出国门，发行至土耳其、俄罗斯、韩国、西班牙、哥伦比亚等多国影院持续上映创佳绩。方特动漫相继荣获两届中宣部"五个一工程"奖、中国文化艺术政府奖、年度优秀国产动画片、国家动漫品牌等重磅奖项，备受

2016亚洲电视节ATA最佳3D动画奖、法国昂西电影节水晶奖、LIMA全球授权业卓越大奖等国际大奖青睐。据全球品牌授权业内最权威的《LIMA授权报告》显示,"熊出没"IP位居所有年龄段中国少儿最喜爱品牌的第一位,打响中国动漫品牌的国际知名度。

图6-2 华强方特文化科技集团之"熊出没"品牌

华强方特打造国际顶级的主题演艺项目——"猴王""飞翔之歌"和"孟姜女"等,集合现代音乐、舞蹈、杂技、武术、戏剧、多媒体等多种艺术要素于一体,艺术水平高超,升华演绎东方故事,摘获中国舞蹈"荷花奖"、全球主题乐园游艺表演设备领域最具权威的IAAPA铜环奖等海内外大奖。

华强方特整合产业资源，广泛开展文化衍生品的自主创意开发设计、全方位品牌授权与跨界合作、市场销售渠道搭建，已有20多类约2万余种产品上市销售，极大提升品牌附加值。

2017年，华强方特集团实现营收38.63亿元，净利润7.48亿元，净资产95.66亿元，纳税总额6.37亿元，分别同比增长14.97%、5.53%、37.34%、4.81%。其中，华强方特在深圳市12家企业2017年度累计营收19.47亿元，为深圳市上缴税费3.90亿元，近十年在深圳市累计纳税20.56亿元。华强方特深耕二十余载，荣获七届"中国文化企业30强"，五届"国家文化出口重点企业"，作为文化旅游行业唯一入选企业特邀入选央视"国家品牌计划"，获评"全国文化体制改革工作先进单位""十大最具影响力国家文化产业示范基地""世界知识产权版权金奖""CPCC十大中国著作权人"及国家5A级旅游景区等殊荣。

三　华侨城集团

华侨城集团有限公司是国务院国资委直接管理的大型中央企业，1985年诞生于改革开放的前沿阵地——深圳，是国家首批文化产业示范基地、全国文化企业30强，曾连续7年获得国务院国资委年度业绩考核A级评价。2017年，实现利润191亿元，资产总额3199亿元，效益位列央企前20位，收入和利润增速位列央企前10名。作为以文化旅游产业为主营业务的央企，华侨城行业领军地位稳固。截至2018年6月，运营和托管的国家5A、4A级以及各类旅游景区近40个；已运营的景区2017年度游客接待量突破4900万人次，开业以来累计接待游客已近4亿人次；连续5年位居全球主题公园集团四强、持续领跑亚洲。

多年来，华侨城通过独特的创想文化，致力于提升中国人的生活品质，并不断创新旅游产品，实现了从单一到混合形式的演变，打造了康佳、欢乐谷连锁主题公园、锦绣中华·民俗文化村、世界之窗、欢乐海岸、华侨城创意文化园、OCAT华侨城当代艺术中心、华侨城洲际大酒店等大批行业领先品牌。

进入新时代，华侨城围绕"中国文化产业领跑者、中国新型城镇化引领者、中国全域旅游示范者"的战略目标，从战略、体制、技术、产品、商业模式、社会责任等维度全面创新，形成特色发展之路。

首先是积极进行体制创新。华侨城践行"共享"价值观，大力实施混合所有制改革。近年来，华侨城在旅游资源丰富的西安、云南、海南积极布局全域旅游；践行"共享"价值观，与利益相关方、当地老百姓共享未来收益，增强市场引领力；与招商蛇口、天津渤海证券、华能资本、光大银行等大型企业强强联合，搭建合作发展大平台，增强金融对主业的保障能力；并于2017年年底完成了公司化改制，正式更名为"华侨城集团有限公司"，规范建立现代企业制度，完善公司制法人治理结构，以"战区制"落实国资委瘦身健体、压减层级的总体要求，实现投资、市场、团队等关键资源的区域统筹，全面适应华侨城城镇化新战略需要的重大创新性改革。

其次是积极进行战略创新。华侨城成立30余年来，总结出"旅游+地产"的创业发展模式。在新战略驱动下，华侨城构建起全新的"文化+旅游+城镇化"和"旅游+互联网+金融"发展模式，通过产业"文化化"和文化"产业化"，搭建起"文化、旅游、新型城镇化、金融投资、电子"五大体系，探索"文化+"模式，从战略、体制、技术、产品、商业模式等维度全面创新，实现可持续发展。

具体来说，华侨城在文化产业层面，积极打造"文化+"产业投行模式，深入挖掘文化IP，积极介入上下游兼并重组，大力推动文化与相关产业融合，把文化旅游产业打造成可持续发展的支柱产业；在旅游产业层面，搭建全域旅游体系，持续发掘盈利创新点，注重强化旅游品牌影响力，注重为区域发展创造社会效应，加快全域旅游体系搭建；在新型城镇化层面，立足特色产业根基，结合自然资源禀赋、产业发展基础等，逐步形成特色城镇化的建设开发模式，立足于特色产业根基，打造环环相扣的产业链，既注重对在地文化以城镇化手段加以保护和展示，又着力发掘产业园区和产业新城开发机会；在金融投资层面，广泛连接市场要素和资本要素，让资本成就"实业为民"的伟大福祉；在电子产业层面，全面推行集成化产品研发管理体制，在大力拓展供应链金融、积极布局物联网产业的基础上，通过股权投资和并购等手段，在各大新型产业领域构建产品线组合。

最后是积极进行社会责任创新。近年来,在环境保护层面,华侨城以"生态环保大于天"和"生态优先、环保先行"的规划理念,提出了"建设 100 个美丽乡村计划",致力于为中国人民打造"望得见山、看得见水、记得住乡愁"的美丽图景;将"绿色责任"融入企业经营与发展,在深圳、武汉、南昌、顺德进行湿地保护建设,秉持"生态优先,环保先行"的原则,引导市民关注环保,保护生态,进一步改善城市的环境;积极开展湿地自然学校等自然教育公益建设,传播生态保护理念,助力生态文明发展。

在聚焦贫困地区脱贫攻坚层面,华侨城长期坚持开展精准扶贫工作,与贵州省天柱县、三穗县结成定点帮扶关系,并积极发挥央企优势开展帮扶工作,挖掘合作潜力,拓展合作领域,推动与帮扶地区双方的共同发展,实现政府、企业和村民的互惠共赢。

在践行公共艺术文化公益层面,华侨城以分布深圳、上海、西安、北京的华侨城当代艺术中心馆群(简称 OCAT)为载体,逐步形成布局全国的公益性美术馆群网络,让当代艺术成为大众身边的艺术;积极发挥华侨城作为文化传播平台的作用,通过策划和举办一系列文化创意活动,致力于以创意改变生活,同时打造形态多样的公共开放空间与节庆活动,充分利用在全国各地大量自然生态、公共艺术、公共运动等开放空间,开展华侨城旅游狂欢节、公共艺术计划、OCT 凤凰花嘉年华、华侨城·自贡灯会等面向公众的活动,为文化节庆注入新活力。

在文化保护传承层面,华侨城在开展新型城镇化建设的过程中,将文化保护与城镇开发融合发展,传承文脉,打造了诸如甘坑新镇、安仁古镇等一系列特色小镇的标杆。

改革促发展,共享助跨越。华侨城作为国企改革坚定的笃行者,将继续坚守"文化旅游"这个核心主业,深化改革、践行共享,向"中国文化产业领跑者、中国新型城镇化引领者、中国全域旅游示范者"战略目标进发,推动文化旅游产业蓬勃发展。

图6-3 深圳世界之窗——华侨城集团所建主题公园

第七章　深圳文化创新的资源支撑

党的十九大报告提出，创新是引领发展的第一动力，要倡导创新文化，强化知识产权创造、保护、运用，聚天下英才而用之。习近平总书记在参加十三届全国人大一次会议广东代表团审议时进一步强调，发展是第一要务，人才是第一资源，创新是第一动力，强起来靠创新，创新靠人才。深圳的文化创新发展正是依靠了人才支撑和科技支撑，同时具有独特的社会人文环境、制度环境与经济环境的强大支撑，特别是鼓励创新、宽容失败的社会人文环境。未来，也必须继续强化人才要素、科技要素和社会环境各种要素，不断夯实文化创新发展的基础和条件。

第一节　深圳文化创新的人才支撑

致天下之治者在人才。党的十九大报告提出"人才是实现民族振兴、赢得国际竞争主动的战略资源"。人才是文化创新的主体，是文化创新的源头活水，深圳文化创新发展的活力离不开长期以来对于文化创新人才的培育与聚集。党的十八大以来，深圳市委市政府大力提升文化人才建设保障力度，实行更加积极、更加开放、更加有效的人才政策，特别重视发挥各类人才在文化创新发展中的基础支撑性作用，大力实施"孔雀计划"和"深圳市文化菁英集聚工程"，在党政、哲学社会科学、新闻出版、文化艺术、文化经营管理、文化专门技术等领域遴选培养菁英人才；进一步创新人才体制机制建设，推出购买服务或第三方用人等一系列聚才良方，着力破解基层文化服务长期面临人力资源不足的问题与短板。同时，探索建立柔性人才引进使用机制，以项目聘任、客座邀请、定期服务、项目合作等更加包容性的方式引进和使用文化人才及其团队。利用前海人才特区的相关优惠政策，扩大深港文化人才交流合作，引进港澳和国外高端文化人才，五湖四海，聚天下英才而用之。

一 人才资源与文化创新

创新的事业必须由创新的人才来干，人才是一切创新的核心要素。创新驱动实质上是人才驱动。在城市发展转入创新发展道路中，城市发展主要依靠科技、知识、人才、文化、体制等创新要素驱动，而人才资源无疑是各领域创新的关键资源和必备要素，创新驱动的本质是人才驱动。对于文化创新等深层创新而言，人才资源则显得更为重要。多伦多大学教授理查德·佛罗里达曾提出"创意阶层"的理论，将文化创新过程中的超级创意核心人群和专业创意人群两类关键性人才资源称为"创意阶层"。作为文化创新人才的统称，创意阶层是现代经济、社会、科技、文化等各领域创新的人才动能，是推动和实现文化创新的重要动能。是否能尽可能多地聚集包括科学家、工程师、艺术家、策划师、工艺师等创意性、创新性人才，是衡量城市文化创新能力的重要指标。

以城市文化创意产业为例，文化创意产业在资源集聚中形成文化创新与内容生产的文化资本，其中人力资源是最活跃与重要的资源配置内容与知识生产要素。一般的物质工业大生产的物质资本、工业资本与商业资本，让位于非物质经济内容生产的社会资本（包括环境资本、政策资本、制度资本与人力资本）和文化资本（包括符号资本与媒介资本），而在非物质资本的跨越发展与整合创新中，人力资源的整合与人才运营的融通就成为内容生产与文化创新全要素生产率的关键因素。

文化创新作为更深层次的创新，其对人才资源的要求也更为复杂，他们既包括新观念、新技术、新的创造性内容的创造者，也包括在诸如金融、法律、商业、政府相关领域，具有高水平教育和技能资本的专业人员。概而言之，文化创新应具备的人才应包括以下基本特征：一是具有复合型的文化知识结构。文化领域相关创新往往是文化、技术、产品、市场等要素领域的贯通融合而成新创意、新思想、新理论，这是建立在复合型知识结构和较高文化素养的基础上的。二是跨界创新特征。文化创新往往是涉及多个领域的创新行为，它更多的出现于不同行业、领域边缘交叉部分，呈现"文化+科技""文化+金融""文化+互联网"等"文化+"跨界融合创新特征。三是知识产权价值凸显。文化创新的核心与本质是内容创新，即围绕文化创新形成的专利、著作权、商标、符号等知识产权，这是文化创新人才的核心价值形式。

二 深圳文化创新人才队伍建设的基本经验

改革开放40年来，深圳文化创新发展的巨大成就离不开深圳五湖四海，聚天下文化英才而用之，高度开放、包容、富有活力的文化人才政策与适应文化人才创新、创造、迸发创意的环境土壤。从《春天的故事》《走进新时代》到《走向复兴》《向往》《人文颂》等，来自深圳文化人才的精品力作，不断成为改革开放40年历史共同的文化标杆与时代记忆。源源不断的深圳文化人才以其宽广的文化视野，博大的文化胸怀，锐利的文化见识，彰显着中国特色社会主义文化自信与文化自觉。特别是近五年来，深圳高举文化创新发展的大旗，以前所未有的勇气与魄力，直面文化创新发展中的深层问题与短板，高度重视文化人才资源对于文化创新的驱动与支撑作用，提炼和彰显深圳改革开放以来文化人才队伍发展的基本经验，创新文化人才发展、引进、使用等环节的政策机制，使文化人才工作真正贯穿、融合于深圳文化创新发展的各个领域之中。

国以才立，业以才兴。人才是创新的主体，文化创新发展的根本就在于能否有效的培养文化人才，聚集文化人才，使用文化人才，在于能否激发各类人才参与文化创新的活力与动力。作为一座移民城市，深圳对于人才具有海纳百川的胸怀与气度，一句"来了就是深圳人"，让无数移民将深圳作为实现人生理想抱负的最佳选择。深圳市委市政府高度重视文化人才的培育与引进，文化人才成为深圳人才战略的重要组成部分。深圳市委市政府通过一系列政策文件，制定了旨在发展文化创意创业，推动文化创新的长期、中期人才政策与规划，通过文化菁英集聚工作加大文化产业开发力度，出台文化领军人才和团队的资助办法，探索建立符合文化创意产业发展和文化创新人才成长规律的人才开发、使用、评价、激励等机制，优先开发复合型、急需紧缺型文化人才。这一系列政策以"构筑文化人才高地"为目标,探索依托深圳"文博会"和"文化产权交易所",进一步加强文化人才平台建设。此外,深圳还通过出台人才安居政策、设立文化产业专项资金等举措吸引文化创新相关人才资源的聚集。

2015年,深圳发布《深圳市人才认定标准(2015)》,明确将中国工艺美术大师、茅盾文学奖、鲁迅文学奖、全国中青年德艺双馨文艺工作者、世界知识产权组织版权创意金奖人物奖、国家社会科学基金重大项目首席专家等文化类奖项和称号列为国家级领军人才认定范围。同时设立地方级领军人才、后备级人才三个标准,将文艺、传媒、设计、新闻出版、社科理论等文化人才相关奖项、荣誉纳入其中,以此推动文化人才资源的引进、聚集与培育。

表 7-1　　　　　深圳市文化相关人才认定标准汇总

国家级领军人才认定标准	中国工艺美术大师
	茅盾文学奖
	鲁迅文学奖
	全国中青年德艺双馨文艺工作者荣誉称号
	世界知识产权组织版权创意金奖人物奖
	国家社会科学基金首席项目专家
地方级领军人才认定标准	省工艺美术大师
	省(哲学)社会科学优秀成果奖一等奖第1名
	全国德艺双馨电视艺术工作者荣誉称号
	全国精神文明建设"五个一工程"奖单项奖主要作者和主要演员前3名
	中国文化艺术政府奖"文华奖"单项奖一等奖、二等奖第1名
	中国广播影视大奖主要作者、导演
	长江韬奋奖
	全国播音主持"金话筒"奖
	中国外观设计金奖
	中国服装设计金顶奖
	光华龙腾设计创新奖——中国设计业十大杰出青年

续表

地方级领军人才认定标准	中国出版政府奖优秀出版人物奖
	国家社会科学基金优秀成果项目第一负责人
	文化部优秀专家
	中宣部"四个一批"人才
	广东省委宣传部"十百千工程"人才第一层次培养对象
后备级人才认定标准	深圳市工艺美术大师
	省(哲学)社会科学优秀成果奖二等奖第1名
	省精神文明建设"五个一工程"奖单项奖第1名
	中国文化艺术政府奖"文华奖"单项奖三等奖,文华艺术院校奖
	文联奖(12项)最高等级奖第1完成人
	中国十佳服装设计师
	王选新闻科学技术奖(人才奖、特别贡献奖)
	光华龙腾设计创新奖——中国设计业十大杰出青年提名奖
	中国外观设计优秀奖第1名

2016年,为了进一步推动全球范围内人才资源聚集深圳,深圳出台《深圳市海外高层次人才认定标准(2016年)》,扩大了高层次文化人才的认定范围,提升了文化人才的认定等级。最高等级A类人才明确将担任过世界著名乐团首席、国际著名艺术比赛评委会主席;荣获著名文学、电影、电视、戏剧、音乐、广告最高级别个人奖项、国际工业设计iF奖金奖或红点奖至尊奖等文化人才资源列入其中,彰显深圳人才战略对高层次文化人才资源的重视和支持。

2016年,深圳市委市政府出台《关于促进人才优先发展的若干措施》,围绕把深圳建成现代化国际化创新型城市的战略目标,坚持人才优先发展,聚天下英才而用之,以此最大限度激发人才创新创造创业活力。该文件针对人才政策、人才引进、人才储备、人才培养、人才流动、人才评价、人才创业、人才安居、人才医疗、人才荣誉、人才奖励等二十个方面提出具体举措。文化人才方面,明确将"引进和培育高水平人文社科专业人才"列入深圳八类重点紧缺专业人才的引进范围。强调要大力实施"文化菁英集聚工程",通过引进、遴选培养和提供稳定经费支持、平台支持等方式，集聚一批哲学社会科学、新闻出版、文化艺术、文化专门技术和创意人才。不难看出，伴随着深圳文化创新发展步伐不断加深，深圳文化事业、产业对于文化人才资源的需求更加迫切，高层次文化人才资源已经成为深圳亟待大力引进培养的紧缺型人才。

2017年，深圳市政府发布《深圳市十大人才工程实施方案》，为建设国际科技产业创新中心提供强大人才支撑。文化人才资源建设方面，明确将工业设计人才纳入紧缺人才引进范畴，大力吸引集聚工业设计人才。明确提出到"2020年，设计大师达到100名左右，工业设计人才达到15万左右；到2030年，集聚一批国际顶尖设计大师，全面提升深圳工业产品设计竞争力"。强调要"组织深圳设计企业参加伦敦百分百设计展，促进国际设计合作及文化交流，鼓励对有影响力的设计方案进行创新攻关成果转化。鼓励企业建设国家级、省级、市级工业设计中心，支持设计＋品牌、设计＋科技、设计＋文化"等新业态发展，推动工业设计人才提升创新能力。打造一批国际知名设计奖项，设立"深圳环球设计大奖"等，对获得德国红点奖、德国iF奖等国际设计奖的人才给予配套奖励。树立国际大型展会品牌，举办深圳国际工业设计大展、全国设计师大会、深圳设计周等大型活动，吸引海内外设计机构和人才。发挥市设计之都推广促进会、工业设计行业协会、设计联合会等行业组织作用，做好引进、培育、联系服务、自律管理等工作。同时特别强调"加强教育、卫生、医疗人才引进培养和文化社科人才队伍建设，提升教育、医疗、文化艺术整体水平"。

目前，深圳市正在制定《关于加强党对新时代人才工作全面领导 进一步落实党管人才原则的意见》《关于实施"鹏城英才计划"的意见》《关于实施"鹏城孔雀计划"的意见》，实行更加积极、更加开放、更加有效的人才政策，以识才的慧眼、爱才的诚意、用才的胆识、容才的雅量、聚才的良方，聚天下英才而用之，努力打造创造活力竞相迸发、聪明才智充分涌流的"人才特区"。同时，在文化领域正在制定《深圳市文化人才引进办法（试行）》，大力引进急需紧缺的文化专才，高标准规划建设深圳创新创意设计学院、深圳艺术学院、深圳音乐学院、深圳体育学院等高水平文体院校，着力打造文化人才高地。

三 构建新时代深圳文化创新的人才支撑体系

进入新时代，深圳文化创新之路面临新的挑战与机遇，如何实行更加积极、更加开放、更加有效的人才政策，聚天下英才而用之，构建新时代深圳文化创新人才支撑体系是深圳文化战略顶层设计的重中之重，也是深圳迈向国际文化创意先锋城市的必由之路。

在世界范围内，大多数发达国家都高度重视文化创新创意人才在整体人才战略中重要作用。美国依托优质的大学资源为文化创新人才的培育奠定了坚实的基础。经济学人智库（EIU）《全球人才指数：2015 展望》报告对 60 个国家的人才吸引力进行了评估，美国全球人才指数排名第一，且领先优势较大。全球排名前 100 所高校中有一半以上是美国大学，世界排名前 10 位大学中有至少 7 所是美国大学。此外多元化的包容文化、鼓励创新的氛围、灵活实用的劳动法规都促进了各类人才的培养、引进及保留。这些源于国家层面的人才竞争优势无疑也大大惠及美国文化创意产业的发展。比如美国波士顿地区的核心资源是哈佛大学和麻省理工学院，还包括诸如波士顿大学等发展特殊技术的高校。硅谷的生态系统包含了一个行星系统，拥有强大的重力吸引创业者、小型组织、行星和卫星。硅谷作为太阳，可惠及包括欧洲大陆在内的广阔范围，并引领波士顿的高科技产业。"高校—产业—政府"三角螺旋模式实现了持续发展，将知识、共识和创新圈概念化。英国作为最早提出"创意产业"概念的国家，在文化创新创意人才扶持方面，通过出台培养创意公民、制订并实施创意产业就业计划。2000 年，英国政府颁布"The Next 10 Years"，通过发出倡议、全面培训和政策扶持等举措，帮助公民学习、发展及享受创意生活；此外，英国还出台了创意产业就业方面的计划和政策，通过开展创意产业技能培训，帮助年轻人进入创意产业，提供创意产业实习机会等举措，帮助英国公民获得文化创新创意领域的技能和经验，激发他们参与文化创新创意的激情与能力。德国则通过设立基金、国际性大奖、文化节庆等方式推动文化创新创意人才培养。德国在文化创意创新的重要领域都设立了大奖，如"红点奖"、iF 设计大奖、德国电影大奖等，这些奖项有效激发了全球文化创新创意人才的流动与聚集，显著推动了相关产业的发展，扩大和奠定了德国在全球文化创意创新领域的影响力。澳大利亚通过制订"艺术启动"计划，将政府注资和税收优惠相融合，以扶持中小企业的方式，推动本国创新创意人才的培养和发展。新加坡则高度重视对全球范围内文化创新创意人才的引进，通过税收、薪资、住房、培训等方面的各种优惠政策吸引人才。此外，还通过设立艺术设计和新媒体专业的奖助学金及各类全球性文化艺术赛事、奖项、节庆，邀请全球文化菁英参加，以此提升新加坡在文化创新创意领域的影响力和知名度，创造文化创新创意人才发展的良好环境与氛围。

借鉴全球经验，结合深圳实际，深圳应进一步发挥人才在文化创新当中的引领和支撑作用，着力于建立集聚文化创新创意人才的体制机制，培育、建设更具规模、更高素质的文化创新创意人才队伍，在建设全球创意先锋城市的道路中努力开创人人皆可成才，人人尽展其才，聚天下英才而用之的生动局面。

未来深圳应重点从以下三个方面着力：一是从战略层面制定城市文化创新创意人才的专项扶持规划。发挥人才作为第一资源的引领和支撑作用，在进一步丰富和完善"文化菁英集聚工程"基础上，出台文化创新创意相关的战略性城市文化人才发展规划，推进文化创意产业、公共文化服务、文化理论研究、文化专门技术等相关领域专业人才的扶持、培育、集聚与流动，形成鼓励文化创新创意的政策环境与社会氛围。二是充分利用市场机制和规律搭建产、学、研、政共享的文化人才资源公共平台。建立以企业为主体的人才引进培育机制，发挥深圳在科技、金融、互联网、展会经济等领域的优势，建立基于金融创投、互联网、知名展会、国际艺术节庆等人才资源资助、培养、扶持及交流平台。三是完善社会保障和公共服务机制，打造有利于文化创意产业人才发展的开放包容环境。启动文化创意产业人才创新创业计划，扶持高层次文化创意产业人才自带创业项目和创建专业团队来深发展，对具有明显市场竞争优势或能够填补市场空白的高层次人才团队项目予以资助。实施文化创意产业人才"深港双城互动计划"，充分利用前海战略平台和人才管理改革试验区的先行考试政策，加强深圳与香港文化创意产业领域人才流动。完善人才服务体系建设，鼓励人力资源服务机构发展并为文化创意产业企业和人才提供人事代理、薪酬咨询、交流指导、资质评价等服务。落实好人才安居等优惠政策，认真落实"孔雀计划"、产业发展与创新人才奖等各项吸引文化创意产业高层次人才来深创业的优惠政策。

第二节　深圳文化创新的科技支撑

科技兴则民族兴，科技强则国家强。科技创新是推动经济社会发展的第一动力，是建设现代化经济体系的战略支撑，同时也为文化的创新发展提供了强大动能与技术支撑。文化与科技相辅相成、相互促进，先进文化理念是科技创新的思想源泉，科技创新是推动文化生产方式变革的有力杠杆。文化则为科技提供内涵，科技则为文化的多种表现形式提供支持，文化与科技相互作用是文化创意产业创新的主要源泉，科学技术为文化创意产业发展提供了强大的技术支撑，其在文化产品生产、传播和消费上的应用极大地提高了文化产品的生产能力，使文化产品的制作方式、传播渠道、经营模式等和人们的娱乐方式发生了巨大的变化，促进了全球文化创意产业的发展，而文化创意产业的发展速度、方向又影响着科技生成、发展和传播的速度，又影响着科技创新的进程和结果。

一　科技资源与文化创新

党的十八大以来，文化在我国经济社会发展全局中的地位更加突出，文化与科技融合的态势进一步显现，科技创新已成为文化发展的制高点和实现赶超的原动力。科技创新作为推动文化建设的新引擎，对于提升文化创新能力，催生新兴文化业态，促进文化产业、事业融合发展具有重要支撑和引领作用。科技创新不仅能提高文化传播力和影响力，而且能影响人们的思维方式和生活方式，进而创新文化发展的内容和形式，推动文化繁荣发展。

在公共文化服务与科技融合领域，2014年中办、国办印发的《关于加快构建现代公共文化服务体系的意见》明确指出：推进公共文化服务与科技融合发展，加大文化科技创新力度，加快推进公共文化服务数字化建设，提升公共文化服务现代传播能力。

在文化产业与科技融合方面，2014年《国务院关于推进文化创意和设计服务与相关产业融合发展的若干意见》正式印发，突出推动文化科技深度融合，强调数字技术、互联网、软件等高新技术对文化内容、装备、材料、工艺、系统等领域的创新支撑作用。

2017年，文化部发布《文化部"十三五"时期文化科技创新规划》明确指出：将文化创意与科技创新作为文化创造的基本要素，依托丰富的民族民间文化资源，不断适应文化发展的现实需求，以文化创意引领科技创新，以科技创新支撑文化创意。深入推进文化与科技融合，是实现社会主义文化大发展、大繁荣的必然要求，是满足人民群众多样化、多层次文化需求的重要手段，是提升国家文化竞争力的强劲动力。

近年来，随着"文化+"浪潮的出现，越来越多高科技开始被充分应用到文化产业中，从大数据的应用、云平台的搭建、VR/AR技术的应用探索，文化科技的融合创新，已经成为新的生产力和创造力的重要源泉，成为文化创新发展的核心支撑。

科技资源和要素越来越渗透到文化产品创新、创作、传播、消费的各个领域，各个环节，文化事业、产业领域的突破与创新越来越依赖于相关科技产品、平台及技术的创新。科技资源对文化创新的影响和发展是全局性的，它不仅深刻影响到文化产品创新流程的变革，同时也深刻影响着文化体制机制、文化管理方式、文化发展理念等深层次创新变革。纵观人类历史，科技的每一次重大突破，都深刻影响着人类历史文化的发展与走向。科技创新前所未有地改变着人类文化的传播方式与传播效能，与此同时更是深刻影响着人们的思维方式与生活方式。

科技与文化融合发展，水乳交融。文化创新的根本目标在于解放文化生产力，满足人民群众对于美好文化生活的需求与向往。推动文化与科技深度融合发展，不仅有利于丰富文化样式业态、满足人们多样化文化需求、建设社会主义文化强国，有利于我国掌握文化发展主动权、提升中华文化国际影响力；而且可以为科技创新提供方向引领、智慧源泉、氛围保障，有利于深入实施创新驱动发展战略。

二 文化科技双核驱动创新发展的深圳模式

作为一座拥有诸多全球知名科技企业的科技创新型城市，深圳一直重视科技资源对城市文化创新的支撑和驱动作用，通过科技创新弥补深圳历史文化资源不足的短板，让科技为文化创新插上翅膀，依托科技企业、科技人才、科技成果的资源优势推动城市文化事业、产业的创新发展。

1. 深圳推动文化科技双核驱动的政策支持

深圳是我国探索文化科技融合创新发展较早的城市。2003 年，深圳在全国率先确立"文化立市"的城市战略。深圳市委、市政府较早就意识到科技在城市文化战略中发挥的作用和价值，意识到文化与科技结合是铁律，是文化企业发展的根本出路，是文化建设中的重要力量，明确提出将文化科技产业作为现代产业体系建设的重要内容加以推动。自 2003 年以来，以信息技术为代表的高新技术开始全面参与文化建设，从电子政务、数字娱乐、现代图书馆等具体领域入手，使文化项目开始主动与科技发展衔接。

2004 年，首届"文博会"在深圳成功举办，作为全国唯一的国家级、国际化、综合性的文化产业博览会，成功打造了文化与科技相结合产业发展的展示、交易和信息平台。

2005 年，深圳市第四次党代会首次明确提出"把文化产业培植成为第四大支柱产业"，打造"图书馆之城""钢琴之城""设计之都"等"两城一都"高品位城市。文化产业发展战略的确定，为深圳文化科技融合发展指明了战略方向。

2006 年，深圳成立了深圳市文化产业发展办公室，颁布了《关于加快文化产业发展若干经济政策》《关于扶持动漫游戏产业发展的若干意见》《关于建设文化产业基地的实施意见》《文化产业发展专项资金管理暂行办法》等系列文件，为文化科技融合营造了良好的政策环境和氛围。

2007 年，以文化产业发展为核心内容的两大纲领性文件《深圳文化产业发展"十一五"规划》和《深圳文化产业发展规划纲要（2007—2020）》正式出台，重点突出了未来文化产业发展中文化和科技结合的具体要求。组建华强文化科技集团，率先提出"文化科技产业"的概念，确定了"以文化为核心，以科技为依托"的核心理念，形成了"文化＋科技"的新型产业发展模式。

2008 年，召开全市文化产业园区和基地建设经验交流会，总结提炼出了"文化与科技紧密结合、创新与创意水乳交融"的文化发展之路。在此背景下，腾讯、华强、雅昌等一大批文化科技企业迅速成长，为深圳文化科技融合的发展提供了强大的产业与品牌支撑。

2009年，深圳召开全市重点民营文化企业座谈会，强调"文化＋科技"的"华强模式"，为中国文化产业发展探索了一条成功道路，新兴文化科技产业是最具发展潜力的高端产业，是中国文化产业发展的希望所在。文化科技型企业结硕果，一批文化科技企业走向全球，成为推动中华文化"走出去"的市场先锋，深圳文化辐射能力大大增强。第三届中国文化创新高峰论坛暨第三届文化部创新奖颁奖仪式在深圳举办，"市民文化大讲堂"和"城市街区自助图书馆"两个项目获奖，数量居全国前列。

2010年，首届中国演艺科技高峰论坛暨"演艺文化的科技支撑和本体开拓"经验交流会在深圳举行，就文化与科技融合问题进行了广泛交流。出台《关于全面提升深圳文化软实力的实施意见》，以市委文件形式强化了"文化＋科技"的产业导向，鼓励文化产业利用高新技术改造升级。举行首批"文化＋科技型示范企业"授牌仪式，促进文化科技产业更好更快发展。

2011年，深圳市"十二五"规划将文化产业定为战略性新兴产业，提出要坚持科技创新与产业化相结合，以"文化＋科技""文化＋时尚"为特色，大力发展文化创意产业。率先颁布实施《文化创意产业振兴发展规划》及其配套政策，把强化科技创新支撑作为两大主攻方向之一，提出要加强对文化科技型企业的政策扶持，积极推进文化与科技相融合，大力培育新兴文化业态，推出更多兼备科技含量与文化含量的新兴文化产品。

2012年，深圳市委、市政府专门召开"深入实施文化立市战略建设文化强市工作会议"，印发《关于深入实施文化立市战略建设文化强市的决定》，认真总结了"文化＋科技"模式，提出加大文化科技创新力度，加快构建以"高、新、软、优"为特征的现代文化产业体系，争当文化产业龙头大市，提升文化强市实力。在第八届深圳文博会上，中宣部、科技部专门在深圳召开文化与科技融合座谈会，深圳被评为首批国家级文化和科技融合示范基地，深圳经验受到全国的关注和赞誉。

2015年底，深圳出台《深圳文化创新发展2020（实施方案）》重大政策文件，为深圳迈向国际文化创意先锋城市明确了战略目标与具体路径。在推动文化科技融合方面，进一步强化和凸显科技对文化创新发展的战略支撑作用，科技全面参与深圳文化创新发展的各个领域与各个层面，构建城市精神体系方面，提出打造"互联网＋文明"、网络"云课堂"；构建城市文化品牌体系方面，重点打造"国际科技影视节"等新兴城市文化品牌；构建现代文化传播体系方面，重点支持依托互联网的新媒体服务模式创新；构建现代公共文化服务体系方面，明确推动公共文化服务数字化建设，依托技术创新实现服务创新；构建现代文化产业体系方面，继续支持"文化＋科技""文化＋互联网"等文化新业态。

2. 深圳推动文化科技双核驱动创新发展的资源支持

深圳是享誉全球的科技创新型城市，聚集了腾讯、华为、华强、大疆科技、华大基因等一批享誉世界的科技型企业，同时也汇聚了一大批在互联网、移动通信、大数据、人工智能、生物科技等领域的创新型科技企业集群。密集的科技企业集群造就了以科技创新为驱动的城市文化特质。创新科技赋予城市文化以新形式、新内容，使创意得到最大限度的发挥，为文化创新发展提供了雄厚的技术支撑。据统计，2017年，深圳全社会研发投入超过900亿元，占GDP比重提升至4.13%，研发投入强度仅次于北京。全年获国家科技奖15项，获中国专利金奖5项、占全国1/5，有效发明专利5年以上维持率在85%以上、位居全国第一。新增国家级高新技术企业3193家，累计达1.12万家，新组建诺贝尔奖科学家实验室3家、基础研究机构3家、制造业创新中心5家、海外创新中心7家。强大的科技自主创新能力构成了深圳文化创新支撑最重要的外部条件。

从科技企业支撑来看，经过十多年的发展，深圳一大批科技企业异军突起，成为引领城市文化创新发展，参与全球文化竞争的重要力量。腾讯从最初的科技公司，已经成为全球最具影响力的以互联网为基础的"科技"和"文化"企业，它以IP为核心，横跨融合游戏、动漫、文学、影视、音乐等多元文化领域形成的泛娱乐商业模式，让文化以深度契合时代的创新形态走进人们的生活，同时也让中国文化以全新的科技创意表达走向全球。以腾讯为代表的一大批科技企业，正在将科技创新的优势转变为文化创新的优势，从硬件创新到软件创新，从技术创新到模式创新，将科技企业在人才、研发、技术领域的资源优势转型升级为在文化内容生产、表达、传播等领域创新优势。

从科技平台支撑来看,深圳拥有高交会与文博会两大国家级文化科技产业交易展示平台,它们在促进文化与科技深度融合,促进文化科技产品及成果交易及产业化等领域发挥了重要作用。高交会被誉为"中国科技第一展",截至2017年已经连续举办19届,它是国内最具影响力的高新技术产品发布和交易平台,是高新技术领域的风向标。2017年,人工智能、智能制造、物联网、互联网+、智能家居、智慧医疗、无人机、AR/VR等代表最新科技创新方向的技术和产品亮相高交会,这其中多数领域代表文化科技融合的新技术、新产品。文博会则被誉为"中国文化产业第一展",推动文化科技相关产品技术融合与应用一直是文博会的重要目标。2017年文博会主要聚焦"文化+科技"的融合发展,集中展示文化产业核心层与科技融合的新产品,新技术,新模式,通过对现代高新技术助力传统文化产业的升级改造,培育新兴文化业态。重点引进国内外"文化+科技"型龙头文化企业、数字文化创意企业等参展,重点展示包括VR(虚拟现实)、AR(增强现实)、3D打印等内容,着力打造文化创客展示交易平台。与之相配套,深圳还建立了文化产权交易所,设立高新投、创新投等创业投资机构,参与发起中国文化产业投资基金,将投融资服务覆盖到产业发展全过程;作为文博会、高交会的延伸,规划建设了一批集聚带动效应明显的文化创意产业基地,深圳高新区更是聚集了237家文化科技企业,全市有11家文化科技企业被认定为国家级文化产业示范基地,成为文化科技融合发展的"孵化器"和"加速器"。

在深圳文化科技创新相互融合支撑中,既汇集了创意、美术、音乐、电影等文化人才,也集中了信息技术、自动控制等科技人才,他们之间的互动与合作,为文化科技产业带来了灵感和梦想。深圳成功走出了一条"文化+科技"的发展新路。在实践中,自觉利用科技发展的最新成果,深度挖掘、整合、联动相关产业资源,形成"文化+科技"的新模式,抢占文化产业制高点,提升了城市文化的影响力和竞争力。文化产业与高新技术产业相互渗透,不断催生新兴业态。以科技创新为主攻方向,推动文化产业结构优化升级,率先提出"文化科技产业"概念,诞生了第一家以"文化科技"冠名的企业——华强文化科技集团,共认定了32家"文化+科技型示范企业",一大批文化科技品牌竞相产生;大力构建以企业为主体、市场为导向、政产学研用相结合的文化科技创新体系,建设了446家重点实验室、工程实验室和企业技术中心,形成200多家产业共性技术和检验检测平台,依托先进的创新体系,催生出数字内容、文化软件、动漫网游、创意设计等新兴业态,演艺、印刷、工艺美术等传统业态也在与科技的融合中,走向高端、获得新生。

三 构建新时代深圳文化创新的科技支撑体系

(一) 强化文化科技政策的协调与融合

一方面,创新文化与科技管理体制机制,进一步强化科技创新对文化创新的支撑作用,建立科技创新与文化创新协同发展,相互融合的顶层制度设计。重点针对当前文化与科技管理及政策供给相互分离的问题,突破传统文化与科技管理体制,建立符合科技创新、文化创新双核驱动的政策治理模式,重点在产业规划、人才引进、土地供给等关键政策供给领域实现有效衔接,出台促进文化科技融合的专项政策措施。推动文化与科技部门协同治理机制,推动文化行政部门与宣传、发展改革、财政、科技、教育、工信等部门有效对接。强化文化科技相关规划政策供给,完善文化科技创新成效评价。

另一方面,推进文化科技相关金融政策创新,依托前海蛇口自贸区金融产业创新优势,破解文化与科技融合的投融资瓶颈。当前,文化科技型企业融资难题主要体现在银行贷款难度大、融资渠道窄等方面,融资已经成为制约文化科技创新的主要因素。政府要通过金融创新鼓励支持文化领域颠覆性技术、核心技术、关键性技术研发的投入;对文化科技新兴产业发展政策体系设计方面,要综合考虑财政补贴、税收优惠、政府采购等手段激励、引导和支持文化科技产业发展;要进一步创新文化科技相关产业引导资金与扶持资金的资助制度,鼓励股权投资基金投资文创产业。

(二) 构建文化科技协同创新体系

一是完善以科技企业为核心的文化创新模式。充分发挥深圳科技企业密集的资源优势,推动科技创新与制度创新双轮驱动,着力完善以科技企业为核心的文化创新模式,充分发挥企业在创新决策、研发投入、成果转化中的主体作用,引导各种创新要素向高新技术文化企业集聚。继续发挥创新型领军企业的产业示范与引导作用。支持传统文化企业优化技艺、创新商业模式。

二是支持高校、科研院所、企业研究机构参与文化科技创新。重点支持深圳高校、企业研究院所、民间智库在文化科技领域开展基础研究和前沿技术攻关。探索文化单位与科技企业及科研机构合作新机制，通过专业分工、服务外包、订单生产、技术联盟等多种途径，建立协同创新关系。

三是推进文化科技与大众创业，万众创新的融合。依托科创空间、科技产业园等搭建社会化、专业化、网络化创新服务平台，加强孵化器建设，支持"专、精、特、新"小微文化企业发展。鼓励文化企事业单位、大学科技园、科研院所构建低成本、便利化、全要素、开放式的众创空间。鼓励企业等社会力量投入文化科技领域大众创新项目。

（三）推动文化领域核心技术研发

进一步加强文化科技领域基础性研究、共性关键技术研究、文化产品生产服务技术、文化传播信息技术等领域实现突破，抢占产业制高点。

一方面，要加快公共文化服务领域新技术研发与应用。构建现代公共文化服务体系，必须强化现代科技对公共文化服务的支撑作用，大力推动公共文化服务科技化、数字化发展，推动大数据、云计算、人工智能、物联网、虚拟现实等技术在公共文化服务产品创作、供给、配送、评价等环节的应用，整合文化信息资源，构建一站式服务平台，通过科技创新破解公共文化服务体制机制障碍，提升公共文化服务效能，促进公共文化服务供需对接，进而推动公共文化事业与文化产业的融合发展，协同创新。

另一方面，加快文化产业领域核心技术的研发。面向"互联网+"时代跨界经济、分享经济、平台经济等发展的需求，以现代科技为支撑，加强颠覆性技术的研发；在数字化、信息化、云计算、大数据、人工智能、量子技术、新材料、新能源等领域，特别是交叉融合方向，加快部署一批具有能够改变文化生产、文化制造、文化科技、文化生态、文化经济的颠覆性技术研究；重点开发量子信息、人工智能、智能制造、微纳电子、智能交互、物联网、虚拟现实、增强现实、认知计算等技术，发挥现代科技在文化产业发展中的引领作用。

文化创新作为一种更深层次、更复杂的创新形态，它与人才、科技等核心资源支撑密不可分、水乳交融；与此同时，文化创新也离不开其独特的社会人文环境、制度环境与经济环境强大支撑，特别是鼓励创新、宽容失败的社会人文环境，为包括文化创新在内的各种创新提供了强大社会氛围基础。

社会文化环境是指社会发展的软环境，包括区域内居民的风俗习惯和价值观念，区域内人力资源平均的文化水平、心理素质、价值观念、社会风气等。它们直接或间接影响着人们对追求创新的热情，以及人与人之间能否建立起相互信任、相互合作的关系。良好的文化环境能够帮助人们频繁地交流和互动，加快新思想、信息和创新扩散的速度。在任何富有创新精神的社会中，往往会形成对于创新的激励机制以及多元宽容的社会氛围，我们可以将其看作是创新行为或创新生态不可或缺的社会支撑，如果缺失这种社会支撑，任何创新所需要的风险行为都会因为人们对于因此可能产生的失败后果无法容忍而遭到无情的扼杀，创新思维和创新意识也会失去赖以生存的土壤和环境。

作为一座移民城市，"鼓励创新、宽容失败"是深圳文化创新之路社会氛围支撑的经典表达。它曾是深圳发出的一声召唤，一个承诺，许许多多的深圳移民，就是因为听到这声召唤与承诺，不远千里，背井离乡，怀揣对现状的不满与未来的梦想，来到这个梦开始的地方，创造了一个又一个城市发展史上的奇迹。从一个口号到一种观念，从一种制度到一种氛围，"鼓励创新、宽容失败"从深圳走向全国，成为一种普遍的社会价值共识越来越受到人们的关注与认可。

作为一座城市文化创新的重要社会氛围基础，"鼓励创新，宽容失败"的提出，一是深圳城市战略定位的必然。深圳作为我国第一个经济特区，它从一开始就是一个"被设计出来的城市"，设计者们赋予这座城市的战略使命就是"敢闯敢试""摸着石头过河"。二是由深圳移民文化的特性塑造。移民文化从精神上讲，就是以理想主义为指向的，是对生活在别处和未来的向往，是对新的生活和梦想的追求和创造。移民文化是孕育创新与宽容精神的温床。历史和实践一再证明，移民文化具有强大的包容性。"来了就是深圳人"这句来者不分东西南北，英雄不问出处的口号曾经激励多少人怀揣梦想奔向深圳，这种移民文化所造就的宽容精神让创新所必需的人才、技术在深圳得以自由流动。三是中西文化不断碰撞与交流过程形成的文化气质。深圳毗邻香港的独特人文地理环境，得风气之先，更是成为中西文化的直接交汇点，承担起整个中华文明对话西方文明的桥头堡。这种中西文化对话与碰撞的角色担当，决定了深圳文化海纳百川的博大与包容。一方面，深圳在中西文化交流与碰撞中要不断创新创造，在文化流动中培育自身的文化创新能力；另一方面，深圳在文化创新创造过程中的对于不同文明间差异、矛盾、冲突的包容，对于文化创新创造过程中面临失败风险的宽容。

附件 深圳文化创新发展2020(实施方案)

（2016 年 12 月修订）

为深入贯彻落实中央、省委和市委关于推动文化创新发展、繁荣社会主义文化的要求部署，紧密结合深圳实际，以锐意创新的精神、切实可行的举措、系统推进的办法，进一步提升城市文化综合实力，努力建设与现代化国际化创新型城市相匹配的文化强市，制定《深圳文化创新发展2020（实施方案）》。

一 指导思想和工作目标

深圳经济特区建立以来，始终坚持物质文明和精神文明"两手抓两手硬"，文化建设取得了显著成绩，文化事业不断进步，文化产业跨越式发展，文博会、读书月、创意十二月等品牌活动影响日增，"深圳十大观念"广为传播，获得"全国文明城市"、"设计之都"、"全球全民阅读典范城市"等一系列荣誉，为全市经济社会发展提供了坚强的思想保证和良好的文化条件。

但是，与建成现代化国际化创新型城市的要求、市民日益增长的精神文化需求以及国内外先进城市相比，深圳的文化发展还不完全适应，有些方面还有较大差距。主要表现在：精神文明建设存在薄弱环节，市民文明素质需进一步提高；公共文化基础设施分布不均衡，原特区外文化设施建设相对滞后；品牌文化节庆和高端体育赛事不多，城市文化形象和国际影响力有待提升；文艺人才和院团整体实力不强，文艺精品创作缺乏厚实基础；专业体育队伍和竞技水平较弱，与城市地位不相匹配；国有文化集团面临严峻挑战，体制机制改革亟需突破；哲学社会科学研究力量不足，学术领军人物和重大理论创新成果缺乏；文化产业核心层比重偏低，产业转型升级有待加强等。针对这些问题和挑战，必须树立忧患意识，坚持问题导向、需求导向，夯实基础，补齐短板，谋划长远；必须坚持传承、扬弃、创新，把创新摆在文化发展的核心位置；必须坚持以国内外先进城市为标杆，努力体现现代化国际化水平；必须坚持以人为本、文化惠民，不断满足市民日益增长的精神文化需求。

（一）指导思想

深入贯彻落实党的十八大、十八届五中、六中全会和习近平总书记系列重要讲话精神，围绕"四个全面"战略布局，践行"五大发展理念"，按照市第六次党代会的部署要求，以建设与现代化国际化创新型城市相匹配的文化强市为目标，以社会主义核心价值观为引领，以文化创新为动力，真抓实干、攻坚克难，打基础、补短板、谋长远，不断激发全社会文化创造活力，增强城市文化综合实力，促进深圳文化大发展大繁荣，为建设现代化国际化创新型城市、勇当"四个全面"排头兵提供坚强有力的精神动力和文化支撑。

（二）工作目标

在未来五年，逐步将深圳打造成为精神气质鲜明突出、文化创新引领潮流、文艺创作精品迭出、文化活动丰富多彩、文化设施功能完备、文化服务普惠优质、文化传媒融合发展、文化产业充满活力、文化形象开放时尚、文化人才群英荟萃的国际文化创意先锋城市，努力建设与现代化国际化创新型城市相匹配的文化强市。

——社会主义核心价值观深入人心，城市精神得到塑造和弘扬。落实意识形态工作责任制，确保意识形态安全，深化新时期"深圳精神"新内涵，培育遵法纪、守诚信、讲道德的文明市民，争创第五届、第六届"全国文明城市"，到2020年全市公共文明指数达到90分以上，全市注册志愿者人数达常住人口12%，市民思想道德素质和科学文化素质全面提高。

——理论建设和学术创新特色突出，研究水平跻身全国前列。培养和引进一批学术大家，建成一批在全国、全省具有领先地位的优长学科，推出一批深圳特色的学术精品，到 2020 年建成 2 至 4 家国内知名智库，为"深圳学派"建设奠定坚实基础。

——品牌活动和文艺精品精彩纷呈，形成丰富多彩的"城市文化菜单"。引进、举办一批国际性、国家级品牌文化节庆和体育赛事活动，重点建设 3 至 5 家新型文艺院团、1 至 3 家文体院校和 3 至 5 支高水准竞技体育队伍，引进、培养一批文化名家和艺术、体育英才。2016 至 2020 年，累计创作生产获国际、国家级奖项文艺精品超过 200 件（次）。

——主流媒体转型发展，传媒综合实力显著提升。深圳报业集团、广电集团、出版发行集团分别形成"一主报融媒体多平台"、"双核心矩阵式多元化"和"两核心一平台一重点"的文化传媒新格局。到 2020 年，三大集团总资产突破 200 亿元，综合实力位居国内第一方阵。

——现代公共文化服务体系不断完善，全面建成"十分钟文化服务圈"。建成一批代表国际化城市形象的文化地标，使公共文化设施分布更均衡，缩小原特区内外公共文化服务差距，到 2020 年全市人均文化设施面积达 0.2 平方米，人均公共图书馆藏量 1.9 册，公共文化服务数字化达到国内城市领先水平。

——文化创意产业优化升级，成为推动中华文化走出去的桥头堡。内容产业和创意设计、文化信息服务等新型业态占比超过 60%，文化创意产业年均增速保持 10% 以上，产业质量和国际竞争力持续提高。促进文博会向质量型、内涵式提升，加快深圳文交所转型发展，推动国家对外文化贸易基地落地运营，核心文化产品年出口额超过 40 亿美元。

——国际化城市形象更加鲜明，对外文化辐射力不断增强。落实"一带一路"战略，重点推进与联合国教科文组织、友城、创意城市网络、"一带一路"主要城市、世界文化名城之间的交流合作，举办和参与一批国家级、国际化的对外文化交流活动，构建既有"中国味"又有"世界范"的国际文化交流平台，城市文化的国际影响力显著提升。

二　主要任务和工作举措

根据形势发展要求，针对我市文化改革发展中存在的问题和薄弱环节，采取扎实有效的举措，全力推动文化创新发展。

（一）创新思想理论载体，构建以社会主义核心价值观为引领的城市精神体系

1. 培育和践行社会主义核心价值观，不断坚定理想信念。持续深入推进《深圳市培育和践行社会主义核心价值观实施方案》。落实党委（党组）意识形态工作责任制，坚持正确的政治思想方向。创新理论宣传载体，办好"深思网"及微信公众号。完善理论学习平台建设，推进中心组学习、领导干部上讲台制度化，创新"深圳学习讲坛"、"百课下基层"、"市民文化大讲堂"、"社科普及周"等活动。深化全民阅读活动，建成书香社会和高水平的学习型城市。实施社会主义核心价值观环境宣传提升工程，建设50个市级以上示范点、10个主题公园（广场）和一批爱国主义教育、国防教育基地，重点打造莲花山改革开放主题公园。修订《深圳市公益广告管理办法（暂行）》，推进公益广告管理立法，开展"我的价值我的城"系列主题教育实践活动，办好"设计之都（中国深圳）公益广告大赛"，使社会主义核心价值观深入人心。

2. 丰富"深圳精神"新内涵，塑造特色鲜明的城市气质。围绕新时期"深圳精神"的新内涵，组织开展市民大讨论和理论研讨，提炼与时俱进的新概括，增强城市凝聚力和影响力。建立城市荣誉体系，举办"深圳年度人物"评选，培育和宣传一批道德模范，树立一批践行社会主义核心价值观和深圳精神的先进典型。探索建立非国有不可移动文物保护补偿机制，重点推进南头古城、大鹏所城二期、大万世居等保护工程建设，延续城市文化根脉。

3. 提升市民文明素养，培育文明和谐的社会风尚。制定实施《深圳市民文明素养提升行动纲要（2016—2020）》，着力提升市民思想、道德、法治、科学、文化和健康素养。开展新入户市民培训和承诺工作，引导新市民明确自身权利义务和行为规范，融入深圳生活。建立文明行为联合激励机制和"文明积分"制度，营造"争做好人好事"的社会氛围。深化文明城市、文明单位、文明家庭、文明校园系列创建，推广实施"里子工程"，探索建立公共设施文明友好度标准，推进文明旅游、文明交通、文明餐桌、环境整治工作与社会诚信建设，提升社会文明程度。深化"关爱之城"、"志愿者之城"建设，持续开展深圳关爱行动，举办"互联网+

文明"开发者大会,培育向上向善的社会风尚。

4. 坚持正确舆论导向,营造健康良好的舆论环境。加强对各类新闻媒体、网络媒体、出版物、文艺作品和常设性社科类论坛等的规范管理。强化媒体导向管理的责任意识,改进《深圳特区报》、深圳卫视政务内容建设,牢牢把握舆论主导权。探索建立"舆论引导力评价体系",量化评估舆论引导的时、度、效,组织媒体有序开展建设性舆论监督,坚持"真实准确、分析客观"原则,形成有效的舆论监督机制。完善新闻发布机制,鼓励有条件的部门建立例行新闻发布制度。充实市互联网工作机构,完善区级网络安全和信息化工作体系。提高互联网依法管理水平,规范网上传播秩序。加强网信领域社会组织规范建设,动员社会力量开展互联网违法和不良信息举报工作,推进网络社会共建共享。全面建成市舆情应对综合协调中心,健全社会舆情引导机制,做好舆情应对能力政府绩效考核工作。实施网络内容建设工程,创新举办网络文化周、网络安全周等活动,发展积极向上的网络文化。

5. 建设社科研究和智库平台,繁荣发展哲学社会科学。实施"深圳市哲学社会科学学术名家计划",建立哲学社会科学学术名家库,发布重大课题,举行高端学术论坛,编辑《学术名家策论》,培育学术新苗,吸引国内外知名学者开展深圳研究,用"天下之才"弥补学术短板。依托深圳大学、南方科技大学、中山大学深圳校区、香港中文大学(深圳)等高校,建设一批优长学科,深化经济特区、粤港澳合作、城市文化形态等特色学术研究。加强社科研究机构建设,增强哲学社会科学研究力量。围绕"改革开放历史经验研究"等重大课题,推进马克思主义中国化创新理论和实践研究,支持建设一批重点研究基地和平台。创办公开出版的《深圳社会科学》,做强《深圳大学学报(社科版)》、《特区实践与理论》等学术阵地,提升《深圳学派建设丛书》、《深圳改革创新丛书》质量水平,打造"深圳学术年会"等高端平台,推动在深圳举办高水平国际学术会议。支持综合开发研究院(中国·深圳)做好国家高端智库建设试点工作。将智库纳入政府决策参考体系,构建智库信息数据平台,完善研究成果评价和应用转化机制。制定《深圳经济特区社会科学普及条例》。

（二）创新城市形象标识，构建以国际先进城市为标杆的文化品牌体系

1. 举办系列品牌文化节庆活动，凸显城市文化魅力。不断提升文博会、高交会、读书月、创意 12 月、深圳国际创客周等重大文化活动的水平，精心打造深圳"一带一路"国际音乐季、深圳国际科技影视周、深圳国际摄影大展、深圳设计周、中国图片大赛等一系列新的文化品牌活动，建立"城市文化菜单"，形成"月月有主题，全年都精彩"的文化生活新局面。

2. 创作"深圳原创"文艺精品，唱响"深圳好声音"。紧扣重大纪念活动庆典时间节点，在文学、音乐、影视、舞台剧、美术、出版等领域创作出一批能在国家和国际级平台亮相的精品力作，使深圳成为重要的文艺精品生产基地，争取有更多的作品入选中宣部"五个一工程奖"。筹拍大型纪录片《创新中国》、《深圳四十年》和电视连续剧《面朝大海》，力争在央视播出。做强影视产业，推动制作一批既叫好又叫座、票房超亿元的电影，创作一至两首在全国有重大影响的主旋律歌曲，推出一件高水平的交响乐作品，推动一部原创舞台剧在国内外市场巡演，制作一档收视率跻身全国五强的综艺类电视栏目，生产一至两部精品电视剧。推动成立"深圳网络作家协会"，扶持网络剧、网络电影、网络音乐、网络动漫等新兴文艺类型。探索设置文艺孵化机构，通过实行艺术家工作室制、客座制、签约制和招聘制等方式，吸引国内外知名艺术家来深采风创作。

3. 深化文艺院团改革，夯实文艺创作基础。探索新机制新模式新方法，深化文艺院团改革，做优深圳交响乐团，扶持深圳粤剧团，筹办深圳歌舞剧院、深圳话剧团，推动民间文艺团体发展。提升深圳大剧院、深圳音乐厅的运营管理水平和服务功能，探索融合发展的新路子。改进文艺院团治理结构，设立艺委会和艺术总监，开展艺术职务序列改革。积极发展演艺经纪机构，培养深圳"大腕"明星。

4. 汇集"超级赛事和明星队伍群"，建设运动活力都市。将中国杯帆船赛、中国网球大奖赛、深圳国际马拉松赛打造成国际知名赛事，办好 WTA 国际女子网球公开赛、ATP 公开赛、2019 男篮世界杯赛，力争每年都有多个国家级、国际性顶级赛事在深圳举办。建设与城市地位相匹配的

一流体育竞技队伍,支持深圳马可波罗篮球队、八一深圳女子排球队进入全国职业联赛上游,制定并实施《深圳市足球振兴行动计划》,培育高水平的中超足球队,引进网球、乒乓球等职业俱乐部。用好市体育产业发展专项资金,推动体育事业和体育产业跨越式发展。

5. 设立高水平文体院校,培育文体基础力量。支持深圳大学做大做强艺术类院系。支持深圳艺术学校提升办学水平,探索组建高等艺术学院,推动创办艺术类、体育类特色学院,为深圳提供职业型、实用型的艺术设计和体育人才。鼓励有条件的中高等院校开展艺术、体育特色教育。探索在深圳交响乐团设立乐队学院,与专业院校联合培训乐手。开办剧本写作培训班,举办影视剧本创意大赛,孵化优秀剧本。

(三)创新媒体运行机制,构建以媒体融合发展为标志的现代文化传播体系

1. 深化国有文化集团改革,打造新型主流文化传媒集团。连续六年、每年各安排1亿元政策性专项资金支持深圳报业集团、广电集团深化改革,推进融合发展、转型发展、创新发展,提升自身"造血"功能,将"政策红利"转化为"改革红利"。报业集团要重点将《深圳特区报》办成具有较强国内外影响力的大报,推动《深圳商报》、《深圳晚报》、《晶报》转型融合,做强深圳新闻网,构建"一主报融媒体多平台"发展新格局,实现新媒体用户大幅增长。广电集团要努力打造以深圳卫视、CUTV为龙头的传播体系,强化地面频道频率差异化发展,实施"两微一端"布局、"电视传播力提升"工程和"百万超清"计划,做精视听内容和文化服务,形成"双核心矩阵式多元化"发展模式,实现深圳卫视排名进入全国前八,深圳本地广播电视市场份额分别达到60%和45%以上,CUTV媒体融合业务用户突破千万,全市电视用户总数达到400万户,超高清电视用户超过100万户。出版发行集团要实施以出版和发行主业为核心、以书城文化综合体为平台、以数字化转型为重点的"两核心一平台一重点"发展战略,海天出版社进入全国城市出版社排名前五,3座书城经营规模进入全国前十,成功输出以中心书城为代表的"文化万象城"模式。三大集团要加快建立现代企业制度,搞活内部运行机制,坚决关停并转长期亏损企业,实施"瘦身计划",根治"体型臃肿、开支庞大"弊

端。支持三大集团加大资本运作力度,加快培育深圳新闻网、文博会公司、CUTV、书城投控、弘文公司等新的上市主体,发起或参与 3 至 5 支文化类产业投资基金。探索启动上市公司股权激励机制和职业经理人制度。在文化创意、园区运营、文化综合体等领域培育新的增长点,以多元发展反哺新闻宣传主业。

2. 建设媒体融合重点项目,拓展新兴传播平台。报业集团、广电集团要加快建设媒体融合新闻中心和媒体融合重点实验室,构建新型高效、技术先进的融媒体新闻采编平台,建设一批精品专栏和节目,重点打造"读特"、"读创"、"壹深圳"等在全国具有显著影响力的新闻客户端,建设 CUTV 深圳台等具有聚合功能的网络内容服务平台和深圳 Zaker、深圳网易等移动新媒体集群。出版发行集团要加快构建数字出版生产流程,建设融媒体阅读创新实验室,将全民阅读 APP、掌上书城 APP 打造成为"互联网+读书"的重点平台。建设技术标准统一的内容、用户、云版权数据库,建立信息内容数据交换机制。积极融入"智慧深圳"布局,推进"互联网+家"项目建设,加快有线广电网络数字化、双向化、宽带化改造升级。

3. 实现政务新媒体全覆盖,培育建设"网络深军"。推动政务公开移动化升级,实现政务新媒体对重点民生部门 100% 覆盖,形成包括网站、论坛、微博微信、APP 等在内的"多媒一体化"政务传播格局。鼓励打造本土化、实用型公众账号,推动掌上政务办理等公共服务业务。实施"五个 100 工程",建设深评小组、网络名人、新媒体人、网络评论员和网络志愿者队伍。

4. 拓展"大外宣"工作格局,塑造国际化城市形象。打造外宣新媒体,建设运营城市英文门户网站和深圳外宣网,构建"城市外宣互联网平台"。服务"一带一路"倡议,提升对外文化交流层次,积极参与国家"丝路书香"工程和"影视桥"工程,承接文化部海外中国文化中心的共建和项目合作,配合做好文化部"欢乐春节"等重要节庆海外活动。加强与联合国教科文组织在文化、教育、城市规划等领域的合作,建立与友城、创意城市网络、"一带一路"主要城市以及其他世界文化名城之间的常态交流机制。推进在友城图书馆开展"阅读深圳工程",积极参与世界城市文化论坛和"世界博物馆日"相关活动。策划在海外举办"深圳文化周",在国际重要城市、国际航班、世界著名地标性建筑等平台推广深圳形象。

(四)创新文化服务方式,构建以市民精神文化需求为导向的公共文化服务体系

1. 建设一批标志性重大文化设施,构建城市文化新地标。建成深圳当代艺术与城市规划馆、深圳文学艺术中心,推进深圳美术馆新馆、深圳文化馆新馆、深圳图书馆调剂书库的建设,加快深圳歌剧院的研究论证和选址工作。推动中国改革开放博物馆、深圳自然博物馆、世界博物馆大厦的规划建设和深圳博物馆老馆维修改造,构建以公立博物馆为主体、民间博物馆为补充的博物馆体系,打造具有国际水准的博物馆群。发挥市、区两级的积极性,按照有"都市风情、文化内涵、产业特色、市场需求"的要求,对华侨城创意文化园、欢乐海岸文化休闲区、蛇口海上世界、大芬油画村、观澜版画基地、笋岗工艺美术集聚区、南山荷兰花卉小镇、甘坑客家文化小镇、大鹏所城、鹤湖新居、大万世居、中英街等进行提升完善,规划建设华谊兄弟文化城、上合孝德园等新的特色文化项目,打造一批特色文化街区和文化小镇,形成相互呼应的城市文化群落。有效整合和连接各类文化空间,逐步形成2至3处现代化国际化的城市文化核心区。

2. 推动原特区外文化设施建设,实现全市文化设施均衡化。建成坪山新区文化综合体、龙岗中心区"三馆"、宝安中心区青少年宫和石岩书城文化综合体,加快启动建设光明新区文化艺术中心、布吉文体中心、观澜文体公园和龙华文体中心等一批区级标志性文化设施。加快深圳书城龙岗城、宝安中心城、光明城、龙华城、大鹏城和深圳数字书城(坪山)总部基地等规划建设,支持建设创意特色书吧和社区阅读创新创业平台,基本形成"一区一书城、一街道一书吧"格局。

3. 建设基层综合文化服务中心,形成"十分钟文化服务圈"。各区(新区)采取盘活存量、调整置换、集中利用等方式推进每个街道基本建成1个街道综合文体中心,推进建设集宣传文化、党员教育、科学普及、普法教育、体育健身等多功能于一体的社区基层综合文化服务中心,打通公共文化服务"最后一公里"。推动公共文化服务供给侧改革,完善文化

馆联盟机制，深化图书馆总分馆制建设，基本建成以区级文化馆、图书馆为总馆，街道文化馆（站）、图书馆（室）为分馆的总分馆体制，实现各级文化服务资源的共建共享。通过项目公示、错峰服务、延长免费开放时间等方式，提升基层文化设施利用率。建设流动文化服务网，重点在原特区外和来深建设者集聚的厂区、生活区开展流动文化服务。实施基层综合文化中心社会化运营试点，通过委托或招投标等方式吸引有实力的社会组织和企业参与公共文化设施运营管理。制定面向社会力量采购公共文化服务指导性目录与实施细则，完善政府面向社会购买服务的机制，促进公共文化服务多元供给。将文化志愿服务融入社区治理，到2020年文化志愿者人数达2万人。

4. 推动公共服务数字化建设，实现文化"一站式"服务。推行"互联网+公共文化"，实现公共文化场所WIFI全覆盖，实施数字图书馆、数字文化馆、数字美术馆、数字博物馆、数字书城工程，推进公共文化机构开展数字化研发应用，鼓励通过社交软件、移动APP等信息技术手段创新服务模式，实现服务方式与内容的数字化、移动化和便捷化。推进全市公共文化大数据平台建设，构建公共文化信息资源共享系统和网络服务平台，实现全市公共文化"一站式"、"订单式"、"互动式"服务。发行30至50万张"文化深圳"银联信用卡，为市民提供文化消费优惠。

（五）创新产业发展模式，构建以质量型内涵式发展为特征的现代文化产业体系

1. 培育新型文化业态，推动产业结构优化升级。丰富产业文化内涵，加大对优秀原创作品采购、扶持和奖励力度，引导提升网络文化产品的格调品位，提高文化产业的社会效益和价值导向功能，打造文化产业的"深圳质量"。进一步发挥"文化+"的功能，强化文化创意和科技创新"两大支撑"，继续认定和支持奖励"文化+科技"、"文化+互联网"、"文化+创意"、"文化+金融"、"文化+旅游"等新型业态示范企业和优秀项目，使深圳成为具有国际竞争力的创意文化产业集聚高地。充分利用数字化资源、智能化处理、网络化传播等技术，支持数字创意内容精品生产，加快发展数字创意产业。打造全球人机互动内容开发和创意应用的顶级赛事，鼓励数字创意开发和应用。推动文化创意和设计服务与相关产业

融合发展，支持制造业、金融业、建筑房地产业、软件业等龙头企业跨界融合发展文化创意项目，鼓励传统制造型文化企业提高创意设计和研发环节比重及水平，引导产业创新升级。培育壮大时尚产业，构建时尚品牌群，开展时尚主题活动，扩大引导文化消费。

2. 培育文化领军企业，做强做大市场主体。建立挂点联系服务工作机制，重点支持 30 家掌握核心技术、拥有原创品牌、具有较强市场竞争力的龙头文化企业和企业集团，争取有 1 至 2 家企业跻身"世界 500 强"，有 2 至 3 家企业入围全国"文化企业 30 强"。鼓励金融资本、社会资本以产业投资基金、众筹、P2P 等多种形式投资文化创意产业，支持小微创意企业加快成长。培育发展文化类行业协会、产业联盟组织。

3. 实施"大项目驱动"行动，优化产业空间布局。按照"一区一项目"的原则，市、区联动推进价值工厂、国际艺展、大芬油画产业基地、华强文化创意园、深圳电影文化创意产业园等重大项目规划建设，着力发展文化产业总部经济。统一市级文化创意产业园区和文博会分会场标识，提高园区软硬件建设标准，鼓励园区围绕"一带一路"、创业创新等国家战略培育发展文化创意产业。推动新建 20 个市级文化创意产业园区，新增 2 至 3 个国家级文化产业园区或基地。

4. 创新文博会办展办会机制，打造国际知名展会品牌。突出"一带一路"国家战略，突出质量型、内涵式发展，突出社会效益，每年重点办好 1 至 2 个特色主题展馆，更好地承担加快中国文化产业发展、推动中华文化走出去的责任。着力提升文博会国际化、市场化、专业化水平，健全更具竞争力、影响力和充满活力的市场运作模式，完善文博会质量管理服务体系，探索设立文博会海外分会场。完善"1＋N"模式，利用好文博会资源举办系列文化创意专业展会。实行文博会分会场考核末位淘汰制，提升分会场的文化内涵和产业发展质量。支持文博会公司与国内外品牌会展机构开展合作。推动规划建设文博会产业园区。

5. 完善国家级产业服务平台，集聚盘活文化市场要素资源。推动深圳文交所搭建新闻出版、广播影视内容版权以及文化企业无形资产的登记和交易平台，积极开展市场化业务，拓宽文化投融资服务领域。完善国家级文化和科技融合示范基地服务机制，建设文化科技产业"硅谷"。建成国家对外文化贸易基地（深圳）公共技术服务平台和"一带一路"专业服务平台，扩大对外文化贸易。建成广东国家数字出版基地深圳园区，形成国内领先的数字出版产业链。积极争取设立深圳国际版权交易中心，构建版权登记、保护和交易平台，制定鼓励版权输出的扶持措施。推动在前海设立首家文化银行，建设国家文化金融合作试验区。推动中国文化产业投资基金新增投资支持3家以上深圳文化创意企业。积极办好中国设计大展、深圳创意设计新锐奖、深港城市建筑双城双年展、深港设计双年展等国际性、国家级创意设计展会活动，提升深圳"设计之都"的国际影响力。

三　组织和政策保障

建设与现代化国际化创新型城市相匹配的文化强市，是一项战略任务和系统工程，必须以全新的视野，进一步解放思想，完善政策措施，建立高效机制，形成共建合力，确保各项举措落到实处、取得实效。

（一）加强组织领导保障。充分发挥市文化体制改革和发展工作领导小组的统筹领导作用，建立健全宣传文化部门统筹协调、各部门支持参与的文化管理协作机制，协调发展改革、规划国土、经贸信息、科技创新、财税金融、市场和质量监管、人力资源保障、国资等部门更大力度地支持文化创新发展，形成强大共建合力。制定目标责任书，明确各项任务措施的责任单位、时间进度和工作要求。成立督导组，建立督查工作制度，狠抓工作落实，追求工作实效。

（二）加强土地空间保障。在满足城市规划和文化发展规划的前提下，市年度土地使用计划优先安排公共文化重大项目和龙头文化企业新增建设用地指标，对于符合城市更新政策的文化创意升级改造项目优先纳入城市更新单元计划，对于将总部设于深圳、具有一定规模和经济效益的文化创意大型企业，以及将区域总部、研发中心设于深圳的国际大型文化企业，在土地供给上予以优先支持。

（三）加强财政金融保障。根据文化事业和文化产业创新发展的需要，加大市、区财政对文化建设的投入力度。充分发挥市宣传文化基金和文化创意产业专项资金的鼓励、引导和杠杆作用，重点支持优秀公益性文化项目和产业项目。加强项目绩效评估，提高资金使用效益。及时落实国家关于文化体制改革和文化产业发展的税收、土地等优惠政策。鼓励金融资本、社会资本、文化资源相结合，引导产业投资基金、风险投资资金进入文化产业，引导担保机构为文化企业提供担保服务，支持商业银行创新文化产业信贷服务，支持开展文化产业保险服务，支持开发版权金融产品和服务，支持文化企业上市融资。

（四）加强文化人才保障。研究制定《深圳市文化人才引进办法》，重点引进文化艺术专才。实施"深圳市文化菁英集聚工程"，力争在党政、哲学社会科学、新闻出版、文化艺术、文化经营管理、文化专门技术等领域遴选培养300名左右菁英人才。充分利用文化创意产业的发展优势和对外文化教育交流的区位优势，构建国内一流的文化创意产业人才培养基地。鼓励以购买服务或第三方用人等方式，缓解基层文化服务人力资源不足问题。实行"双向挂点"工作，市级和基层单位互派年轻干部到重要岗位经受锻炼增长才干。建立柔性人才引进使用机制，以项目聘任、客座邀请、定期服务、项目合作等多种形式引进和使用文化人才及其团队。利用前海人才特区的相关优惠政策，扩大深港文化人才交流合作，引进港澳和国外高端文化人才。

【备注】本方案中的"文化"是"中文化"范畴，包括核心层、中间层、外围层三个层次，涉及宣传文化工作的方方面面。文化核心层主要涉及价值观和思想道德体系，包括城市精神、意识形态、道德水准、舆论导向、学术思想等，凝聚了城市的文化内核和灵魂。文化中间层主要涉及文化生产、服务与传播，包括品牌文体活动、文艺精品、文化传媒、文化产业、对外文化交流品牌等，体现了城市的文化服务力和影响力。文化外围层主要涉及硬件设施，包括文化基础设施、公共文化空间等，构成了城市文化的基础条件。

参考文献

1. 习近平：《在中国共产党第十九次全国代表大会上的报告》，人民出版社 2017 年版。
2. 习近平：《习近平谈治国理政》（第二卷），外文出版社 2017 年版。
3. 习近平：《习近平谈治国理政》，外文出版社 2014 年版。
4. 本书编写组编：《党的十九大报告辅导读本》，人民出版社 2017 年版。
5. 中共中央宣传部编：《习近平新时代中国特色社会主义思想三十讲》，学习出版社 2018 年版。
6. 中共中央文献研究室编：《习近平关于社会主义文化建设论述摘编》，中央文献出版社 2017 年版。
7. 本书编写组编：《习近平新闻思想讲义（2018 年版）》，人民出版社、学习出版社 2018 年版。
8. 上海市中国特色社会主义理论体系研究中心：《文化自信：创造引领潮流的时代精神》，上海人民出版社 2017 年版。
9. 夏友兴主编：《中国道路的文化基因》，广西人民出版社 2017 年版。
10. ［美］凯文·林奇：《城市意象》，方益萍、何晓军译，华夏出版社 2001 年版。
11. ［美］凯文·林奇：《城市形态》，林庆怡译，华夏出版社 2003 年版。
12. ［英］彼得·阿克罗伊德：《伦敦传》，翁海贞译，译林出版社 2016 年版。
13. ［美］迈克尔·布隆伯格、卡尔·波普：《城市的品格——纽约前市长布隆伯格的环境治理商业新方略》，周鼎烨、卢芳译，中信出版社

2017 年版。

14. 梁漱溟：《东西文化及其哲学》，上海人民出版社 2016 年版。
15. 张艳丽：《北京城市生活史》，人民出版社 2016 年版。
16. 穆知、赵斌玮：《我还是喜欢东京》，上海交通大学出版社 2017 年版。
17. ［德］滕尼斯：《共同体与社会》，林荣远译，商务印书馆 1999 年版。
18. 向德平：《城市社会学》，高等教育出版社 2011 年版。
19. ［美］乔尔·科特金：《全球城市史》，王旭等译，社会科学文献出版社 2014 年版。
20. 舒扬、莫吉武：《现代城市精神与法治》，中国社会科学出版社 2007 年版。
21. ［美］罗伯特·帕克：《城市》，杭苏红译，商务印书馆 2016 年版。
22. 石晨旭、祝帅：《中国平面设计产业研究》，清华大学出版社 2017 年版。
23. 王慧敏、王兴全主编：《创意设计之都：全球概览与上海战略》，上海社会科学院出版社 2014 年版。
24. 李慧：《大型体育赛事与城市品牌形象塑造——以全运会为例》，南开大学出版社 2014 年版。
25. 李凡：《城市营销经典案例（第 2 辑）：国际城市篇》，经济管理出版社 2014 年版。
26. 文春英、李海容、［美］刘新鑫主编：《亚洲城市品牌塑造：战略与实践》，中国传媒大学出版社 2012 年版。
27. ［美］韦尔伯·施拉姆：《大众传播媒介与社会发展》，金燕宁等译，华夏出版社 1990 年版。
28. 胡正荣、李继东、姬德强：《中国国际传播发展报告（2016）》，社会科学文献出版社 2016 年版。
29. 李岩：《传播与文化》，浙江大学出版社 2009 年版。
30. ［英］尼克·史蒂文森：《认识媒介文化：社会理论与大众传播》，商务印书馆 2013 年版。
31. 梅宁华、支庭荣：《中国媒体融合发展报告（2016）》，社会科学文献出版社 2017 年版。

32. 王为理、陈长治主编：《深圳蓝皮书：深圳文化发展报告（2018）》，社会科学文献出版社 2018 年版。
33. 中国互联网信息中心（CNNIC）：第 38、39、40、41、42 次《中国互联网络发展状况统计报告》。
34. 崔保国：《中国传媒产业发展报告（2017）》，社会科学文献出版社 2017 年版。
35. 郭光华：《对外传播理论与实务论集》，人民出版社 2013 年版。
36. 光明日报媒体融合发展专题调研组：《媒体融合发展系列调研报告》，光明日报 2015 年。
37. 周其仁：《改革的逻辑》，中信出版集团 2017 年版。
38. ［澳］奎因、［美］费拉克：《媒介融合》，人民邮电出版社 2009 年版。
39. ［美］赛佛林、坦卡德：《传播理论》，中国传媒大学出版社 2006 年版。
40. ［英］基思·丹尼编著：《城市品牌理论与案例》，东北财经大学出版社 2014 年版。
41. ［美］芭芭拉·J. 塞尔兹尼克：《全球电视产业》，浙江大学出版社 2017 年版。
42. ［加拿大］贝淡宁、［以］艾维纳主编：《城市的精神 2：包容与认同》，重庆出版社 2017 年版。
43. 毛少莹等：《公共文化服务概论》，北京师范大学出版社 2014 年版。
44. 高福民、花建主编：《文化城市：基本理念与评估指标体系研究》，商务印书馆 2012 年版。
45. ［英］罗伯特·保罗·欧文斯：《世界城市文化报告（2012）》，黄昌勇、侯卉娟、章超译，同济大学出版社 2013 年版。
46. 联合国教科文组织编：《重塑文化政策——为发展而推动文化多样性的十年》，意娜译，张晓明审校，社会科学文献出版社 2016 年版。
47. 深圳市社会科学院编：《深圳市现代公共文化服务体系改革发展评估报告》，2016 年。
48. 深圳市社会科学院编：《文化创新发展与深圳现代化国际化创新型城

市建设研究报告》，2016 年。
49. 熊澄宇等：《中国文化产业政策研究》，清华大学出版社 2017 年版。
50. 卢润德、张明英、周建丰：《城市文化创意产业发展之道》，经济科学出版社 2016 年版。
51. 唐燕等：《文化、创意产业与城市更新》，清华大学出版社 2016 年版。
52. 高乐华：《中国文化产业经济前沿问题研究》，经济管理出版社 2017 年版。
53. 钟雅琴：《深港台及国外文化创意产业参考》，海天出版社 2017 年版。
54. 王京生主编：《文化流动与文化创新报告》，广东人民出版社 2016 年版。
55. 中央文化管理干部学院编：《2016 文化产业创业创意人才发展报告》，文化艺术出版社 2017 年版。
56. 本书编写组编：《聚天下英才而用之——学习习近平关于人才工作重要论述的体会》，中国社会科学出版社、党建读物出版社 2017 年版。
57. 王珺、袁俊主编：《粤港澳大湾区建设报告（2018）》，社会科学文献出版社 2018 年版。
58. 中共深圳市委组织部编：《深圳人才政策汇编》，2017 年 11 月（内部资料）。

后　　记

　　当前，全国上下正在深入贯彻落实习近平新时代中国特色社会主义思想和党的十九大精神。在 2018 年 8 月全国宣传思想工作会议上，习近平总书记强调要增强"四个意识"，坚定"四个自信"，自觉承担起举旗帜、聚民心、育新人、兴文化、展形象的使命任务，激发全民族文化创新创造活力，建设社会主义文化强国。坚定文化自信，实施文化创新，推动社会主义文化繁荣兴盛，正成为国家基本战略和全民自觉行动。《深圳文化创新之路》一书，正是在此大背景下应运而生的。

　　文化是一个国家、一个民族的灵魂，文化兴国运兴、文化强民族强，没有文化的繁荣兴盛，就没有中华民族伟大复兴。改革开放 40 年来，深圳不仅创造了世界工业化、城市化、现代化的奇迹，也创造了文化发展史上的奇迹，从被称为"文化沙漠"，蝶变成郁郁葱葱的"文化绿洲"。特别是党的十八大以来，深圳紧紧抓住建设现代化国际化创新型城市的契机，出台实施《深圳文化创新发展 2020（实施方案）》，通过构建城市精神体系、文化品牌体系、现代文化传播体系、公共文化服务体系、现代文化产业体系"五大体系"，以文化创新推动文化大发展、提升文化实力、增强文化自信，努力打造精神气质鲜明突出、文化创新引领潮流、文艺创作精品迭出、文化活动丰富多彩、文化设施功能完备、文化服务普惠优质、文化传媒融合发展、文化产业充满活力、文化形象开放时尚、文化人才群英荟萃的国际文化创意先锋城市。

　　近几年来，我们按照这种思路和要求，边推进边完善，边实践边总结，在很多方面形成了精彩亮点和特色，彰显了文化自信的"深圳力量"，使文化日益成为城市的核心竞争力和重要软环境，赋予了深圳独特的魅力和持续的吸引力。例如，荣获"全国文明城市"称号，实现"五连冠"；对标国际一流城市，首发"城市文化菜单"；文艺精品创作大获丰收，"五个一工程"奖数量居全国城市前列；首创"一带一路"国际音乐季，"为新兴城市的文化发展树立典范"；创新举办"深圳设计周"，努力打造设计界"奥斯卡"深圳环球设计大奖；文博会注重质量型内涵式发展，体现"中国文化产业第一展"风采；创办城市英文门户网站"EYESHENZHEN"，大力提升国际化城市形象；等等。

《深圳文化创新之路》一书，正是深圳深入推进"文化创新发展2020"的宝贵经验和重要理论成果。本书对标国际一流文化创意城市，较为系统地梳理和总结了改革开放40年特别是党的十八大以来深圳文化创新发展的主要成就和成功经验，立足于现代化、国际化和创新引领，提出了未来深圳文化发展的基本思路和对策举措，以期更好地构筑特区文化发展的思想指引和理论支撑，为推动新时代文化繁荣兴盛、建设社会主义文化强国提供深圳的新鲜经验和有益参考。

本书的写作参阅了许多文献资料，吸纳了国内外不少学者的研究成果，在此对他们表示衷心的感谢。本书最终得以面世，要特别感谢吴忠、杨建、史学正、张然、何荣荣、李强、鲁祯祯、岳健能、任珺、欧海、高小军、李岚等同志，他们在本书构思、资料收集、具体写作以及修改校正过程中付出了辛苦和努力；特别是吴忠同志对本书的整体框架提出了诸多建议，对全书进行了统稿审阅，杨建同志做了大量的统筹协调、组织策划和校阅修改等工作。另外，还要感谢中国社会科学出版社有关编辑出版人员的大力支持，有了他们的全力配合，本书才可能以较快的速度进行校订和出版，在此也一并致以谢忱。

创新只有进行时没有完成时，深圳的文化创新永远在路上。前不久，广东省委十二届四次全会和深圳市委六届十次全会明确提出了深圳建设"全球区域文化中心城市"的新定位、新目标。《深圳文化创新之路》书稿，从构思到成书比较仓促，错谬之处还请读者们批评指正。希望本次研究能够成为一个新的起点，不断激发全社会文化创新创造活力，增强持续推进文化创新发展、加快建设全球区域文化中心城市的自觉、自信和自强，更好地促进深圳文化繁荣兴盛，实现"四个走在全国前列"。如此，不仅是作者之愿，更是城市之幸！

李小甘

2018 年 8 月